中国-东盟法律研究中心 ── 重庆市人文社会科学重点研究基地

最高人民法院东盟国家法律研究基地

>> 本书是中国-东盟法律研究中心规划课题成果

>> 亦是西南政法大学支持批建基地的专项课题"中国－东盟区域安全与法治重大问题"的研究成果。

中国法学会法治研究基地

China Law Society Research Institute for Rule of Law

东盟国家金融法研究

主　编：盛学军

撰稿人：晋　威　李永平　冯　博　陈　诺

　　　　蒋舒倩　万　爽　吴飞飞

厦门大学出版社　国家一级出版社
XIAMEN UNIVERSITY PRESS　全国百佳图书出版单位

图书在版编目(CIP)数据

东盟国家金融法研究/盛学军主编.—厦门:厦门大学出版社,2017.11
(中国-东盟法律研究中心文库)
ISBN 978-7-5615-6282-6

Ⅰ.①东…　Ⅱ.①盛…　Ⅲ.①金融法－研究－东南亚　Ⅳ.①D933.022.8

中国版本图书馆CIP数据核字(2016)第254984号

出 版 人	蒋东明
责任编辑	邓　臻
封面设计	蒋卓群
技术编辑	许克华

出版发行	厦门大学出版社
社　　址	厦门市软件园二期望海路39号
邮政编码	361008
总 编 办	0592-2182177　0592-2181406(传真)
营销中心	0592-2184458　0592-2181365
网　　址	http://www.xmupress.com
邮　　箱	xmup@xmupress.com
印　　刷	厦门集大印刷厂

开本	720mm×1000mm　1/16
印张	16.25
插页	2
字数	280千字
版次	2017年11月第1版
印次	2017年11月第1次印刷
定价	68.00元

厦门大学出版社
微信二维码

厦门大学出版社
微博二维码

总序一

中国与东盟的关系是中国实施周边外交战略的重要内容。2003年10月第七次中国-东盟领导人会议,时任中国国务院总理温家宝与东盟领导人签署了"面向和平与繁荣的战略伙伴关系联合宣言",至此中国正式加入《东南亚友好合作条约》。2013年10月,在印尼国会发表的演讲中,国家主席习近平首次提出"携手建设更为紧密的中国-东盟命运共同体"的倡议,标志着将中国与东盟国家合作推动至更高的阶段,预示着再创中国和东盟合作黄金十年的辉煌前景。

2013年恰逢中国与东盟建立战略伙伴关系10周年。回首过去展望未来,正如国务院总理李克强在第十届中国-东盟博览会开幕式所指出的,中国与东盟携手开创了合作的"黄金十年",必将创造新的"钻石十年"。为此李总理提出开创未来宏伟蓝图的五点倡议:打造自贸区升级版;推动互联互通;加强金融合作;开展海上合作;增进人文交流。这进一步表明,中国未来仍将坚定不移地把东盟国家作为周边外交的优先方向,坚定不移地深化同东盟的战略伙伴关系,坚定不移地与东盟携手,共同维护本地区的和平与稳定。"中国-东盟法律研究中心文库"正是在这样政策指引与时代背景下出版问世的。

作为文库编辑单位的中国法学会中国-东盟法律研究中心,是由中国法学会在2010年第四届"中国-东盟法律合作与发展高层论坛"期间创设,依托西南政法大学建设的专门从事中国与东盟法律法学界交流合作的重要平台。"中国-东盟法律研究中心文库"是中心规划课题成果,聚集中心研究员的最新研究成果,围绕本区域的法律变革、合作与发展的问题,整合中国与东盟法律法学界的专家学者,以突出现实问题为导向、服务国家战略为根本,开展对中国与东盟法律的系统性、基础性和前瞻性的研究。文库已成为展示研究中国与东盟法律制度的最新成果平台,也将为政府、社会组织、商业团体和其他机构提供基础性资料参考与前沿性理论分析。

"中国-东盟法律研究中心文库"的出版,为中国-东盟法律研究中心的实体化建设及其目标的实现书写了浓墨重彩的新篇章。我期盼并相信"中国-东盟法律研究中心文库"能够助推中国-东盟法律研究中心在开展中国与东盟法律法学交流中发挥领军作用,为促进本地区的法律交流与合作繁荣,为中国实施周边外交战略提供重要的智力支持。

全国人大法律委员会副主任

中国法学会副会长　　　　　　　张鸣起

中国-东盟法律研究中心理事长

2014 年 6 月

总序二

自 2013 年 10 月,习近平主席提出携手建设中国-东盟命运共同体倡仪以来,中国与东盟及各成员国的合作发展进入一个崭新的历史时期,由中国-东盟法律研究中心规划的"中国-东盟法律研究中心文库",正是在主动呼应这一时代背景和现实需要的条件下出版的。

中国-东盟法律研究中心是中国法学会依托西南政法大学于 2010 年成立的智库型研究机构。2012 年,中国法学会又将"中国-东盟高端法律人才培养基地"落户西南政法大学,依托西南政法大学开展对东盟法律人才的学历和非学历教育培养活动。中国-东盟法律研究中心始终以"问题导向、紧贴地气、协同创新、引领前沿"为理念指引,以国家战略需求为指针,以国内国际协同创新机制为重要平台,以期成为国家推进周边安全与外交战略和"一带一路"建设的重要智库机构。

2013 年,中国-东盟法律研究中心被评定为重庆市人文社科重点研究基地,2016 年被评定为中国法学会首批重点法治研究基地。中心自成立以来,着力从科学研究、人才培养、社会服务三个方面开展工作,整合中国与东盟法学界法律界资源,打造中国和东盟国家学术界和实务界专家合作交流的重大平台,逐渐形成鲜明的"东盟军团"特色。中心围绕东盟区域的法律变革、合作与发展问题,以突出解决现实问题为导向、以服务国家和区域战略为根本,广泛开展对中国与东盟法律的系统性、基础性和前瞻性研究。"中国-东盟法律研究中心文库"是中心规划课题成果,集中体现了中心研究员的最新研究成果,亦是教育部国别和区域研究中心——东盟研究中心的成果。

作为中国-东盟法律研究中心和中国法学会首批重点法治研究基地的重要依托,西南政法大学是新中国最早建立的高等政法学府之一,被称为中国法学教育的"黄埔军校"。在新时期,西南政法大学正全面开展"双一流"建设工作,中国-东盟法律研究中心的建设将突出特色、中国立场和国际视野,提升研究水平和平台集聚功能,为促进区域法律交流与合作繁荣,服务国家"一带一路"建设提供重要的智力支持。

中国-东盟法律研究中心秘书长
西南政法大学国际法学院院长、教授　　张晓君

2016 年 3 月

前　言

　　近年来,随着中国与东盟经济的不断发展,这两个地理上相接的经济体之间的交流也日益频繁,不论是在官方的还是在民间的平台上,双方经济上的合作都在在不断的加深。而在双方的经济合作中,我们可以看到越来越多的金融领域的合作,这是因为在当今的国际社会经济交流与合作中,金融是必不可少也是十分重要的一环。但与双方金融交流与合作不断升温这一状况相对应的是,目前国内对东盟国家相关金融法律制度研究的极度匮乏。从现有的文献来看,有关东盟国家具体金融法律制度的研究的文章并不多,而相关专著更是寥寥无几。这种状况对于目前的金融交流,显然是不利的。首先在正常的金融交往过程中,难免会发生一些争端,这些争端的处理往往会影响到双方金融的进一步交流,想要更好地处理这些争议,势必需要对双方的金融法律制度进行比较深入的了解,方才可以避免争议或者有效地解决争议。其次,我们可以看到虽然东盟十国的整体经济水平稍显滞后,但其具体成员中不乏像新加坡、马来西亚这样的经济起步较早,金融法律体制十分完善的国家,其国内的一些金融法律制度有很多值得我们学习和借鉴之处,例如新加坡作为离岸金融发展的典范,对我国上海自贸区的发展有着十分重要的借鉴意义。因此,我们有必要加深对东盟国家金融法律制度的研究,以便更好地实现双边发展,而这正是本书写作的主要目的。

　　在编写结构上,本书遵循了金融法律制度的一般体例,即按照银行法、证券法等传统框架对东盟国家的金融法律制度进行了介绍。鉴于完善的保险制度以及信托制度在东盟国家尚未普遍确立,本书并没有将其纳入介绍范围,而是着重介绍了东盟国家的银行以及证券法律制度。就具体结构来说,本书主要分为三章,其中第一章是东盟国家中央银行法律制度;第二章是东盟国家商业银行法律制度;第三章是东盟国家证券法律制度。在内容上,主要是对各国银行业以及证券业发展的过程、现状以及具体法律制度进行介绍。在写作本书的过程中,笔者发现东盟十国虽然在地理位置上十分接近,有些国家历史上还有着十分丰富的渊源，但其金融法律制度依然呈现出多样化的特点，可以说，东盟十国的金融法律制度是我们进行金融法比较研究十分理想的对象。

首先，在中央银行制度上，东盟十国基本都已经确立了自己的中央银行制度，但在具体的中央银行的机构设置、央行地位、目标与职能、履职手段等问题上，却有着较大的差异。例如在中央银行机构的设置上，新加坡没有成立专门的中央银行，而是设立金融监管局承担中央银行职责，而其他东盟国家基本上都设立了专门的中央银行，如马来西亚设立了马来西亚中央银行。而在央行的地位上，有的国家如印度尼西亚中央银行，直接对国会负责，有着很强的独立性；而有的央行则在不同程度上受到政府的制约，如泰国的中央银行。在具体目标与职能上，根据不同国家所确立的不同的发展战略，其央行的目标职能也会有很大差异，例如新加坡一直定位为重要的国际金融中心，其央行也将此作为自己的发展目标，而其他一些国家更多地是防止通货膨胀、稳定经济等。在履职手段上，不同国家的中央银行根据其受到政府制约程度的不同，履职手段的权限以及方式也会有较大差异。

其次，在商业银行制度上，各国也不尽相同，尤其在商业银行的设立、分类、风险管理以及外部监管问题上，都存在差异。在商业银行的设置上，虽然各国对商业银行的设立基本上都采取了特许主义，但在商业银行设立批准的具体条件、严格程度、批准的机关等问题上，有着很大的不同。例如有的东盟国家对外资商业银行的设立持排斥态度，其对外资商业银行的设立条件往往十分苛刻，而新加坡由于本国市场有限，需要引进外资，因此对外资商业银行的设立就采取开放态度。在商业银行的具体分类上，东盟国家也都有自己的特色，如马来西亚除了一般性的商业银行外，本国还设立了大量的伊斯兰银行，而新加坡则将其商业银行分为三类，分别是全面银行、限制性银行和离岸银行，不同的银行经营的业务范围也不相同。在商业银行的风险管理问题上，不同国家的商业银行，内部风险管理体系的设置，风险机构的权限等均存在很大的区别，目前来看，新加坡的风险管理体系最为先进，但其他一些国家如泰国等，相对比较落后。在外部监管的问题上，由于各国的历史、政治和经济条件不同，东盟十国对于商业银行的外部监管制度也各不相同，从监管机构、监管制度以及监管措施上，均可以看出其区别。首先在监管机构上，新加坡由金融监管局进行独立监管，马来西亚由财政部、中央银行、马来西亚银行业协会等共同实现监管，其他国家也都有自己相应的监管机构。在监管制度上，有的国家已经形成了十分完善的监管制度体系，有的国家其监管制度则不够完善，仍在不断的修缮当中,例如泰国等受东南亚金融危机影响较大的国家,其银行业监管法律制度一直处在不断的修改与完善的过程中。在监管的具体措施上,各国根据其国情,均制定了符合其自身情况的一套监管措施,如菲律宾中央银行采用定期和不定期检查的方法对银行、准银行及其分行与附属机构的资金运作进行场内或者场外的检查;印尼中央银行采取严格的审查方式,对于各商业银行的财务账目和经营情况进行评估。以资本充足率为依据,印尼央行把商业银行分为 A、B、C 三类。而新加坡金融监管局建立了内部风险评级、风险价值法等风险评级体系,在核心资本监管原则的基础上,从定量的角度加大对风险的评价。

最后,在证券法律制度上,东盟国家一方面体现出其各自的特殊性,另一方面也呈现出一体化的趋势。首先在特殊性上,各国在证券市场的分类、监管等问题上,都有自己的特点。在分类上,都根据本国的情况设置了相应的板块,如在印度尼西亚,证券市场分为常规市场、现金市场和协商市场;在马来西亚,股票市场则分为主板市场、二板市场和 MESDAQ 市场三大板块;而新交所目前有两个交易板,即第一股市("主板")及凯利板("副板")。在股票市场的监管上,在印尼,受财政部长控制的资本市场政策委员会和资本市场执行委员会是管理和监督证券市场的政府机构。资本市场执行委员会负责管理证券交易所,资本市场政策委员会是为财政部长决策做准备的顾问或咨询性机构,财政部长决定资本市场的政策。马来西亚的证券管理是仿效英国和澳大利亚而制定,基本上属于自律型监管体制。虽然设有全国证券管理委员会,但有四个机构分别管制证券业的各个方面:公司注册处是对交易商、投资咨询顾问及其代表颁发和更新许可证的主管机构,资本发行委员会负责审查和批准吉隆坡证券交易所上市的新证券发行,外国投资委员会负责外国投资的有关事宜,吉隆坡证券交易所负责其会员的证券交易行为和市场监督。而新加坡的证券监管,虽然先行制度下监督管理证券行业的责任仍继续由新加坡金融监管局来担当,但是随着《证券与期货法 2005 年修改案》的通过,金融监管局对交易所的处罚程序和规则日渐减少关注,日常的市场监管由新加坡交易所来负责。其次,在研究中也可以发现东盟国家的证券市场呈现出明显的一体化趋势,这主要体现在近年来东盟国家就证券市场交易签署了一些协议,如 2009 年包括马来西亚股市公司、印尼证券交易所、菲律宾证交所、新加坡外币兑换和证券交易所和泰国证券交易所在吉隆坡签署了一项初步协议,即关于建成东盟电子交易网的备忘录,旨在推动东盟股票市场一体化进程。可以预见,未来的东盟证券市场会呈现出更加明显的一体化形态。

上面对东盟各国金融制度的介绍与分析,构成了本书写作的基础,希望读者能够通过本书对东盟金融法律制度有更为深入的了解,也期待有更多的学者开始关注东盟金融法律制度,将相关制度的研究不断推进深入。

本书系中国-东盟法律研究中心规划课题成果。全书由盛学军担任主编,冯博负责柬埔寨中央银行和商业银行法律制度以及越南中央银行和证券法律制度等部分的撰写,李永平负责老挝、菲律宾部分,晋威负责马来西亚、新加坡部分,陈诺负责缅甸、文莱的银行法律制度部分,蒋舒倩负责越南商业银行和柬埔寨证券法律制度部分,万爽负责了泰国证券法律制度部分,万爽、蒋舒倩还共同负责泰国中央银行和商业银行法律制度部分,吴飞飞参与前言撰写和全文的校对。

目　　录

第一章

东盟国家中央银行法律制度

第一节 柬埔寨王国中央银行法律制度

一、柬埔寨中央银行法概述

中央银行是指在一国金融体制中居于核心地位,依法制定和实施国家货币政策、进行金融宏观调控、实施金融监管的特殊金融部门。

自 20 世纪 70 年代至 90 年代,柬埔寨经历了三次国内战争,这三次战争给柬埔寨国内经济、社会带来了严重破坏。在战争期间,柬埔寨王国国家货币体系被废、国内银行系统被摧毁,金融体系受到重创。在 1979 年 4 月 4 日之后,柬埔寨执政党政权结束,柬埔寨人民共和国建立国家的中央银行——柬埔寨国家银行(Natinal Bank of Combodia,NBC),并成立领导机构,将业务活动扩展到全国。1996 年 1 月 26 日国民议会通过组织和传导的《柬埔寨国家银行组织与职能法》(*Law on the Organization & Conduct of National Bank of Cambodia*),柬埔寨国家银行成立独立的央行董事与董事会,负责制定业务政策和发放的决策、法规、通知及其他指令。

柬埔寨国家银行即国家中央银行,总部位于金边,现任行长谢多占。柬埔

1

寨国家银行的地位相当于我国的中国人民银行,其主要任务是制定和指导货币政策执行、稳定物价、在经济和财政政策框架内促进本国经济发展。[①]

《柬埔寨国家银行组织与职能法》分为 13 章,规定了国家银行的职责、组织机构、兑换制度和政策、与金融机构的关系、货币等。

二、柬埔寨国家银行的性质与职能

(一)柬埔寨国家银行的性质

《柬埔寨国家银行法》是确立柬埔寨国家银行职能、管理机构、资本收益的分配与预算、货币政策、国家银行与其他机构关系的法律。虽然柬埔寨国家银行法规定柬埔寨国家银行是具有工商企业性质的自治公共实体,但从其职能、权力、与其他机构的关系等来看,国家银行具有国家机关的性质。

1. 国家银行的国家机关性

国家银行具有国家机关性,是国家机构的组成部分。国家银行是为政府提供融资服务的,是国家控制金融、调控经济的重要组织部门,具有国家机关的性质。

首先,国家银行是柬埔寨王国最高的金融监管机构,国家银行是唯一有权按照银行法设立、取消和监管银行及金融机构的部门,同时有权按照柬埔寨国家银行法规定对其他机构进行监管。[②]

其次,国家银行是柬埔寨王国重要的宏观调控部门。国家银行通过货币政策调整货币发行、供应;通过兑换制度调整外汇储备、国内汇率以及特别储备账户;国家银行还负责进行常规经济和货币分析,公布结果,并向政府提交建议和措施。

最后,国家银行还负责促进银行间业务,负责设立结算中心,以便进行快速有效的银行间支付结算。

由此可知,国家银行代表柬埔寨王国制定和推行货币金融政策、管理和监

---

① 陈云良、米良:《东盟国家金融法律制度研究》,中国社会科学出版社 2008 年版,第 64 页。

② 陈云良、米良:《东盟国家金融法律制度研究》,中国社会科学出版社 2008 年版,第 72 页。

管金融活动,代表国家管理金融市场、管理外汇等,具有国家机关的性质,是国家机构的组成部分。

2.国家银行的银行性

国家银行不仅具有国家机关的性质,同时具有作为"银行"的银行性。柬埔寨国家银行法规定:柬埔寨国家银行是具有工商企业性质的自治公共实体,是具有完全管辖权的法律实体,具有借款、贷款、订立合同,为经营目的获取、持有和处置动产或不动产的权能,在其内部管理机构设立董事会等机构,同时是负责经营货币和信用业务的金融机构,其主要业务具有商业银行固有的"存、贷、汇"等业务特征,因此具有银行性。

(二)国家银行的职能

国家银行的职能是国家银行性质的具体体现,《柬埔寨国家银行组织与职能法》第 2 章第 7 条规定了中央银行的一般职能与职责,主要包括四大职能:①

1.依法制定、执行货币政策、货币目标的职能。柬埔寨国家银行法规定中央银行具有与王国政府协商,在王国经济和财政政策框架内,制定货币政策、目标的职能。同时,柬埔寨中央银行担任货币的唯一发行人。

2.进行宏观调控、维护金融稳定的职能。柬埔寨中央银行具有进行常规经济和货币分析,公布结果,并向王国政府提交建议和措施建立收支平衡、确定利率等职能,以进行宏观调控,维护金融稳定。

3.依法对金融业实施监管的职能。柬埔寨国家银行具有监管职能,包括:制定、执行和监控针对既定目标的货币和汇兑政策;批准、取消、规范、监管银行和金融机构,以及其他有关机构;监管王国内结算系统,加强银行间结算;参与货币和金融市场的形成和监管。

4.以国家名义参与各项与金融相关活动的职能。中央银行以国家名义参与各项与金融相关的活动,包括:参与外债和对外诉讼管理,以王国的名义,承诺并执行王国因参加银行、信贷和货币领域的国际公共机构而产生的交易等。

---

① 参见《柬埔寨国家银行组织与职能法》第 7 条。

三、柬埔寨国家银行的制度类型与组织结构

柬埔寨国家银行组织与职能法规定:经董事会批准,中央银行可在王国境内设立分支和代理机构,及在其他国家设立代表处。[①] 可见,柬埔寨王国实行一元式中央银行制度,即在王国内只设立一家专门的中央银行机构,全面行使中央银行职能,而分支和代理机构及其代表处都属于派出机构,不能独立行使中央银行的职能。

中央银行的组织结构是指根据法律的规定,形成的中央银行的权力结构、内部职能结构及其分支机构等。根据柬埔寨国家银行法,柬埔寨王国实行的是三权合一模式,即中央银行是最高的权力机构,集决策权、执行权与监管权于一身。中央银行的最高权力机构是董事会,负责各项方针、政策、制度的制定、实施与监督。

董事会是中央银行的管理机关,由行长担任董事会主席,董事会由7名董事组成,包括行长、副行长、一名王国政府首长代表、一名经济和财政部代表、一名来自私有经济部门代表、一名学者、一名国家银行职工代表。董事会组织具有多样性,能充分听取各领域人士意见,以便采取恰当措施制定和指导货币政策,保持价格稳定,促进经济发展。

1.实行行长负责制:行长担任中央银行首席执行官,向董事会负责政策执行;行长对中央银行的业务负责,并有权处理法律或其他有关规定没有特别限权于董事会职权内的其他所有事务;其有权任命中央银行官员和员工,就高级职员的薪酬福利向董事会提出建议。中央银行行长经王国政府邀请,可在部长会议上发言。

行长提名董事会其他成员的任命、替代和解职,由选举产生,经二级法令予以确定。

副行长行使行长指定的职权及职责,在行长不能履行职责的情况下,副行长代行职责。

2.董事会成员的产生及任职条件:行长和副行长经国王政府建议,由王国

---

① 参见《柬埔寨国家银行组织与职能法》第6条。

法令予以任命、替代和解职。董事会其他成员由二级法令予以任命、替代和解职。①

对董事会成员有一定条件的限制:董事会成员应由不超过 65 周岁并在经济和财政方面具有经验和声望的人士担任,任期 4 年,只能继任一次。除行长、副行长及国家银行职工代表外,抽签决定的两名董事会成员任期为两年,自第一届董事会任命之日起算。同时,行长和副行长,以及除王国政府首长及经济和财政部门的代表与可以保持公务员身份的学者外的董事会成员在任期内不得担任公务员、公共机构顾问、王国政府官员或国民大会会员。

3.董事会成员的职责:董事会成员肩负着确定中央银行的战略方向并实施管理,确定会计事务财务管理和计划,任命和解除公司执行委员会成员和其他重要行政人员的职务,监督公司总体经营情况,提出向股东大会提交的议案等职责。柬埔寨国家银行组织与职能法规定董事会的职责有:制定中央银行的经营政策;签发决定、法规、通知和其他指令以管理中央银行的业务;制定内部规定和规则;制定员工条例;设立中央银行各部门;设立审计委员会;设立员工培训委员会。②

4.董事会成员的义务及禁止性规定:董事会成员应向董事会全面披露其自身或其家人直接或间接地享有的重要的商务、财务、工业或其他商业利益,并应当取消其就任何有关事务投票的权利。但是,其仍然有资格列席董事会会议。

柬埔寨国家银行组织与职能法对中央银行官员、雇员及董事会成员行为作了禁止性规定:不得收取与商务、财务、农业、工业或其他商业利益体有关的利益;不得接受上述利益体有关其法定职责的指令;不得置身于与其职责相冲突的利益关系,不得为自己或与自己亲属、有商务或财务联系的人士收取任何馈赠或利益,导致执行职务时诚信的降低。③

除了法律规定外,中央银行官员、雇员和董事会成员不得向任何人泄露其因行使职责而获得的与职业保密要求有关的任何实质性信息。

---

① 陈云良、米良:《东盟国家金融法律制度研究》,中国社会科学出版社 2008 年版,第66 页。

② 参见《柬埔寨国家银行组织与职能法》第 12 条。

③ 参见《柬埔寨国家银行组织与职能法》第 15 条。

四、柬埔寨国家银行的业务

(一)柬埔寨国家银行的兑换制度和政策

国家银行与王国政府协商,在王国经济和财政政策框架内,制定和实施兑换制度和政策。

1.外汇储备制度

外汇储备(Foreign Exchange Reserve),又称为外汇存底,指一国政府所持有的国际储备资产中的外汇部分,即一国政府保有的以外币表示的债权,是一个国家货币当局持有并可以随时兑换成外国货币的资产。柬埔寨国家银行组织与职能法规定,中央银行应保有和管理的外汇储备包括:货币黄金;纸币或硬币形式,以及境外银行存款形式的外汇;任何国际认可的储备资产,包括境外存款形式的外汇;任何国际认可的储备资产,包括向国际货币基金组织购买储备的权利;王国拥有的国际货币基金组织特别提款权;以外汇方式在王国境外支付的汇票和期票;外国政府发行的短期国库券;外国政府或国际金融机构发行或担保的有价证券。[①] 同时,中央银行应将国际储备保持在足以支付王国国际交易的水平。官方外部储备下降至危及其充足性时,中央银行应向王国政府提交报告,该报告应当定期进行,直到危机解除,报告内容包括对原因的说明和采取必要措施挽救局面的建议。中央银行是王国官方外部资产的存放处,有权指定国际金融机构或外国中央银行或外国商业银行作为外汇储存资产的代理人。

2.中央银行的交易制度

柬埔寨国家银行有权规定国内汇率,为有效实施该项制度,中央银行有权进行相关交易,柬埔寨国家银行可以进行买卖或进行金币、金块或其他贵金属或贵宝石交易;以银行家通常使用的手段进行买卖或其他外汇交易;买卖外国政府或国际公共金融组织发行或担保的国库券或其他有价证券;在海外银行和国际公共金融组织开立和保有账户;为外国中央银行、外国政府、外国政府机构和国际公共金融组织在各银行开立和保有账户,并担任起代理人和通知

---

① 参见《柬埔寨国家银行组织与职能法》第30条。

人;确定进行买卖或进行其他外汇交易的利率;制定商业银行和其他非银行外汇交易商净外汇地位的限制;颁布有关外汇交易和黄金及其他贵金属、贵宝石交易的法规;宣布瑞尔对其他外汇的官方汇率以及代表政府参与国际金融协议。[1]

中央银行禁止从事的业务:中央银行不得向第三方提供可导致固定未来外汇汇率的担保,不得授权和进行多种货币业务。中央银行不得直接或间接地向王国政府投资,包括购买公共实体发行或担保的主要证券。

3. 特别储备账户制度

特别储备账户是中央银行因以国内货币或其他货币单位计数的资产和负债账面价值变化而产生的所有净盈利,在任何财政年度内,中央银行应以特别账户中的贷方余额抵消因上述变化而产生的所有净亏损。[2]

(二)中央银行的货币政策

柬埔寨的货币单位为瑞尔(Riels),1 瑞尔为 10 卡克(Kac),1 卡克为 10 森(Sen),瑞尔的符号为 R。中央银行是唯一有权发行纸币和硬币的银行,即中央银行负责纸币印制、硬币铸造以及其他有关事务,例如发行纸币和硬币的安全和运输,以及在必要时对图版、模具和退出流通的纸币和硬币的保管和销毁。中央银行通过法规确定印制或铸造的纸币和硬币的面值、度量、重量、设计及其他显著特性。经王国政府同意,中央银行有权以中央银行法规的形式决定将已发行的纸币或硬币退出流通,通过按其面值发行其他纸币或硬币来替换;未经中央银行事先书面批准,禁止复制纸币、硬币、支票、有价证券或结算卡,禁止制造设计模仿纸币、硬币、支票、有价证券或结算卡的物体。有权收回应销毁的不适用货币,并以纸币和硬币取代。

任何人向中央银行交出其发行的纸币或硬币的,中央银行应按照要求为其兑换同样价值的纸币或硬币,不收取任何费用。但是,如纸币或硬币难以辨认、扭曲或被戳破,或超过 30% 的表面缺失,中央银行可拒绝兑换。对此等货

---

① 陈云良、米良:《东盟国家金融法律制度研究》,中国社会科学出版社 2008 年版,第 71 页。

② 陈云良、米良:《东盟国家金融法律制度研究》,中国社会科学出版社 2008 年版,第 72 页。

币应收回销毁,无须给予持有人赔偿。①

(三)中央银行的监管制度②

国家银行是唯一有权按照银行法设立、取消和监管银行及金融机构的部门。同时,有权按照《柬埔寨国家银行组织与职能法》对其他机构进行监管。此外,国家银行应负责促进银行间业务,例如风险集中化和不取酬贷款。国家银行可与商业银行合作,设立结算中心,以便进行快速有效的银行间支付结算。

1. 监管方式

(1)发布决定、法规和其他指令,采取必要措施,通过适当的授权及监管标准和执行程序行使《柬埔寨国家银行组织与职能法》第二章中规定的职权和职责。

(2)自行决定委派官员或其他适合人员,定期视察银行和金融机构并审查其账簿、凭证、文件和账目。

(3)要求银行或金融机构官员或雇员向国家银行提供其要求监管和规范所需的信息。

(4)银行或金融机构官员或雇员有违反国家银行法的规定、违背信托责任和未遵守行为时,依照相关法律采取补救措施并进行惩罚。

2. 监管内容

(1)国家银行可以开立账户,按照有关条款接受银行和金融机构在王国境内的业务收入存款,包括其确定的利息的支付和费用缴纳。

(2)中央银行可通过出版物或书面通知,向各银行或金融机构在王国的总部指令维持必要储备。此等储备应以现金持有或在国家银行现有账户内特殊存款的形式维持。

(3)国家银行应对此类负债规定同样的储备率,要求金融机构根据存款和其他此类对客户的负债确定持有的储备总额。

(4)对必要储备率的上述指令,在书面通知向银行和金融机构送达一个月

---

① 陈云良、米良:《东盟国家金融法律制度研究》,中国社会科学出版社 2008 年版,第 75 页。

② 陈云良、米良:《东盟国家金融法律制度研究》,中国社会科学出版社 2008 年版,第 72～74 页。

之后生效。中央银行可免除其某些类型的金融机构保持储备的义务。

（5）国家银行可对未能保持必要储备的机构处以罚款，罚款金额以缺额为基数每日按国家银行规定的最近再贷款利率的十分之一收取。此等处罚可从该机构在国家银行的存款余额中进行扣除。

3. 银行和金融机构间买入、再买入、卖出、贴现和再贴现证券的程序

中央银行有权决定银行和金融机构间买入、再买入、卖出、贴现和再贴现下列证券的程序：

（1）为真实商务、工业、农业目的开具的汇票、期票，上面载有两个以上完整签署，其中之一必须为商业银行的签署且将自国家银行取得之日起 90 日内到期；但是，为季节性农产品或农作物融资或营销目的开具的汇票和期票可自开出之日起 210 日内到期。

（2）对公众发行，且自取得之日起 90 日内到期的政府债券。

（3）货币市场上任何私人持有的可转让请求权，以及载有信誉签名并列入董事会认可名单的银行请求权。

（4）国家银行自己发行的有价证券。

国家银行应规定并公布其再贴现、贷款预付、再买进或贷款的最低利率，可以为不同类型的交易或有价证券设置不同的利率和上限。

国家银行可以向商业银行有政府债券或政府担保的债券保证的基金账户提供预支。

4. 其他金融机构的义务

其他金融机构指除银行以外的以盈利为目的专门从事金融业务的法人。金融机构应共同或各自遵从中央银行向其签发的有关资产负债账户、表外业务以及收支报表项目的书面指令。但只能规定：最低资本额、金融机构最低净值数、禁止令、限制令、条件及其他通知。

进行类似活动时，处于可比较财务状况的银行和金融机构应受同等规定管辖。

银行和金融机构必须向国家提供其为履行其职能和职责所要求的信息和数据，国家银行可全部或部分地将上述信息数据公布，同时应保守商业机密。

第二节　老挝中央银行法律制度

一、老挝中央银行法律制度概述

《老挝人民民主共和国银行法》(以下简称《老挝银行法》),于 1995 年 10 月 14 日由老挝第三届国会第七次全会第 05 号决议通过,并于同年 10 月 26 日由老挝国家主席令第 29 号颁布。

《老挝银行法》由 13 章组成,共计 62 条。主要内容包括:第一章总则;第二章规定老挝人民民主共和国银行(以下简称"老挝中央银行")的权限和职能;第三章是关于老挝中央银行资金的规定;第四章和第五章是对老挝中央银行组织机构的规定;第六章是国家对老挝中央银行监督检查的规定;第七章是有关货币的规定;第八章是关于外汇的规定;第九章规定老挝中央银行与其他金融机构的关系;第十章规定老挝中央银行与政府的关系;第十一章是有关老挝中央银行会计和报告制度;第十二章对违反银行法的行为规定了惩罚措施;第十三章作为本法的最末条款,对老挝中央银行法的生效时间和实施主体进行了规定。

《老挝银行法》是老挝人民民主共和国现行中央银行法律制度的核心。

二、老挝中央银行的性质、地位和职能

(一)老挝中央银行的性质和地位

1. 老挝中央银行是国家的中央银行

老挝人民民主共和国银行是老挝的中央银行。老挝中央银行的性质是由其在国家机构和国民经济中所处的地位决定的。老挝中央银行具备一般中央银行的性质,是国家的银行,表现在:(1)它是国家机构的一个组成部分。老挝中央银行代表国家制定和推行统一的货币政策,管理和监督全国金融机构的活动,管理外汇,代表国家管理金融市场,其在政府组织中相当于部级。其总部设在老挝首都万象,现任央行行长是宋袍·派西。(2)它是一国信用制度的

枢纽,是国家干预和调节经济的重要工具。老挝中央银行是老挝一国信用活动的组织者和主动干预者。

2.老挝中央银行与普通金融机构、政府的关系

(1)中央银行与普通金融机构的关系

老挝中央银行与普通金融机构的关系主要表现在以下三个方面:

首先,业务往来。根据老挝中央银行制定的条例,中央银行受理各商业银行和其他金融机构的开户和存款。在中央银行开户的商业银行和其他金融机构称为"户主"。中央银行可以依法与"户主"交易有价证券;为"户主"提供先行贷款。《老挝银行法》第 9 章第 36 条规定:中央银行有权从"户主"手中买卖、收购或认购下列几种有价证券:a.汇票、本票、商业支票及存款证明;b.由政府担保或发行的国债或其他债券;c.由央行发售的债券。此种债券必须经二手或二手以上的背书方可兑付(其中必须有金融机构的背书),自中央银行收购后 180 日内兑付。中央银行可以在不超过 180 日的规定期限内,按照董事会规定的程序,向"户主"提供先行贷款。

其次,制定特定限制。《老挝银行法》第 39 条、第 42 条规定:中央银行有权确定利率;限制其隶属的商业银行和其他金融机构的强制存款金保持程度、外汇持有量和信贷程序等。

最后,提供特定服务。《老挝银行法》第 43 条、第 44 条规定,中央银行为各商业银行和其他金融机构从国外贷款提供担保;为其隶属的商业银行和其他金融机构提供结算服务。

(2)中央银行与政府的关系

老挝中央银行与政府的关系主要表现在以下三方面:

首先,政府对中央银行的监督。中央银行是国家的银行,有义务向政府报告其业务情况。

其次,中央银行经理部分的政府资金。中央银行是政府的存款受理人,政府可以在中央银行开立存款账户。

最后,中央银行有条件地为政府提供贷款。在政府补贴贷款本金和为期 6 个月的贷款利息的特别情况下,老挝中央银行可以向政府提供临时现金贷款。

(二)老挝中央银行的职能

1.发行货币

老挝中央银行是国家货币政策的制定和实施机构,根据政府的批准单独发行纸币和硬币,并控制货币在全国范围内的流通量。垄断货币发行权,是中央银行不同于商业银行和其他金融机构的独特之处。

2.服务政府

中央银行作为政府管理工具为政府服务。一方面,中央银行在货币宏观调控方面为政府提供咨询服务;另一方面,中央银行日常为政府提供有关经济问题、货币、银行情况的报告和建议。

3.金融监管

中央银行是金融机构的监管机关。中央银行通过实施货币监控,保证国家货币信贷系统安全有效运行;通过实施货币政策,对商业银行和其他金融机构进行监控,保障银行体系的正常和稳定;持有并管理国家的外汇储备。

三、老挝中央银行的组织机构

(一)中央银行董事会

1.中央银行董事会的性质及组成

老挝中央银行董事会是中央银行的最高行政机构。董事会由 7～9 名成员组成,设董事长、副董事长和若干董事。组成成员包括:老挝人民民主共和国副总理任董事长,中央银行行长和国家财政部部长任副董事长,中央银行副行长任董事,其余董事由其他部门中挑选出的具有工业、农业、贸易、金融方面经验的人才担任。

2.中央银行董事会成员的任免、任期及限制性规定

根据《老挝银行法》第 12 条及第 13 条的规定:老挝中央银行董事会成员,根据行长的提名,由国家总理任免。董事会成员除因任期届满、死亡、被免职外,任何离职、辞职都必须得到国家总理的批准。当董事会成员死亡、辞职或被免职而致使中央银行业务遇到困难时,国家总理可依据相关任免的法律规定紧急任命新的人选,以保证董事会在其任期内继续履行职务。董事会成员任期 5 年,可连任。《老挝银行法》第 16 条规定:董事会成员必须是具有良好品德,有能力,有经验,并得到金融界、企业界、专业部门信任的人士。下列人员不得担任老挝中央银行董事会成员:(1)其近亲属(父母、配偶、子女、兄弟姐妹)是任何一个商业银行或其他金融机构的股东或持有任何一个公司股份;(2)担任其他企业董事、厂长、经理或担任任何一个商业银行或其他金融机构的董事;(3)在担任董事期间,履行职务过程中,被法院判处刑罚或民事处罚的。

3.中央银行董事会的职权

《老挝银行法》第14条规定了中央银行董事会享有的十项职权:(1)为政府提供有关经济与货币问题的咨询服务。(2)批准通过中央银行的内部程序。(3)批准通过隶属商业银行和其他金融机构的组织、活动、监督程序。(4)制定汇率。比照外汇确定基普币的基准价。当汇率发生非正常变动时,中央银行确定基普币基准价须征得政府同意。(5)制定外汇管理政策。(6)规定各种可以兑现财产比例和强制存款比例,规定上述比例的计算方法,以便同类商业银行统一使用。(7)确定有关贷款利率、存款利率、认购国债比例及其他比例。(8)根据中央银行行长的提议,研究起草货币、信贷、银行方面的政策和其他政策,以便提交政府审批。(9)研究中央银行的年度报告、资产负债表、年度收益报告表和年度预算表。(10)确定外部会计检查员,以便进行银行的业务检查。

4.中央银行董事会大会及决议

《老挝银行法》第15条规定:董事会按照议程开展工作。按照董事长的要求或至少2名以上的董事提议,至少1个月召开一次董事会。董事大会召开前,董事会例行大会应至少提前7天以书面形式通知董事会成员,并附带大会议程。在特殊情况时,可以随时召开例会。当有全体董事会成员数量过半以上成员出席时,也可以召开董事会。董事大会表决时,以出席大会的成员多数票决定,若支持与反对的票数相等,由董事长裁定。

(二)中央银行行长及副行长

老挝中央银行行长是政府成员,副行长是行长的助理。

1.中央银行行长和副行长的任命及条件

老挝中央银行行长由国家主席根据总理提名,交国会审议通过后任命。副行长由总理根据行长的提名任命。

央行行长和副行长的人选必须具备良好的品德及与其职权相匹配的知识与能力。任何商业银行的董事会成员、其他金融机构的政府官员、金融机构负责人或持股人不得担任央行行长或副行长。

2.中央银行行长和副行长的职权

《老挝银行法》第 19 条规定中央银行行长具有以下职权：

(1)就有关货币和银行工作向政府负责；

(2)监督中央银行、隶属于中央银行的商业银行和其他金融机构的一切业务活动；

(3)发布规定,宣布汇率,管理各个阶段的外汇买卖和经营；

(4)向总理提议局长的任命人选；

(5)任命副行长、总经理、副总经理、国有商业银行支行行长；

(6)调整组织机制,在自己的职责范围内调整银行干部；

(7)在自己的职责范围内裁决中央银行的一切事项。

副行长作为行长的助理,在行长的授权下可以负责某一项工作。当行长不在或者不能履行职务时,经行长授权,代理行长履行职务,该授权必须采用书面形式并明确其内容和期限。

四、老挝中央银行法的相关具体制度

(一)老挝中央银行检查制度

1.财务检查

《老挝银行法》第 20 条规定,自每年 1 月 1 日起至 12 月 31 日为老挝中央银行的一个会计年度。在每个会计年度结束前,由中央银行内部财务检查组、政府任命的财务检查组或来自外部的检查员进行检查。

2.政府检查

《老挝银行法》第 21 条规定,老挝中央银行须接受政府的正常检查。检查人员由总理任命,在检查过程中有权向中央银行索取各种文件资料或询问问题,以完成其检查任务。政府检查员有权参加中央银行董事会的例会,有发言权但无表决权,当其意见与中央银行董事会决议有分歧时,检查人员应向总理报告。

3.保密义务

《老挝银行法》第 22 条规定,除非获得中央银行董事会许可或法院的命令,任何财务检查员在执行任务时或完成任务之后,都必须对其所知悉的有关中央银行、商业银行及其他金融机构的资料保密。违者,以泄露国家机密罪论处。

(二)老挝中央银行会计和报告制度

《老挝银行法》第 54 条规定,老挝中央银行应当组织实施央行各个时期公布的会计制度及其他商业银行和金融机构的会计制度。

《老挝银行法》第 55 条规定了对政府的年度报告制度。中央银行应于每个会计年度结束后 3 个月内向政府提交以下报告材料:

(1)若干经济问题报告;

(2)中央银行上一年度业务活动的总结报告;

(3)会计年度报表。

(三)老挝货币、外汇储备及特别储备金制度

1.老挝货币制度

老挝的货币单位是基普,1 基普分为 100 分。货币分为纸币和硬币,每一张纸币和每一枚硬币都必须有明显的确定面额,由唯一有发行权的机构老挝中央银行征得政府的同意后发行。经中央银行发行的纸币和硬币是老挝的合法货币,在老挝国内具有支付能力。中央银行在征得政府的同意后,可以回收与新形势下消费不相适应的纸币和货币。

2.老挝外汇储备制度

老挝中央银行建立和管理外汇储备,并且在征得政府同意后对每一时期的外汇储备作出规定。外汇储备包括:(1)黄金;(2)根据中央银行董事会决定,以某种硬通货形式,并能在任一国家流通的外国银行账户上的存款或纸币、硬币;(3)国际上承认为外汇的资产,即老挝在国际货币基金组织的储备金和特别提款权;(4)汇票、本票、国债及由外国政府担保或发行的其他债券,或者根据中央银行董事会决议,可以在老挝境外有支付能力的某种国际金融机构的通货外汇;(5)根据中央银行董事会决定,被视为外汇的其他资产。

中央银行董事会应当就外汇储备的情况每月向政府正常报告一次。当董事会认为外汇储备减少或已经有非正常减少的趋势时,中央银行应当向政府作紧急报告,并且至少每月两次继续向政府作阶段性报告,直至情况恢复正常。

3.老挝中央银行的特别储备金制度

老挝中央银行依法设有特别储备金账户,用于记录中央银行年度利润或亏损。发生资产变更、债务兑换为黄金、特别提款权或是本法规定的外汇都要计入特别储备金账户。

一旦中央银行发生应记录在特别储备金账户中的变动情况,引起亏损、失衡,应扣减特别储备金总金额,以弥补亏损;如果该账户的余额已不足弥补,政府应根据老挝中央银行的规则条件,向老挝中央银行印发不可易手的债券,用来弥补亏损。以上提到的利润或亏损将不计入中央银行的年度利润。每年年底,特别储备金的总余额要用来弥补政府依照本法已印发的债券费用。从特别储备金账户提款或兑付,仅限于上述指标。

(四)违反中央银行法律制度的处罚措施

《老挝银行法》第二十章专门规定了以下六类违反中央银行法律制度的惩罚措施。

(1)违反强制存款率及相关规定的行为;

(2)违反规定提供不真实资料的行为;

(3)未经批准开展金融业务的行为;

(4)检查人员不履行保密义务的行为;

(5)利用职务之便谋取私利的行为;

(6)其他违反中央银行法的行为 。

对以上六种违法行为,其中前三种将被处以罚款或受到刑事处罚,后三种将被追究刑事责任。

第三节　马来西亚中央银行法律制度

一、马来西亚中央银行制度概述

马来西亚中央银行(马来语:Bank Negara Malaysia,英语:Central Bank of Malaysia)又被称为马来西亚国家银行,成立于1959年1月24日,总部设于马来西亚首都吉隆坡,并在吉隆坡、槟城、新山、古晋、亚庇和瓜拉登嘉楼设有分行。根据马来西亚中央银行法的相关规定,马来西亚的中央银行行长须由总统任命,而副行长由财政部部长任命。迄今为止,马来西亚中央银行共有过 7 位行长,现任行长是自 2000 年 5 月上任的洁蒂·阿兹。[①]

现行的马来西亚中央银行法是马来西亚政府在 2008 年金融危机后重新予以修订的,颁布实施于 2009 年 9 月 3 日,修订后的马来西亚中央银行法共分为 15 个大章节共 100 条,内容涉及了中央银行职能、组成机构、外汇、与政府的关系等诸多方面,可以说是一部十分完备的中央银行法,而马来西亚的中央银行制度也因此较为完备。

二、马来西亚中央银行的性质与地位

马来西亚中央银行作为马来西亚的国家银行,承担着政府银行的责任。马来西亚中央银行法在其第 69 条直接称其为政府的银行家和财务经纪人,其在一定程度上具备独立性,相关的政策全权由该行制定。

在马来西亚金融市场的健全、金融机构的运作、金融政策的制定与实施等各方面,马来西亚中央银行都起着巨大的作用。特别是进入 20 世纪 90 年代后,中央银行对原有的货币金融政策作了较大的调整,采取了一系列放宽政策,以促进马来西亚金融业朝向自由化与国际化方向发展。具体而言,马来西亚中央银行在马来西亚金融的发展中主要有以下作用:

(1)利用黄金与外汇储备来稳定新发行的货币及其信用,在货币分家后自行发行马来西亚货币——林吉特,使马币在短期内赢得国内外信任。

(2)帮助政府制定与施行与经济政策较配套的货币金融政策。

(3)利用政府债券的发行与交易,直接参与金融活动,促进金融市场的发展。为了吸收闲散资金用于建设投资,政府采取优惠政策,使商业银行、保险公司及其他金融机构购存政府债券的积极性提高。随着政府债券发行量的扩大,在中央银行指导下成立了贴现行与证券交易所,促进政府债券及其他有价证券交易的活跃与扩大。[②]

---

① 参见马来西亚中央银行官网 http://www.bnm.gov.my/,最后访问时间:2015 年 10 月 6 日。

② 参见宁志平、周明伟:《马来西亚金融结构与货币政策初探》,载《南洋问题研究》1991 年第 4 期,第 36 页。

三、马来西亚中央银行职能

马来西亚中央银行在成立的初期,并没有发行货币的权力,该项职能由马来西亚货币局行使,直到 1967 年,马来西亚国内进行了相关货币制度的改革,该项职能才由中央银行行使。

目前,根据马来西亚中央银行法的规定,马来西亚中央银行主要承担的职责有:

(1)发行货币、代理国库、保管准备金,以及代表政府处理国际金融事务;

(2)代表政府对各种金融机构和整个货币信用体系进行监督和管理,执行政府的货币金融政策;

(3)稳定币值及促进健全的金融市场的发展;

(4)从事公开市场的业务活动,积极影响信用市场,使之有助于国民经济的发展。①

中央银行还担负着促进国内稳定的货币制度和健全金融组织的双重任务。代表政府制定贷款规则及控制外汇收支,在世界银行、国际货币基金组织及外国机构中代表马来西亚政府。中央银行对商业银行的业务有监督调节的权力,调节商业银行的现金准备、流动资产、利率及贷款方向,以实施货币金融政策。负责政府债券的发行和交易,并以此刺激金融市场的发育。

四、马来西亚中央银行的组织机构及具体制度

(一)马来西亚中央银行的组织机构

马来西亚中央银行设有董事会,其组成人员包括行长、1～3 名副行长以及 5～8 名董事。在具体职责方面,马来西亚中央银行董事会主要负责:(1)对银行的预算和运营计划的审批业务进行管理;(2)监督银行的管理并在银行政策生效前进行审核,通过银行的资源履行其职责;(3)负责其他法律规定的事项。此外,董事会可以要求中央银行出示任何簿册或文件,并有权获取其依据

---

① 参见《马来西亚中央银行法》第 5 条。

本法履行职责而需要的信息。

马来西亚中央银行董事会下面设有管理委员会、审计委员会以及风险管理委员会,根据马来西亚中央银行法的规定,管理委员会的职责是:(1)负责诸如货币委员会、稽核委员会等中央银行其他委员会人员的委任;(2)审查和向董事会建议银行批准的预算和运营计划;(3)依中央银行法规定的其他事项。而审计委员会的职责主要是协助董事会进行监督,监督的内容主要包括:(1)账户和银行财务报表的完整性;(2)银行内部控制系统的有效性;(3)本行内部审计职能的表现;(4)对银行法律和法规的遵守情况。风险管理委员会的职责则是协助董事会对银行的企业风险的审查与管理的监督。这三个委员会的董事均不能少于 3 人,且其任命需由部长推荐,总统予以任命。

董事会之外,中央银行行长作为中央银行的行政负责人,负责统筹中央银行具体行政事务及相关政策的制定,而在具体实施上,则由行长之下设立的行长秘书、行长办公室及 3 位副行长与 7 个助理总监负责。[①]

(二)马来西亚中央银行具体制度

1. 货币制度

(1)马来西亚中央银行的货币政策以维持物价稳定并充分考虑经济发展为首要目标,服务于国家利益。

(2)在中央银行的内部设立有货币政策委员会,货币政策委员会负责货币政策的制定与执行,其组成人员包括行长与副行长,并包括 3～7 人的其他成员。其中,其他成员的任命由中央银行董事会决定,任期不得超过三年,期满可以再次委任。

2. 财务制度

(1)在资本上,马来西亚中央银行的资本为 1 亿林吉特,而该资本可以通过部长批准并由政府认购及支付的方式予以增加。同时,政府支付的这笔款项,可以通过一般储备金转移的方式进行。

(2)马来西亚中央银行法规定马来西亚中央银行应当设立一般储备金,而一般储备金的来源是本财政年扣除一些必要费用后的中央银行银行利润,至

---

① 参见马来西亚中央银行官网 http://www.bnm.gov.my/,最后访问时间:2015 年 10 月 6 日。

于拨付多少数额作为一般储备金,一般由中央银行董事会提出建议,财政部长决定。

(3)对于财政年度,马来西亚中央银行法规定该行的财务年度自新年的1月1日起至当年12月31日止。

(4)马来西亚中央银行需要就其业务、事务和运营安排妥善的账目以及其他记录,并在每个财政年度结束后,制定针对该财政年度的财务报表。而在财务报表的编制上,需按照董事会的建议,并结合银行的目的与功能在会计准则内进行编制。

(5)中央银行的账户由审计长进行审计。

(6)中央银行需要在每个月的第15日及最后一日营业时间结束前公布其资产负债表,如果遇到节假日,则应在节假日的前一天进行公布。银行公布资产负债表的公告副本应当交给财政部长。

3.伊斯兰金融制度

对于马来西亚银行体系而言,比较特殊的是其双银行体系,在正常的银行体系之外,还设有根据伊斯兰教关于金融的观念而设立的伊斯兰银行。为了对伊斯兰银行进行更好的管理,中央银行也制定了相应的制度。

(1)设立伊斯兰教咨询理事会,该理事会成员经部长和央行领导协商后,由总统委任。此外,该理事会还设有秘书处,职责是协助理事会履行相关职责。其中,伊斯兰教咨询理事会的职责主要包括以下内容:

第一,确定任何有关财务问题的伊斯兰法律,并根据这些法律针对一些问题作出裁决。

第二,就本行有关伊斯兰金融业务的任何教法问题、活动或银行交易提出建议。

第三,在成文法的规定下对任何可提供建议的伊斯兰金融机构或任何其他人提供咨询。

第四,其他法律赋予的职权。

为了赋予伊斯兰教咨询理事会所作裁决以法律效力,法律规定法院、仲裁委在处理涉及伊斯兰金融的相关问题时,需要考虑理事会所作出过的裁决。

(2)除了上述的伊斯兰教咨询委员会,马来西亚中央银行同样拥有对伊斯兰金融进行管理的权力,根据中央银行法的规定,马来西亚中央银行有权发出通知指引有关伊斯兰金融机构从事金融业务,如果有金融机构违反通知,则可认定为刑事犯罪并处以罚款。①

4.外汇储备制度

马来西亚中央银行法规定马来西亚中央银行有义务持有并管理外汇储备,以维持公众的信心。在外汇的种类上,马来西亚中央银行法作出以下划分:(1)黄金或其他贵金属;(2)外国货币;(3)证券或由政府、政府机构及国际金融机构所作的担保;(4)汇票;(5)其他证券、金融工具和衍生工具。中央银行管理这些外汇,必须按照其董事会所制定的方针进行管理。②

五、马来西亚中央银行的监管

在监管领域,马来西亚建立了以马来西亚中央银行为核心的金融监管体系,虽然在马来西亚国内有诸如财政部等多个金融监管机构,但中央银行始终是马来西亚最主要的金融监管机构。

第四节 缅甸中央银行法律制度

一、缅甸中央银行法律制度概述

自缅甸的经济体制从计划经济转向市场经济后,《缅甸中央银行法》于1990年7月2日发布,缅甸中央银行成立。2013年7月12日,缅甸总统吴登盛签署了新《缅甸中央银行法》并即日生效。该法共18章,分121条119款,从此缅甸中央银行脱离财政和税收部管辖,开始以独立机构身份运作。③中央银行法作为一个国家金融法律制度的基础,对该国的金融调控以及相关的金融监管法治化具有重要意义。《缅甸中央银行法》也是如此。

---

① 参见王守贞:《马来西亚伊斯兰金融系统发展研究》,载《东南亚研究》2008年第2期。

② 参见祁希元主编:《马来西亚经济贸易法律指南》,中国法制出版社2006年版,第261页。

③ 刘志云:《银行法学》,厦门大学出版社2013年版,第32～42页。

在不同的国家和地区,中央银行从名称到职能特征的很多方面都存在差异。下面我们根据《缅甸中央银行法》,来了解缅甸中央银行的情况。首先,该国直接命名其中央银行为缅甸中央银行,总部设在仰光,并可在国内设立分行或代理分支机构,并以保持缅币在国内外的稳定为主要目标。其次,缅甸中央银行根据自己的主要目标,一般地说获得了通常授予一个中央银行的所有职能,并可充分履行这一职能。最后,国家作为缅甸中央银行的唯一股东,决定了其纯国家资本的资本结构。虽法律规定政府可以对中央银行发布指令,监督其业务活动,并有权任免其高层领导,但是缅甸中央银行相对于政府具有一定的独立性,实行的是理事会管理制度。根据以上三个方面,我们可以看出,缅甸中央银行具备中央银行的基本特征,既具有国家机关的性质,又是特殊的金融机构,可以开展金融业务,参与金融活动,且与政府保持相对的独立性,即缅甸中央银行是具有银行特征的国家机关。

二、缅甸中央银行的职能

前面我们已经提到,根据《缅甸中央银行法》的规定,缅甸中央银行为了实现使缅币在国内外保持稳定的主要目标,一般地说获得了通常授予一个中央银行的所有职能,并可充分履行这一职能。为便于理解,可参照我国中央银行的职能分类进行介绍。

(一)发行的银行

《缅甸中央银行法》专门规定了有关货币发行的问题,包括缅币的基本单位、法律地位、发行与流通等,具体如下:

缅甸的法定货币是缅币。缅币的基本单位是"缅元"。该货币单位用英文符号表示分别是"K"和"P"。只有缅甸中央银行有权发行纸币和硬币,纸币和硬币的面值设计构图及其他区别特征,须经计划与财政部批准由中央银行作出决定。中央银行发行的纸币和硬币作为合法货币通用于全国。如果没有明确地达成用外汇进行有关合法钱款,或用金钱支付的证券、交易,或某项债务活动的协议,应认为是在国内用缅币进行支付活动。另外,中央银行须为纸币印刷、硬币铸造,为安全保管要发行的纸币和硬币,以及必要时为存放或销毁纸币印版、硬币印模和收回的纸币和硬币作出安排。[①]

货币的兑换收回。中央银行如需收回正在流通的任何纸币和硬币,须经政府批准,提前发表公告告知公众,可按照纸币和硬币值给予兑换收回。公告中规定的兑换期限结束时,要收回的纸币和硬币便作废。具体的兑换规则包括:如持有者请求,中央银行须按货币面额对发行的货币予以兑换;当要求用其他种类面值的合法纸币和硬币换成正在使用的纸币和硬币时银行须无偿予以兑换;无论现行法律有何规定,任何人不得向中央银行提出拥有某个丢失的、失窃的或残损变形的纸币和硬币的价值的权利。但根据实施条例和有关规定,残损变形的纸币和硬币的价值经核查后可以重新发给。

禁止伪造、变造缅币和证券。除中央银行外,任何人如发行和使用外形酷似合法货币的纸币和硬币,或须向持有者见票即付的某种证券或可支付的代价券,按本法应被认为是犯罪,须向持有者支付的见票即付支票和汇票按本法不能认为是如同货币一样可使用的证券。

(二)政府(或国家)的银行

缅甸中央银行作为政府(或国家)的银行,与政府有着密切的联系,服务于政府,代表政府处理有关金融事务,具体如下:

作为政府的银行掌管政府的账目;作为政府的咨询机构对包括经济方针、计划、国家预算在内的有关政府经济事务提出咨询建议;作为政府的咨询机构和代理发行政府债券;制定、实施货币政策,以便实现自己的主要目标;监督、检查、领导金融机构,以便坚定地贯彻实施和发展金融体系;作为金融机构、外国政府和国际机构的银行开展业务活动;实施国家汇兑换率政策和作为政府的代理控制外汇交易活动;负责管理国家的外汇储备并采取必要措施,确保国际收支稳定可靠,以便正常结算国内居民的国际交易;以政府的名义负责处理在银行业、信贷和金融业、国际政府机构中由于国家参与经营而产生的交易方面的问题并以政府的名义履行全部义务,代表政府同上述机构进行联系。[②]

(三)银行的银行

缅甸中央银行作为"银行的银行",表现在如下几个方面:

---

① 参见《缅甸中央银行法》第 9 章,第 61 条至第 67 条。
② 参见《缅甸中央银行法》第 14 章,第 90 条至第 95 条。

无论是国营、私营或国家和私人合营的银行业金融机构都必须取得中央银行的预先许可方可营业;银行业金融机构如未向中央银行缴齐其备付金,中央银行不得发放营业许可证;银行业金融机构的备付金必须用现金缴纳,且完全向中央银行缴纳,这些备付金只有中央银行颁发许可证的工作完成后才可以重新提取;中央银行可要求金融机构对特定资产增加储备金,金融机构可根据自己的安排再设立储备金。①

缅甸中央银行作为"银行的银行",与我国中央银行作为"银行的银行"存在差异,缅甸中央银行可以办理与个人之间的金融业务,其业务对象并不像我国中央银行一样只局限于银行业金融机构。根据《缅甸中央银行法》的规定,中央银行除可按照适时规定的规章为金融机构开立账户接受存款外,中央银行还可以自己的名义为自己发行证券和从公众那里购买或向公众出售该证券,同公众进行证券交易;中央银行可以办理汇款业务;中央银行可以保管证券和征收其利息或股息;中央银行可以出卖受让的动产和不动产,以获得自己的债权;中央银行按自己认为合适的规定,在国内外以任意一种货币对贷款创造条件并提供担保。

三、缅甸中央银行的组织结构

缅甸中央银行由理事会进行管理,虽然理事会理事由政府委任,但中央银行在实际操作过程中仍有较大的独立性。《缅甸中央银行法》第三章专门规定了中央银行的组成和管理,对中央银行的理事会的组成和管理方式进行了详细的规定,具体如下:

中央银行由理事会管理。理事会理事长和副理事长任期 5 年,其他理事任期 4 年,其任期都不能超过两届;最初政府任命理事会理事中的半数,在任期满 2 年时,须按政府的决定,任命新人或重新被任命;理事长和副理事长为专职人员,不得从事有任何收入的其他工作。

中央银行实行理事长负责制。理事长为中央银行的首脑,负责管理中央银行的日常工作,在贯彻执行方针政策方面须对理事会负责;理事长有权代表中央银行进行追究、签订协议,在契约和议定书上签字。理事长根据理事会的

---

① 参见《缅甸中央银行法》第 13 章,第 85 条至第 89 条。

决定,可将上诉职权授予其他中央银行官员。

中央银行设立有关委员会。为更有效地完成中央银行的工作任务,理事会可建立适当人选的委员会,并酌情规定该委员会的任务和权利。[①]

综上可知,缅甸单独设立中央银行,专司中央银行职能,并能领导全国的金融事业,属于单一中央银行制。在这种体制之下,由独家的中央银行和众多的分支机构执行其职能,并由中央银行对分支机构实行统一领导和管理。中央银行的分支机构根据中央银行的授权,维持本辖区内的金融稳定,承办有关业务。

第五节　菲律宾中央银行法律制度

一、菲律宾中央银行法律制度概述

菲律宾共和国银行(BSP)[②]是菲律宾的中央银行,是根据 1987 年菲律宾《宪法》和 1993 年的《新中央银行法》(*The New Central Bank Act*)[③]于 1993 年 7 月 3 日成立的。其总部设在菲律宾首都马尼拉,现任中央银行行长是阿曼多·泰谭柯。菲律宾中央银行是负责菲律宾比索发行的机构,其享有法定的财政与行政自主权。菲律宾中央银行致力于促进并维持货币汇率与物价的稳定,以实现国家经济均衡和可持续发展;为此其负责实施稳健的货币政策;监管金融机构运营等事务。

菲律宾《新中央银行法》共有七章,第一章规定了中央银行的建立和机构组成;第二章规定中央银行的支付方式;第三章规定中央银行金融管理的指导

---

① 参见《缅甸中央银行法》第 3 章,第 8 条至第 23 条。

② 菲律宾中央银行在他加禄语与英语中都直接以"Bangko Sentral ng Pilipinas"(简称 BSP)作为名称,而这是为了区别其前身菲律宾中央银行(Central Bank of the Philippines,简称 CBP)。

③ 1993 年 6 月 14 日,总统菲德尔·拉莫斯签署第 7653 号共和国法令,即《新中央银行法案》(*The New Central Bank Act*),法案在 1993 年 7 月 3 日生效,正式成立菲律宾共和国银行(BSP),并接管了原 1949 年成立的菲律宾中央银行(CBP),作为当局拥有财政、行政自主权的中央银行。

原则;第四章是中央银行操作工具;第五章是中央银行作为政府的银行家和金融顾问职能;第六章是有关中央银行特权和禁止性规定;第七章是暂时性的规定。

(一)菲律宾中央银行的性质和职能

菲律宾中央银行具有法人资格,是政府的金融机构。菲律宾《新中央银行法》第1条规定:国家应当设立中央金融权力机构作为一个独立的责任主体管理货币、银行和信贷等金融业务。第2条规定:为贯彻此政策,依据本法设立一个享有财政和行政自治权的国有法人机构——菲律宾共和国银行(Bangko Sentral ng Pilipinas),简称 Bangko Sentral。

根据《新中央银行法》第3条,菲律宾中央银行的职能是制定政策管理货币、银行、信贷等金融业务;监督管理所有银行等类似金融机构的运行。中央银行的主要目标是:维持物价稳定以促进经济平稳、持续发展;保持货币稳定和比索(菲律宾货币单位:peso)的自由兑换。中央银行的主要营业地在马尼拉,但在全国可设立分支机构。

除制定和执行货币政策、金融监管两项职能外,菲律宾中央银行还承担以下几项职能:

1.发行货币。菲律宾中央银行是国家发行货币的唯一机构,政府对所发行的货币进行担保。

2.管理外汇储备。维持并管理足够的外汇储备,以维护菲律宾比索的稳定性。

3.最后贷款人。中央银行可以向政府和其他银行提供贷款。可以对信贷机构提供贷款、放款以及贴现等业务,也可以向政府提供紧急贷款。

4.政府的财务代理银行和金融顾问。《新中央银行法》第五章规定了中央银行作为政府的财务代理和金融顾问的两项职能。

(二)菲律宾中央银行的权力

菲律宾中央银行作为金融机构的监管机关,根据《普通银行法》第4条至第7条的规定,中央银行享有以下权力:

1.监督管理权。第4条规定:银行的运行和业务活动应受中央银行的监督管理。监督管理包括:发布统一适用于所有银行机构的法规和行业标准;货币委员会认为必要时可对银行是否遵守法律法规进行检查;监督核实法律法规是否被遵守;对银行进行定期检查,确认其商业运行是否安全合理,但定期检查的间隔至少为一年;调查银行的清偿能力和资金的流动性;对银行强制执行及时纠正措施。

2.政策指导、利率、最高限额和其他限制的权力。第5条规定:中央银行应在货币、银行业和信贷领域制定指导政策。为此目的,委员会应按国际公认的标准制定银行和类银行包括国际结算银行不同类型账目的比率、最高限额等其他限制性规定和其他指导银行运行的规定。

3.批准权。第6条规定:任何个体或主体未经中央银行批准不得从事银行和类银行业务。

4.检查权。第7条规定:央行在检查银行时,有权检查由该银行全部或主要控股的企业。

二、菲律宾中央银行的组织机构

菲律宾中央银行的最高行政管理机构为货币委员会(Monetary Board),其部门组成包括:行政管理机构、货币稳定部门、安全设备综合部门、监督检查部门和资源管理部门。

(一)货币委员会

菲律宾货币委员会实施中央银行的权力和职能。《新中央银行法》对货币委员会的组成及任期、会议的召开、职责等作了详细的规定。

1.货币委员会人员的组成及任期

根据《新中央银行法》第7条的规定,货币委员会人员的组成由菲律宾总统任命,总共7人,任期为6年。总统任命的货币委员会组成有如下要求:

(1)货币委员会的主席由中央银行的行长出任,其任何决策必须得到决策委员会的批准。当其不能出席货币委员会的会议时,指派副行长出席。如果副行长也不能出席时,货币委员会有权指派委员会中的任何一名成员来担任主席。

(2)7人成员中有一名由菲律宾总统从内阁中指派。当该名被指派的内阁成员不能出席会议时,由其指派同部门的副部长出席。

(3)其他5名成员是来自私营企业的全时供职人员,如果是首次任命,其中3人任期为6年,其余2人任期为3年。

2. 货币委员会成员的任职资格和免职

根据《新中央银行法》第 8 条,货币委员会的成员必须是菲律宾共和国出生的,年满 35 岁的公民,行长要求 40 岁以上。有良好的品德,诚实、正直、爱国,在社会经济方面有公认的能力。《新中央银行法》第 9 条规定,货币委员会的成员如果是中央银行监管之下的任何银行、类银行的股东,或者某公司的董事长、顾问、律师、雇员,或者政府官员,将丧失其资格。在此情况下,这些成员必须辞职,并收回其之前作为货币委员会成员所获得的利益。委员中那些来自私营企业的成员,不能在其任职期间再担任政府官员。

《新中央银行法》第 10 条还规定了总统可以因以下原因免除货币委员会成员的职务:

(1)成员不符合任职条件时;

(2)当成员因为身体上或精神上的原因而不能完全地履行其职责,并且该情况持续 6 个月以上的;

(3)当成员违反法律或者在业务上有欺诈行为,或者明显地违反中央银行的目标,给中央银行的利益带来损害时。

3. 货币委员会会议的召开

根据《新中央银行法》第 11 条,货币委员会应至少一周召开一次会议。会议的召集可应中央银行行长或货币委员会 2 名以上成员要求。会议出席的人数必须 4 人以上,其中包括行长或者行长缺席时所指派的人。货币委员会作出的所有决议必须有 4 人以上同时在场。中央银行必须完整地保存货币委员会所做的会议记录,包括录音带、速记本笔记或其他任何录像的原始资料。

4. 货币委员会的职责

根据《新中央银行法》第 15 条,货币委员会的职责包括以下几项内容:

(1)发布规章条例,有效实施法律赋予中央银行货币委员会的权力。并在规章条例颁布 15 天之内向总统和议会报告。

(2)指导中央银行的经营、管理和运作,对人员重组,颁布必要的或是符合此目的的规章条例。中央银行之下的法定单位受货币委员会的排他性监督和控制。

(3)建立人力资源管理体系,对中央银行的人员挑选、雇佣、指派、调动、提升或解雇进行有效管理。

(4)依法为中央银行通过年度预算。

(5)对工作人员因执行职务而受到的损失进行赔偿。

(二)行长和副行长

1.行长的权力和职责

行长是中央银行的首席执行官,对外代表中央银行和货币委员会。《新中央银行法》第 17 条规定了中央银行行长的权力和职责主要有如下几点:

(1)为货币委员会会议准备议程,将认为有必要考虑的政策和措施提交货币委员会讨论;

(2)执行经货币委员会批准的政策和措施;

(3)指导、监督中央银行的经营管理;

(4)确定符合各部门职位等级的个人酬劳、薪水和经货币委员会批准的赔偿计划,以及中央银行职员所应遵守的纪律措施,对人员的免职须经货币委员会的正式批准;

(5)提出确定有效的意见,决定或裁决直到被货币委员会撤销或修改为止;

(6)行使由货币委员会制定的其他权力。

2.行长缺席时的情况

《新中央银行法》第 18 条还规定了中央银行行长缺席时的一些情况。中央银行的行长在货币委员会的正式批准之下可以委任不超过 3 人的副行长,副行长履行由行长或者委员会指派的任务。当行长缺席时,由行长任命的副行长可以担任中央银行的执行官,行使行长权力的同时履行其职责。

3.行长在紧急事件中的权力

《新中央银行法》第 19 条规定,在发生紧急事件时,如果时间足够召开一次会议,在货币委员会授权下,中央银行的行长可以同货币委员会的其他成员决定任何事情或者采取任何行动。行长必须在其行动的 72 小时之内递交一份报告给总统和议会。行长应在尽可能短的时间内召集一次会议,使其所采取的行动得到货币委员会的追认。

三、菲律宾中央银行法的相关具体制度

(一)中央银行货币监管的指导原则

1.菲律宾货币发行制度

菲律宾的货币单位是比索(peso),简写为 P,辅币单位为分(centavos),简写为 C,每一比索为 100 分,货币符号为 PHP。菲律宾货币分为纸币和硬币,每张纸币和每枚硬币都有确定的面额,由菲律宾中央银行发行。《新中央银行法》第 50 条规定,菲律宾中央银行是菲律宾境内唯一有权发行货币的机构,享有排他的货币发行权。

货币委员会在总统的批准之下负责规定货币的面额、图案、式样等事项,经政府同意后发行并将其投入流通。中央银行负责免费兑换不同面额的货币;对于不适合流通的货币,中央银行应废止其流通并作出相应的补充。对超过一定年限(纸币超过 5 年,硬币超过 10 年)在一定时间内(通常是 1 年)统一召集兑换。

2.货币的国内稳定与国际稳定

(1)货币的国内稳定

中央银行货币委员会认为信用膨胀或收缩或物价涨跌有害于经济平衡和发展时,可以控制货币供应量。

《新中央银行法》第 63 条规定了在货币供应、信用或价格水平发生异常变动时,货币委员会应采取的措施:①在本法规定的权限范围内采取一些补救措施;②向总统和议会提交一份详细的报告,至少说明和分析:货币供应、信用或物价水平变动的原因;货币供应、信用和物价水平变动对国内产出、就业、工资和经济活动等发面发生的影响;货币委员会所采取的措施和其建议采取的其他金融、财经、行政措施。当货币供应、信用水平变动与上一年度同月相比浮动超过 15%,或者生活消费指数增长超过 10% 时,货币委员会必须提交相关的报告来陈述这些情况的变化是否会危害到菲律宾经济制度的稳定。货币委员会应定期给总统和议会提交报告,直到金融、信用和价格骚乱等情况消失或得到完全控制。

(2)货币的国际稳定

中央银行依据本法行使权力,维护比索的国家价值,并保持比索与其他货币的自由兑换。为了维护汇率稳定和兑换比索,菲律宾中央银行应保持适当的国际储备金,以应付任何可预见的对外汇的预期需求。判断其充足与否与货币委员会遵循菲律宾的预期收支有关。货币委员会应当特别注意中央银行的外币债务的数量和期限,以及菲律宾其他银行的已知或可估计范围内的外汇资产和负债。

菲律宾中央银行的国际储备金包括但不限于以下资产:①黄金;②外汇资产,包括:国际惯用的转移资金;在中央银行、国库和国外商业银行的活期及定期存款;外国政府债券;外国纸币和硬币。

《新中央银行法》第 67 条规定了当比索的国际稳定受到威胁时,货币委员会应采取的应对措施:①在本法规定的权限范围内采取适当的补救措施。②向总统和议会提交一份详细的报告,至少说明与分析:减少的原因和实质;货币委员会已经采取或将要采取的措施;提出进一步的金融、财政及行政措施;货币委员会成功实施对策所需其他政府部门的配合。货币委员会应定期给总统和议会提交报告,直到影响菲律宾货币国际稳定的因素消除为止。

(二)中央银行的法定业务

中央银行的业务是中央银行职责的具体化,为实现国家货币政策的国际和国内目标,中央银行可依据道义上的影响和本法授予的权力,管理货币、信用和外汇,支持和配合政府和其他部门的工作。根据《新中央银行法》第四章的规定,菲律宾中央银行的法定业务包括以下几方面:

1. 黄金和外汇业务

第 69 条至第 75 条规定,中央银行可以根据货币委员会的规定,买卖黄金、外汇和国际资金流动的票据,还可以从事期货外汇的操作。货币委员会决定央行买卖外汇的汇率。中央银行应始终保持其总外汇资产超过其总涉外债务。

2. 管理银行的外汇业务

第 76 条至第 80 条规定,中央银行货币委员会银行外汇交易的汇率,可以要求银行将其持有的全部或部分外汇卖给中央银行,可以要求所有的资产和负债在比索和其他货币之间保持比例平衡。同时货币委员会还对银行非即期外汇交易制定规则,进行管理,对银行持有的黄金和外汇的盈亏进行评估,银行应根据中央银行的要求提供外汇交易的信息。

3. 对银行和其他金融机构的贷款

第 81 条至第 88 条规定,中央银行可以向其他银行和金融机构提供贷款,以调控信贷总量,保持价格稳定。央行的信贷业务包含以下几种:(1)普通信贷业务。中央银行通常会向菲律宾的银行机构提供商业信贷、生产信贷(用于农业、畜牧业、采矿业和工业)、担保贷款和其他类型的信贷。(2)特别信贷业务。为保证银行系统资金的有效流动性,中央银行可向其他银行提供期限为 7 天的无担保贷款。(3)紧急信贷业务。当国家或地区出现或即将出现金融危机威胁到货币金融稳定时,货币委员会有 5 人以上赞成可授权中央银行向其他银行机构提供特别担保贷款。

第 95 条还规定,中央银行在年度团体贷款额度内,可向政府及其下属机构直接发放贷款,支持财政。该贷款必须在下一会计年度末的最后 15 天内偿清,数额不应超过该借款人前 3 年平均年收入的 20%。

4. 中央银行的公开市场操作

第 90 条至第 92 条规定,中央银行在公开市场上买卖证券必须严格遵循实现价格稳定这一首要目标。在货币委员会的指导下,央行可以在公开市场上买卖直接由菲律宾政府发行的债券和政府各部门发行的债券,或部门政府所属分支发行的并由菲律宾政府担保的债券。

5. 规定和集中银行存款准备金

第 94 条至第 103 条规定,所有银行必须保持一定的存款保证金,以偿还将来该银行的债务;存款准备金交存于中央银行。货币委员会确定并可更改最低存款准备金率,这一比率统一适用于所有银行和类银行机构。

6. 银行间结算业务

第 102 条规定了银行的清算服务业务。中央银行应设立银行间清算服务机构,并可收取相关服务费用。各银行向银行交纳的存款准备金将作为央行进行银行间清算结算的基本金。

7. 银行业务的其他规定

第 104 条至第 108 条还规定了中央银行货币委员会对利率、手续费和其他费用、信用证的保证金、银行贷款的担保、贷款的最高限值和最低资金比例等进行规定,以保证货币供应与经济发展相适应。

(三)中央银行的特权及禁止性规定

《新中央银行法》第六章规定了菲律宾中央银行的特权及禁令。

1. 中央银行的特权

（1）免税

根据《新中央银行法》第 125 条的规定，菲律宾中央银行依据《新中央银行法》免除为期 5 年的国家、省、市的税费，该免税适用于菲律宾中央银行的所有财产：如资源、票据、利润和收益、合同、契约及中央银行需要的其他行为。税费的免除只限于中央银行业务范围内的金额，而不包括与个人或其他实体交易时的税费，但外国贷款或其他债务应排除在外。

（2）关税免除

根据《新中央银行法》第 126 条的规定，菲律宾货币、黄金和其他贵金属的进出口，银行生产货币所需的一切设备，防伪印刷技术的进口应免除一切关税和费用。

（3）适用公务员法

根据《新中央银行法》第 127 条的规定，中央银行人员的任命，除了政策确定的之外，应遵循《公务员法》的规定。货币委员会作出的提升、调动、任命是为了工作的利益，如果与现行法律相抵触，是不具有约束力的。中央银行的官员和职员，包括货币委员会的成员，不得直接或间接参加党派活动或参加除政治选举以外的其他选举。除了法律规定的原因外，受《公务员法》保护的中央银行官员和职员不得被解职或停职。

2. 中央银行的禁止性规定

《新中央银行法》第 128 条规定，中央银行不得接受任何股份，或以股份充当的抵押物，不得直接或间接参与任何企业的经营管理。

第六节　新加坡中央银行法律制度

一、新加坡中央银行法律制度概述

1970 年以前，新加坡并不存在一个统一行使中央银行职权的机构，有关中央银行的各种职能由多个政府部门和机构执行，如银行业执照的发放和银行监管由银行委员会承担，该委员会负责确保银行业的有序运转；清算业务和政府贷款由会计总署负责管理；金融公司委员会负责监管金融公司；海外投资厅管理政府的海外资产；外汇管制、保险业等则由其他政府部门负责管理。随着新加坡的快速发展,银行变得日益复杂,其发展所需的货币环境要求政府不得不精简政府机构的各项货币职能,从而保证货币政策更具活力和连贯性。因此,1970 年新加坡议会第 42 号法案通过了《新加坡金融监管局法》(*Monetary Authority of Singapore Act*),根据该法,新加坡金融监管局(Monetary Authority of Singapore,MAS)于 1971 年 1 月 1 日正式成立。在金融监管局成立后,其承担了大部分的中央银行的职权。但此时的金融监管局还不能等同于新加坡的中央银行,这是因为其并没有承担起所有的中央银行职责,例如发行货币这一传统中央银行的职责,就由当时的新加坡货币管理局承担。但在 2002 年 10 月 1 日,金融监管局合并了货币机构董事会,继而具备了发行货币的职能。目前,金融监管局局长为孟文能,机构实缴注册资本为 1 亿美元。虽然新加坡没有名义上的中央银行或者国家银行,但其金融监管局在事实上承担着中央银行的相关职责,而与金融监管局相关的制度规则实际上也就是新加坡的中央银行制度。[①]

《新加坡金融监管局法》颁布于 1970 年 12 月 26 日,中间历经多次修改,现在的最新版本是 2013 年 8 月 1 日修订后的版本,现行的《新加坡金融监管法》共有 6 编 43 条,其中第一章(第 1 条至第 2 条)为前言,主要是对本法名称的介绍以及相关名词的释义,第二章(第 3 条至第 16 条)为金融监管机构的设立、资产和管理,第三章(第 17 条至第 22 条)为有关职员、人事的相关规定,第四章(第 23 条至第 30 条)主要规定金融监管局的职权、职责和职能,第五章(第 31 条至第 43 条)是有关部门发展基金的规定。[②]

二、新加坡中央银行的性质与地位

首先,根据《新加坡金融监管局法》的规定,金融监管局是由政府完全拥有和控制的法定机构。从法理上讲,金融监管局是依法成立的独立的法人实体,承担法律规定的特殊职能,并享有法律赋予的权力。由于法律同时规定政府拥有任命董事会成员、发布指示、接受报告和获得有关信息等权力,政府实际

---

① 参见新加坡金融监管局网站:www. mas. gov. sg/,最后访问日期:2015 年 10 月 6 日。

② 参见朱静秋:《新加坡金融监管局法》,载《公司法律评论》2006 年第 00 期,第 239 页。

上拥有对金融监管局的完全控制权。因此,新加坡金融监管局具有国家机关的性质。

其实,作为国家机关的金融监管局,与其他政府机关存在着较大的差异,这与其具体的职责有关,金融监管局承担着发行货币、向其他金融机构发放贷款等金融机构特有的职责,但这些职责的实施是为了维护经济的稳定与安全,且对象不是个人而是机构,因此金融监管局还具有特殊金融机构的性质。

总体而言,新加坡金融监管局作为新加坡政府对金融进行监管的机构,具有国家机关的性质,同时还具备金融机构的属性,且具有一定的独立性。

三、新加坡中央银行的职能

《新加坡金融监管局法》第四编对金融监管局的职权、职责以及职能作了详细的规定,总体来看,金融监管局的职能主要包括以下几个方面。

(一)作为政府的银行和金融代理

作为政府的银行,金融管理局为政府提供经常账户和存款便利。金融监管局代表政府参与有关国际金融组织的活动,处理政府与国际金融组织关系等有关事宜。作为政府的银行,金融管理局根据《本地政府债券法》和《发展贷款法》的规定,负责发行、购买、出售、偿还政府短期债券和其他有价证券。从1973年1月起,政府债券以每周投标的方式发行。此前,银行、金融公司、贴现所和政府机构可随时获得91天期限的债券。实行投标制和建立多家贴现所后,政府债券成为货币市场上更灵活的金融工具,金融监管局可根据其对市场需求的估计变动每周拍卖的数量,那些迫切需要政府债券的申请人必须出更高的价格才能获得政府债券,而银行和贴现所则以反映市场状况的价格从事政府债券的交易。1974年2月,金融监管局引入了182日期限的政府债券;一年后,又进一步提供273天和364天期限的政府债券,以进一步开发货币市场。由于更多的金融工具的存在,新加坡金融机构的证券资产规模迅速扩大,资产组合也进一步多元化。值得一提的是,金融监管局代理发行政府债券的主要目的不是为政府筹集资金,因为新加坡政府财政持续维持盈余,政府事实上无须从金融市场筹集资金。发行债券的目的主要有两方面,一是满足银行业流动资产管理的需要,二是促进货币市场的深化和发展。[①]

作为政府的金融代理,金融监管局管理新加坡政府的国外资产和公共债务,对政府在国际金融市场上筹集贷款和偿还贷款等事宜提供建议。金融监管局充当所有政府有价证券的发行所。它负责准备计划书、处理申请人名单、计算债券收益、偿付债券,并就政府发行证券的期限、条件等问题向政府提供建议。

(二)作为金融机构的银行

金融监管局为所有商业银行的金融公司提供银行便利。金融机构为满足法定现金储备率的要求,必须在金融监管局开立经常户头并保持规定的余额。现金储备金率在 1968 年至 1972 年的 8 月为 3.5%,1972 年 8 月提高至 5%,1973 年 3 月进一步提至 9%,随后经几次下调,1975 年降为 6%,随后长期维持在 6%的水平。亚洲金融危机爆发后,新加坡政府为降低银行业的经营成本,增强银行业的竞争力,1998 年 7 月 1 日将现金储备率降至 3%的水平。银行在金融监管局开立的经常户头还被用于结算银行之间日常支票和汇付清算的净余额。[②]

(三)负责实施《银行法》

金融监管局负责实施于 1971 年 1 月 1 日生效的 1970 年《银行法》,该法取代了经 1967 年法律修正令(银行业)修正的 1958 年银行业法令。根据《银行法》的规定,银行须满足两个法定要求:(1)在金融管理局开立的经常户头保持不低于总存款额 6%的现金余额;(2)流动资产总额不得低于总存款额的 18%。金融监管局负责确保银行业遵守这两条规定。此外,金融监管局还要确保银行业遵守《银行法》有关最低资本金要求、资本充足率、贷款组合等规定。以最低资本金要求来说,1993 年《银行法》修订后,要求本地银行在 1998 年底之前资本金需达到 8 亿新元,外国银行需达到 2 亿新元。1996 年《银行法》修订后,要求银行在未来五年内资本金至少要达到 15 亿新元(适用于本地银行)。1993 年《银行法》修订后还要求本地银行的资本充足率不得低于

---

① 张祖兴:《新加坡中央银行的结构与职能》,载《东南亚》2000 年第 1 期,第 40 页。
② 张祖兴:《新加坡中央银行的结构与职能》,载《东南亚》2000 年第 1 期,第 41 页。

12％,外国银行则根据国际清算银行(BIS)的要求不得低于8％。《银行法》还对银行向单个借款者贷款、银行对本行董事和职员的贷款、银行持有房地产、银行对其他公司的投资等方面有具体的限制,金融管理局必须确保银行业遵守《银行法》的规定。金融监管局通过对银行进行实地检查、审查其报告,要求从事商业银行审计业务的审计师向金融监管局报告有关银行违反《银行法》或欺诈行为等措施,确保银行业行为正确并遵守《银行法》。

金融监管局负责处理银行业执照和开设代表处的申请。1971年前,新加坡只有一种类型的商业银行,所有商业银行都可以经营的银行业务,不论其注册地是否在新加坡。作为吸引国际银行来新加坡经营的一种战略,同时为避免对本地银行造成太大冲击,金融监管局开始向从事特殊业务的银行发放其他类型的银行业执照。目前,新加坡的完全执照银行共31家(其中本地9家,外国22家),有限执照银行13家(1971年时仅6家),离岸执照银行98家(1973年时仅7家),银行总数为142家。

(四)实施《金融公司法》

金融监管局负责实施1976年《金融公司法》。该法管制此类机构的执照、规定最低资本金要求、最低储备金要求、限制股息支付金额等;该法禁止金融公司从事贸易业务;该法对金融公司的资产结构有严格的规定,如股票和证券投资不得超过其资本金的25％(经金融管理局批准后可达到50％),不动产投资不得超过资本金的25％,对单一借款者无担保物的贷款不得超过5000新元,有担保的贷款也不可超过资本金的60％。金融监管局还对金融公司规定特别的储备金要求和流动资产比率要求。金融监管局通过检查金融公司的有关账目,确保其遵守法律和行为适当。对于有关公司资产结构的弱点、财务指标的不良趋势、贷款的集中度、对过期未还贷款的疏忽等等问题,金融管理局都会提醒有关公司。如果这些公司不及时采取修正行动的话,公司管理层会被警告,甚至被取代,或者会受到金融管理局其它类型的惩罚。

(五)监督其他金融机构

由于金融监管局有责任确保货币和金融部门的有序发展,所以,除监督商业银行外,金融管理局还负责监督金融公司、贴现所、证券银行和其他金融机构的运作,以确保整个金融行业的高水准。监督主要有两种方式,一是进行实地检查,二是审查各类金融机构向金融管理局提交的有关报告和其他信息,包括资产负债表、资本结构、投资组合、对本机构和相关公司提供的贷款等等。贴现所和证券银行不会被实地检查,但必须向金融管理局提交有关报告,以便金融管理局监督其业务活动。

金融监管局还要求各类金融机构除本身设立审计部门外,再聘任外部的审计师,外部审计师的详细报告也是借以鉴别会计系统或内部控制的不足或弱点的重要手段之一。为确保各类金融机构积极提高其工作人员的素质,金融监管局还会检查金融机构的人员培训计划。

(六)积极促进金融部门的发展

金融监管局不仅是监督金融部门以确保金融体系稳健的机构,还有责任积极促进金融业的发展。自 1971 年成立以来,金融监管局采取了一系列措施刺激金融中心的发展。这些措施包括:对国际金融机构从事离岸银行业务采取自由进入的政策;1978 年 6 月完全放弃外汇管制,本国居民可借入或贷出各种货币,包括进入亚元市场;证券银行可自由进行外汇交易,离岸银行可以为非银行客户提供服务,非居民也可以持有以新元记账的资产;金融监管局鼓励设立新的专业机构,如证券银行、贴现所、国际货币经纪商、黄金交易商等。为促进金融市场的不断深化,金融监管局还鼓励金融机构引入新的金融工具,如新元可转换存款证、浮动利率和固定利率的亚元存款证等。此外,包括税收奖励在内的财政措施也被用来刺激银行业、保险业等的离岸运作。

(七)发行货币

根据法律规定,金融监管局有权依《货币法》在新加坡境内发行流通货币,以及提供其认为依货币法必需的服务。[①]

四、新加坡中央银行的组织结构与具体制度

(一)新加坡中央银行的组织结构

从总体上看,新加坡金融监管局可以分为 6 大职能部门及外事等 3 个辅

---

① 参见《新加坡金融监管局法》第 4 条。

助部门,其采取的是董事会—执行总裁办—职能部门的治理结构模式,具体内容如下。

1.董事会

新加坡金融监管局实行董事会制,由金融监管局的董事会负责该局政策制定,总管行政事务和业务经营,同时还负责向政府报告金融监管机构的银行及信贷政策。董事会有主席一名,其他董事 4～9 人,其中一名董事为副主席。董事会的主席由内阁提名,总统任命。其他董事包括副主席则由部长提名后交由总统任命,董事的任期不得超过三年,在任期内适格可以连任。此外,总统还可以根据公共事务委员会的建议或提名,将一名董事任命为常务董事,常务董事受托对金融监管机构进行日常管理,且有权决定及行使依照本法或其他制定法赋予的金融监管机构的权力,常务董事就其行为和决定对董事会负责。

董事长有权在必要时举行董事会议,但至少每三个月举行一次会议,每次出席会议的法定人数为 4 名董事或董事会人数的过半人数,决议以出席会议的董事人数的过半人数通过,对于僵持不下的问题,主席拥有决定权。

依据金融监管局处于有利于规制管理的目的,可以指定董事及其他非董事人员组成若干其认为合适的委员会,并赋予该委员会一定的职权、职责以及职能。[①]

2.其他组织机构

新加坡金融管理局除了董事会及由其衍生出的相关委员会之外,还包括执行总监办公室、银行和金融机构组(包括 2 个部门、4 个处室)、经济、金融、信息服务、保险业专署、内审、国际、人事和行政管理等部门。此外,新加坡金融监管局在美国纽约还设有办事机构。

(二)新加坡中央银行的具体制度

1.一般准备金制度

根据《新加坡金融监管局法》的规定,新加坡金融监管局应设有一般储备金,一般储备金的来源是金融监管局每年上交给政府的净利润的余额。另根据本法的规定,当该年度一般准备金少于金融监管局实缴资本的一半时,净利

---

① 参见《新加坡金融监管局法》第 7 条。

润全部记入一般准备金,如果不少于实缴资本的一半但少于实缴资本的两倍,则净利润中至少百分之三十应当记入一般准备金。

2. 部门发展基金制度

根据金融监管局法的规定,金融监管局应当在部长的指导下,设立财政部门发展基金,由金融监管局进行控制、管理。部门发展基金的组成包括:(1) 1999年《交易所反关联合并法》第10条中所指转让公司持股所获收益;(2)所有由政府捐助给该基金的货币;(3)所有金融监管机构为基金接受的捐赠和赠与;(4)任何利息、红利和由该基金投资衍生的收入。

根据规定,该笔基金的主要用途有:(1)提升新加坡金融中心地位;(2)金融服务业所需技能和专业技术的发展和提升;(3)教育、研究机构的发展和支持,与金融服务业相关的研究发展项目计划;(4)支持新加坡金融服务业基础设施的发展。除了上述的四种用途外,新加坡金融监管局还可以授权基金于新加坡国内或国外进行以下支出:(1)建立、扩展或者帮助维护设施,该设施用于提升与基金目的相符的技能、专业技术培训课程和项目;(2)提供奖学金、拨款、补贴、折扣、贷款或其他财政资助或与基金目的相符的激励措施;(3)此类其他部长可能批准的与基金目的不相符合的事项。

3. 金融监管局、董事、雇员等的免责制度

为了保证金融监管局履行职责的独立性和权威性,法律特别赋予金融监管局、董事、雇员等的免责权。根据其规定,金融监管局、金融监管局的董事、官员或雇员、公务员、借调给或委派给金融监管机构的人员或任何经部长、金融监管机构任命、许可、指示而行使或协助行使金融监管机构职权,履行该局职能、职责的人员的善意行为,均不受诉讼或其他法律程序的管辖。

4. 财务年度、预算和审计制度

新加坡金融监管局的会计年度始于每年的4月1日,止于次年的3月31日。金融监管局应当每一会计年度准备预算,内容包括对本局该预算会计年度收入和支出以及任何会计年度可能发生的追加预算,并依相关规定送总统审批,经总统审批后的预算及追加预算必须公告于政府公报。

金融监管局需要在每会计年度截止日后6个月内向总统提交经首席审计师证明且经政府公报的财政报表副本、董事会提交的报告。此外,金融监管局还需要在每个财政年度终了日起6个月内将财务报表和年度报告提交国会。

五、新加坡中央银行的监管

新加坡中央银行即金融监管局是新加坡银行业乃至整个金融业的监管主体,且新加坡的政治制度受西方影响较大,其金融监管局在经济宏观调控以及金融监管上都有相当大的自由度和独立性。新加坡金融监管局的金融监管职能主要由其金融监管部门实施,这个部门是金融监管局中最大的部门,由银行署、保险署、证券期货署、市场体系与风险顾问署、监管政策署、监管法律服务署组成。同时在银行署内部专门设置了"资本市场部",以便与银行署内的有关部门合作开展对银行的有关资本市场、期货业务的监管。[①]

与我国中央银行的监管机构设置不同:新加坡的金融业是混业经营,因而有保险署、证券署、期货署与银行署并列。新加坡的本地银行和外资银行大都实行混业经营,在银行集团公司下设证券子公司或保险子公司,上述行业的监管均由 MAS 实施,银行署、保险署和证券署具体从事现场检查和非现场检查。如需对一家银行实施全面检查,则由上述三个部门共同完成。新加坡设有监管政策署和专门为监管部门的工作提供政策研究与法律服务支持的法律服务署,还设有市场体系与风险顾问署,专门对金融创新产品特别是建立在电信网络基础上的电子金融创新产品进行风险监控与监管,该署的工作人员由通晓计算机与金融业务的两栖人才组成,该署的监管工作通常与银行署、保险署、证券期货署的监管工作联合进行。

新加坡金融监管局的监管,主要注重的是业务合规性的监管,但是在1997 年亚洲金融危机爆发后,逐渐把银行监管的重点从合规性转移到了对银行风险的关注上,围绕官方监督、公司治理、市场约束三大现代监管支柱构建风险监管体系。同时,对市场风险、流动性风险、科技风险等设立专门部门和引进专业人才进行监管。

---

① 汪康懋:《新加坡的金融监管体制》,载《华东政法大学学报》2005 年第 1 期,第 93 页。

第七节　泰国中央银行法律制度

一、泰国中央银行法律制度概述

《泰国银行法》是泰国的中央银行法,是泰国中央银行法律制度的最核心部分。该部法律于 1942 年 4 月 28 日以国王 Ananda Mahidol 的名义颁布。泰国财政部部长负责总体监管该法的执行,并有权为该法的实施颁布相关的行政规章和政府通告。

《泰国银行法》由十章组成,共计七十五个条文。第一章为该部法律的序言;第二章确立了泰国银行作为中央银行的宗旨与职能;第三章规定了泰国央行的资金与准备金制度;第四章阐明了央行的组织机构及其各自的权责;第五章规定了央行行长的任命制度及其职权内容;第六章是关于泰国央行的具体运行制度规定;第七章规定了央行内部工作人员利益冲突防止机制;第八章是关于央行运行的监督制度;第九章是关于央行的财务和会计报告制度;最后一章的内容是违反央行法的处罚规定。

二、泰国中央银行的性质和职能

(一)性质

泰国银行(the Bank of Thailand)是泰国的中央银行,其前身是泰国国家银行局,成立于《泰国银行法》颁布的同年 12 月,负责泰国货币泰铢的发行。从性质上看,它是泰国的国家机关,即是说,它既非政府机构又不是国企,不受政府机构财政预算和政府法规的限制。

泰国银行总部设在曼谷,可以在国内其他地方设立分行,经事先批准可以在国外设立办事处或者代表处。

(二)职能

泰国银行作为中央银行主要具有三大职能:一是稳定货币;二是维护金融

机构系统稳定;三是维持支付系统的稳定。根据《泰国银行法》的规定,政府在实施经济政策时需要将央行工作目标考虑在内。

为了实现中央银行设立的宗旨与目标,泰国银行被授权执行以下业务:

1.负责发行和管理政府货币和各类银行券;

2.制定和实施各项货币政策;

3.管理该银行的自有资产;

4.担任政府的银行,并作为政府证券登记机构;

5.担任所有金融机构的银行;

6.建立并支持金融支付系统;

7.对金融机构进行检查监督;

8.根据汇率制度监控汇率,包括依照货币法监督管理货币储备的相关资产;

9.根据外汇法管理外汇;

10.属于泰国银行法定职能内的其他业务;

11.施行与实现其宗旨目标相关的其他措施与管理工作。

泰国银行可以在国外享有不动产或其他资产的产权,并且进行资产管理活动,以及设立或主张相关权利,包括参与诉讼等司法活动。[①]

除此以外,为了提供本国的国际收支平衡、国际投资状况等金融统计数据,泰国银行有权根据本银行制定的规章或政府公报,要求从事国际货币交易和国际投资业务的个人或机构提交相关信息资料。

三、泰国银行的组织机构及人员

(一)四大委员会

为了实施《泰国银行法》第 8 条中规定的泰国银行的法定职能,该行设立了以下几个委员会:

1.泰国银行董事会,负责泰国银行运行的总体管控;

2.货币政策委员会,负责制定具体的货币政策并且对政策实行情况予以

---

① 参见《泰国银行法》第 8 条。

监督；

3.金融机构政策委员会,负责制定监管各类金融机构的规章,并监督这些规章的实行情况；

4.支付系统委员会,负责制定支付系统政策和金融机构间结算系统政策并监督其实施,同时确保支付系统政策在泰国银行的监督下运行。

上述的委员会由各依职权的成员组成,这些成员必须是相应职位上的专家,具有足够的专业知识与工作经验。

(二)委员会职能

1.董事会权力与职责

除了应由货币政策委员会、金融机构政策委员会以及支付系统委员会具体负责的职能以外,董事会有权根据泰国银行的目标宗旨,负责管理该银行的整体运作。具体职权如下：

(1)考虑和审批银行的运行计划和预算方案,评估泰国银行业务的运作实行状况,以及评估行长的整体管理工作；

(2)发布组织结构和人力资源管理的规章制度；

(3)发布有关货币政策委员会、金融机构委员会、支付系统委员会专家成员提名、审议、推选的规章制度；

(4)发布相关规章制度,防止委员会成员的个人利益牵涉,要求各委员会成员规范履行其法定义务,包括行长、高管和所有工作人员；

(5)发布有关授权、管理和其他事务的规章制度；

(6)发布预算、开支、采购的规章制度；

(7)发布高管、员工、离退休人员及其家属的福利待遇规定,除了薪酬等金钱利益外,还包括提供贷款和财政补贴等规范；

(8)根据货币与资产相关法律,发布货币储备资产管理法规；

(9)考虑和审批各个办事处和代表处的设立与撤销；

(10)决定审计部门的工作范围；

(11)根据本法,监督财务报表、年度报告以及其他各类报告的制作；

(12)处理本法或者其他法律规定的相关事宜。

2.货币政策委员会权力与职责

根据《泰国银行法》的规定,货币政策委员会具有以下权力并负有以下相应职责：

(1)根据基本国策、国家经济状况和货币状况来确定国家货币政策；

(2)基于货币法中关于汇率制度的规定,确定管理货币兑换的政策；

(3)为了实现(1)、(2)的目标和政策所采取的必要手段；

(4)根据(3)来监管泰国银行的运行,确保其健康、高效。

货币政策委员会应该每 6 个月一次向内阁汇报其运行状况。[①]

3.金融机构政策委员会职能

金融机构政策委员会负责监管和考察金融机构,监督泰国银行的运行,并有权力和责任制定和执行政策。其职责有：

(1)根据金融机构情况来制定政策；

(2)制定关于设立和关闭金融机构分支机构的政策；

(3)根据有关金融机构业务规定的法律,确定金融机构规模；

(4)给予新设立的金融机构意见或建议。

(5)金融机构政策委员会应该根据泰国银行董事会指定的期间向其汇报运营状况。

(三)委员会的人员组成及任期

各委员会成员的任期为 3 年,任期届满可以继续委任,但连续任期不得超过 2 届。为防在职人员于其任期届满之前离职,事先要指定候补人员,除非剩余任期已不足 90 天。替补上任的人员的任期为其前任所余下的任期。若是在任期即将届满之时,还没有新的任命确定后继的委员会人员,即将离任的人员则保留岗位并继续履行其工作职责,直到新任命的成员接替其职位,但是继续留任期不得超过 120 天。

董事会由一名董事会主席、行长以及 3 名副行长、国民经济和社会发展办公处秘书、财政政策部门主任和 5 名专家成员组成。董事会主席由泰国国王任命。行长同时应担任董事会副主席,并负责任命一名高管担任董事会秘书。5 名专家成员由财政部部长任命。

货币政策委员会成员有委员会主席、副主席、2 名副行长、4 名经济或银行业领域的专家。委员会主席由行长兼任,同时由行长在同为委员会成员的副行长中安排一人担任副主席。相关领域的 4 名专家由董事会任命。此外,行

---

① 参见《泰国银行法》第 28 条第 7 款。

长任命一名该银行高管作为秘书。

金融机构政策委员会由委员会主席、副主席、2 名副行长、财政政策办公室主任、保险委员会秘书、证券交易委员会秘书,以及董事会任命的 5 名专家组成。委员会主席由行长兼任,再由行长在委员会成员的副行长中指定一人担任副主席。

支付系统委员会的成员有委员会主席、2 名副行长、泰国银行业协会会长以及董事会任命的 3 名专家。主席由行长担任,副主席由行长在 2 名副行长中指定。同时,行长任命一名该银行高管作为秘书。

(四)泰国银行行长

为实现泰国银行的宗旨与目标,行长负责管理泰国银行的整体运行,包括法律法规的贯彻执行,以及各委员会制定的政策实施。除此以外,行长享有对银行所有高管和员工的人事管理权。

行长必须具有泰国国籍,具备经济或银行金融领域的专业知识与技能,在履行其职责方面独立于董事会的管辖。在董事会业务涉及第三方时,行长可以作为董事会的代表。

行长的任期为 5 年,从被任命的那天起算。期满后可以被再次委任,但再度委任期不得超过 1 年。[①]

(五)董事会成员及行长的任命

泰国银行的董事会成员以及行长均由专门的推选委员会选举确定。

关于董事会主席和董事会成员的选举规则,先由财政部部长任命一个由 7 名成员组成的推选委员会,由这个委员会负责确定适合的董事会成员人选。推选委员会的委员是那些曾经在金融财政部门和机构担任要职的人,包括前财政部秘书、前商务部秘书、前工业部秘书、前预算局局长、前国务委员会秘书、前国民经济与社会发展办公室主任、前财政政策办公室主任、前董事会内的行长、前证券交易委员会秘书。总之,该推选委员会的委员不是在职的政府官员,同时他们的个人利益不与被选人员工作任职期间的法定义务相冲突。推选委员会选出董事会主席之后,将该人选提交内阁审议,内阁审议通过后将

---

① 参见《泰国银行法》第 28 条第 13 款至第 29 款。

董事会主席人选上报泰国国王,由国王签署任命。

关于泰国银行行长的选举规则,先由财政部部长任命一个 7 名成员组成的推选委员会,由这个委员会负责确定适合的行长人选。推选委员会的委员人选组成与选举董事会成员完全相同。委员会要推选出不少于 2 名他们认为合适的行长人选。最终,行长人选由内阁推荐,再由国王任命。

四、泰国中央银行的具体运行制度

(一)金融机构发展基金制度

泰国银行建立了一个金融机构发展基金,该基金是独立的法人,其目标是以促进金融机构实力与保持金融机构稳定的方式重组与发展金融机构系统。专门的金融机构发展基金部门对其负责,这个基金的运行和泰国银行的其他业务相分离,具有相当的独立性。

基金涉及的金融机构包括:1.依据商业银行法成立的商业银行;2.金融企业,依据金融业务法、证券业务法和信贷业务法成立的金融公司、证券公司和信贷公司;3.由财政部长或政府公报确定的其他从事金融业务的机构。

获得内阁批准的前提下,每个金融机构都必须在规定的时期内,按照基金管理委员会的要求向该基金缴纳一定比率的款项。这笔款项的数额不超过本年度金融机构从社会公众获得的存款、借款以及资金总数的 0.5%。一般而言,这笔存款数额的计算是基于金融机构前六个月的财务期间届满时的未清算资金总额。当基金为金融机构的债权人提供担保的时候,基金管理委员会应要求金融机构向其缴纳不超过该金融机构所持未清偿债务 0.5% 的款项。数额计算方法和缴纳时间与前项规定一致。具体的缴纳比率会因为金融机构类型的不同而有所差别。在计算缴纳数额时,金融机构从该基金获取的存款贷款不计算在内。当基金有充足的资金从事相关业务以此发挥其法定功能,基金管理委员会可以宣布金融机构暂停向基金缴款。若是有金融机构未按要求缴纳该笔款项,基金管理委员会可根据规则和程序要求其补缴不超过应缴数额 2 倍的汇款。

金融机构发展基金的资金来源主要有:(1)上述来自金融机构的法定汇款;(2)托管人的资金和财产;(3)转移到该基金的其他资金和财产;(4)基金的收入。

为了实现其成立宗旨,基金被授权从事以下业务:

(1)享有不动产的所有权或占有权,建造、购买、收购、出售、处分、租赁、出租、租购或在租购协议中作为出租方,借贷,接受质押物,接受抵押物,互换货币,过户,转账,接受过户转账,以及在境内外从事任何有关财产的活动,包括接受托管人的资产;

(2)担保或确认、接受票据,干预或为票据承兑提供担保物;

(3)在基金委员会认为必要且适当时,和金融机构一样持有存款;

(4)借款,签发票据和发行债券;

(5)经基金管理委员会同意,以赚取自有资金为目的从事投资;

(6)处理与实现基金会目标直接相关或具有附带联系的事务。

基金应建立健全的会计制度并严格遵守,保留内部日常的审计材料和会计账簿,具体内容为:(1)收入与支出;(2)资产和负债。这些会计凭证都要准确规范,并且要求保留原件。[①]

(二)央行业务与权责制度

泰国银行从事的业务及其相应的权责包括以下 6 个方面:

1.发行政府货币和银行券

泰国银行依据货币法发行货币。泰国银行是泰国国内唯一具有货币发行权的机构。泰国银行发行的货币是货币法规定的法定货币。这种法定货币的发行和管理都要依照货币法。泰国银行发行的货币与泰国刑法典中涉及的"货币"概念一致。

2.实施货币政策

泰国银行负责执行由货币政策委员会制定的货币政策,具体权责如下:

(1)根据货币政策委员会制定的规则,接受定期或者活期存款账户的资金。

(2)根据本法有关利率的规定,决定向金融机构的贷款利率。

(3)买卖货币,或与本国金融机构、外国金融机构或国际金融机构进行货币互换交易。

(4)以保持货币价值为目的借取外汇,通过发行有固定还款期限的票据或

---

① 参见《泰国银行法》第 29 条。

债券,或者保有经财政部长批准的借款的抵押物。

(5)为了货币政策的实施借款并为此提供担保。

(6)为了控制货币的供应量认购、买卖证券,或者进行证券互换交易;包括:

①政府证券或财政部担保其利率的证券;

②无担保债券,或由政府企业以及央行法法定的金融机构发行的债券或债务工具;

③泰国央行发行的票据、债券或其他债务工具;

④泰国央行规定的其他债务工具。

(7)以有偿或无偿的方式借入或借出第(6)款规定的证券,在借出证券的情况下,需按泰国央行对担保的要求提供一级担保物。

(6)为了启动求偿权,全部或部分售出或处分泰国央行合法占有的财产。

(9)从事与货币政策委员会制定的货币政策实施直接联系或附带相关的业务。

为了货币政策的实施,也为了法定流动性资产的维持,泰国央行可以要求金融机构根据其制定的规则和利率持有央行的储备现金。①

3.管理泰国银行的资产

泰国银行有权力与职责管理其自有资产,包括按董事会制定的规则以收益为目的进行投资活动;但是需要考虑金融安全、流动性、收益与风险控制。泰国央行需每个季度向董事会提交资产管理的业绩报告。

4.政府的银行与证券登记机构

泰国银行作为政府的银行具有以下权能:

(1)为财政部的资金开立账户并负责该账户债务的及时清偿;财政部不为此向泰国央行支付费用,泰国央行也不向财政部的资金账户支付任何利息。

(2)为政府的资金、证券或其他贵重物品提供保管服务,并代为领取相关收益,包括证券的本金和利润。

(3)负责执行与政府相关的货币兑换、国际汇款等银行业务。

(4)代表政府从事以下业务:

(a)购买与出售金银;

---

① 参见《泰国银行法》第33条。

（b）购买、出售以及转让汇票、证券和股票；

（c）管控和集中外汇；

（d）接受委托从事其他与政府业务相关的交易。

泰国银行作为政府的证券登记机构有权从事以下活动：

（1）销售政府证券；

（2）负责（1）项中证券本金与利息的支付；

（3）执行（1）（2）两项所需的事宜。

除此以外，泰国银行还可以为国有企业或国家机关提供银行业务，也可以作为国有企业、专门法律及国家机关所设立的金融机构的证券登记机构。

5.金融机构的银行

作为一般金融机构的银行，泰国央行具有以下权责：

（1）根据泰国银行的要求与规则，在金融机构具有《泰国银行法》第33条规定的一级担保资产时，向其提供还款期限不超过6个月的贷款；

（2）作为金融机构的资金、证券和其他贵重物品的保管机构，并代为领取相关收益，包括各种证券的本金和利息；

（3）要求金融机构根据央行规定提交有关其资产、负债、不确定负债的报告，并有权要求金融机构对该类报告进行解释说明。

当金融机构面临资金流动性困难并且严重危及整个金融体系的稳定时，在金融机构政策委员会和内阁批准的情形下，泰国央行可以向该金融机构提供贷款或给予相关的援助，以此维持金融体系的稳定。

6.建立并支持支付系统

泰国银行应根据相关法律法规，负责建立并维护健全的支付系统，包括金融机构间的结算系统，并负责该系统的管理，保证支付系统的安全高效。

（三）防止内部利益冲突制度

行长、各委员会成员、高管以及所有员工的行为不得引起其个人利益与泰国央行利益的冲突，也不得违反其职责的履行。

为了切实保证以上要求，泰国央行有内部保密机制。在履行具体职责的过程当中，高管和员工必须对其工作内容保密，不泄露相关信息。为了避免工作任务与个人利益间的冲突，根据泰国银行的内部制度，在相关会议对某项事宜作出最终决议之前，被分配与之相关任务的人员不得参与该会议。这项规定适用于行长、董事会、货币政策委员会、金融机构委员会以及支付系统委员会。

(四)监督制度

财政部部长负责对泰国央行的事务进行总体监督。

当某一突发事件可能会对经济稳定、货币稳定或金融机构系统稳定产生影响或造成严重损害的,泰国银行应该将有关事实和情况及时向财政部部长报告;同时从长远考量,评估潜在的影响和危害,并分析问题和提出相应解决方案。为了防止或减轻该事件对经济稳定、货币稳定或金融机构系统稳定造成的影响和损害,财政部部长也可以要求泰国央行及时作出以上反应。

当国际货币储备净值低于最低标准以至于难以维持货币与汇率稳定时,泰国银行应及时向财政部部长报告,同时提出该问题的解决方案。然后,财政部部长要将此上交总理请示。①

(五)会计、检查、审计与报告制度

按泰国银行法的规定,除了与其他国家中央银行相关的特别事项以外,该行的财务会计工作要遵守既定的财务会计基本原则。内设专门的审计委员会负责监督泰国银行的业务,并负责向董事会以及财政部长提交季度报告。

每个会计年度截止后的 3 个月内,泰国银行应向财政部长提交关于货币储备、票据发行业务的会计报表,这些报表需经行长证明核实,还需由审计员审查并出具意见。报表内容会在政府公报上刊发。除此以外,泰国银行每周应向财政部长提交该行的即时情况报告,包括财务状况、货币储备以及各种银行券的发行业务。

针对官方国际货币储备,包括其总外汇头寸、净外汇头寸和净远期外汇头寸,泰国银行需出具每月报告并刊登在政府公报上。

每隔 6 个月,泰国银行应出具关于总的经济状况,货币政策,支付系统政策以及运营方针与评估的报告。该报告需提交给财政部长并获内阁通过。每年提交报告的时间为 6 月 30 日与 12 月 31 日后的 60 天之内。

(六)违反法规的处罚制度

根据泰国银行法第 10 章的规定,从行长到一般员工,若其实施了职务性

---

① 参见《泰国银行法》第 49 条至第 52 条。

违法行为,会受到相应的法律制裁,严重的将会受到刑事处罚。

《泰国银行法》第 66 条至第 70 条规定,该银行的行长、各委员会委员、高管以及员工如果蓄意非法挪用、侵占银行财产;或者滥用职权为自己或他人谋取非法利益;又或索要或接受他人财物,并为他人谋取利益。有上述行为的,将会被处以五年到二十年的有期徒刑,或 50 万到 200 万泰铢的罚金。

泰国银行法第 71 条至第 73 条规定,该银行的行长、各委员会委员、高管以及员工如果利用职务之便为自己谋取利益;或者由于其故意或过失的非法职务行为,损害到了他人的合法权益。有上述行为的,将会被处以一年到十年的有期徒刑,或 10 万到 100 万泰铢的罚金。

此外,该银行的行长、各委员会委员、高管以及员工如果在履行职责的过程中违反了保密义务,将银行业务中的机密信息向其他机构或个人泄露,将可能被处以五年以下有期徒刑或 50 万泰铢以下的罚金。

第八节　越南中央银行法律制度

一、越南中央银行法概述

根据 1992 年《越南社会主义共和国宪法》,1997 年 12 月 12 日越南社会主义共和国国会第十届二次会议通过了《国家银行法》(Law on the State Bank of Vietnam),2003 年 6 月 17 日国会第十一届三次会议通过了《国家银行法》修正案(*Law Amending and Supplementing a Number of Articles of the Vietnam State Bank Law*),修改补充了 1997 年的越南《国家银行法》。

越南国家银行是越南的中央银行,1951 年 5 月 6 日,胡志明签署了有关成立越南国家银行(越:Ngân hàng Quốc gia Việt Nam/银行国家越南)的法案。1960 年 10 月 21 日,该银行越南文名称改为现在的越南国家银行。1976 年 7 月,南越的越南国家银行正式并入越南国家银行,成为现在的越南国家银行,现任行长阮文饶,总行在首都河内。

越南《国家银行法》分为七章,规定了越南国家银行的地位职能以及在金融活动中的权力责任,设置了监督银行业务活动的机构,并建立了奖惩制度,较全面地建构了银行业活动的框架。越南国家银行法发挥着中央银行法的作用,就是越南的中央银行法。

二、越南国家银行的性质与职能

(一)越南国家银行的性质

越南国家银行是一个法人,拥有属于国家所有权的法定资金,是一个法人机构。[①]

越南国家银行是政府机构,是越南社会主义共和国的中央银行,是国家机构的组成部分,具有国家管理的职能。负责参加制定国家社会经济发展战略和计划,制定国家货币政策,检查监督银行活动,管理外汇和黄金交易等活动,具有中央银行的性质。其主要目的是为了保持货币币值稳定,确保银行和银行业金融机构系统的活动安全,推动社会经济按社会主义方向发展。在性质上,越南国家银行是越南的中央银行,是特殊的国家机关。

(二)越南国家银行的职能

国家银行的职能是国家银行性质的具体体现,国家银行实施国家对货币和银行活动的管理职能,是发行货币的银行、银行业金融机构的银行、为政府提供货币服务的银行,简而言之国家银行是"发行的银行、银行的银行、政府的银行"。越南国家银行作为发行的银行,是指越南国家银行有发行货币的权力,国家银行是越南社会主义共和国发行货币的唯一机构,包括纸币和金属币。国家银行作为发行的银行,其职能主要体现在:执行国家货币政策、发行纸币和金属币、进行信贷活动。

越南国家银行作为银行的银行,是指国家银行只与商业银行以及其他非银行金融机构发生业务往来,不与个人、企业直接发生信用关系。国家银行作为银行的银行的具体职能主要有:开设账户、清算和经费活动、再贷款政策、再贴现政策等。

越南国家银行作为政府的银行是指国家银行可以对政府提供金融服务。国家银行作为政府的银行具体职能主要有:代理国库、信息活动、国家银行的

---

① 参见《国家银行法》第 1 条。

财务、会计核算和报告等。

根据《国家银行法》的规定,国家银行在执行国家管理职能过程中,具有以下任务和权力[1]:

参加制定国家社会经济发展战略和计划;制定国家货币政策提供政府参考报国会批准并组织实施这一政策,制定越南银行和银行业金融机构系统的发展战略;制定各种关于货币和银行活动的法律、法令提案和其他提案,根据授权颁布各种有关货币和银行活动的法律规范文本;发放、撤回各种银行业金融机构的成立和活动许可证,但政府总理决定的情况除外;发放、回收其他组织的银行活动许可证;按法律规定决定银行业金融机构的解体、分离、统一和合并;检查监督银行活动,检查信贷,根据授权处理货币和银行活动领域的违法行为;按政府规定管理企业的外国债务;负责建立并跟踪国际收支实施结果;管理外汇和黄金交易活动;依法签订、参加有关货币和银行活动的国际条约;在国家主席和政府授权的情况下在国际货币和银行组织中代表越南社会主义共和国;组织银行业务培训,研究和应用银行科学技术。

在执行中央银行的职能中,国家银行具有以下职能:

组织印刷、铸造、保管、运输货币,执行货币发行、回收、更替和销毁业务;旨在为经济实体提供短期贷款和清算工具而实施再贷款;管理货币市场,执行公开市场业务;管理国家外汇储备,监察国际储备;维护银行清算系统的正常运行,办理清算业务,管理结算工具供应工作;经理国库,维护信息系统的正常运行并提供银行信息服务。

三、越南国家银行的组织结构

(一)越南国家银行与其他机构的关系

《国家银行法》规定了各部、部级机关、中央机关、人民议会、各级人民委员会、越南祖国阵线和各成员组织在银行活动中的作用与责任。其中,各部、部级机关、中央机关在其任务和权力范围内配合国家银行对货币和银行活动进行国家管理;财政部配合国家银行制定财政政策和国家货币政策,预测下一年

---

[1] 参见《国家银行法》第5条。

度的国家预算预付总额并执行国家银行法对财政部和国家银行间关系的其他规定;人民议会、各级人民委员会在其任务和范围内监督、检查各地市县货币和银行活动法的情况;越南祖国阵线和各成员组织协助各银行机构监督施行货币和银行活动法,宣传、动员各组织和个人执行货币和银行活动法的各项规定。①

(二)越南国家银行的组织机构及权限

国家银行是集中、统一的系统,包括总部、各省和直辖市的分支机构、国内外代表处和直属事业单位的指挥机构和业务活动机构。国家银行指挥机构的组织、任务和权力由政府规定。

国家银行行长(以下简称行长)是政府成员,负责领导和指挥国家银行工作,具有以下任务和权力:指导并组织实施国家银行法和政府组织法中规定的国家银行的任务和权力;就其负责的领域向政府总理和国会负责;国家银行的法人代表。②

分支机构是国家银行的附属单位,接受行长集中、统一的领导和指挥,根据行长的授权具有以下任务和权力:检查、监督本辖区的银行活动;发放、回收银行业金融机构的成立和银行活动许可证和其他组织的银行活动许可证,决定辖区银行业金融机构的解体、分离、统一和合并;执行再贷款和贷款清算任务;向银行业金融机构和国库提供清算、经费服务和其他银行服务。③

代表处是国家银行的附属单位,根据行长的授权执行代表任务,行长规定国家银行分支机构和代表处的具体组织、任务和权力。但代表处不得进行银行业务活动。

直属单位是国家银行设立的各种事业单位,执行银行专业的培训、科研、信息提供任务,政府总理决定成立国家银行直属企业以提供银行活动的专用产品。④

---

① 参见《国家银行法》第6条、第7条、第8条。
② 参见《国家银行法》第11条。
③ 参见《国家银行法》第12条。
④ 参见《国家银行法》第13条。

四、越南国家银行的业务

(一)货币政策

国家货币政策是国家财政经济政策的一部分,旨在保持货币币值稳定、限制通货膨胀、促进社会经济发展、确保国防安全和提高人民群众的生活水平。

1.货币政策目标

越南社会主义共和国统一管理银行的所有活动,制定政策以刺激国内资源为主,最大程度地争取国外资源,发挥各种经济成分的综合力量;确保国家银行业金融机构在货币和银行活动中的主导作用;牢固把握社会主义方向和国家主权;扩大合作和国家融汇;满足社会经济发展的要求,为实现国家工业化、现代化作出贡献。[①]

2.货币政策工具

货币政策工具是国家银行为了实现一定的货币政策目标而采取的具体措施或者操作方案。为了执行国家货币政策,国家银行运用再贷款、利率、汇率、强制储备、公开市场业务以及行长确定的其他货币政策工具。[②]

再贷款是有国家银行担保的信贷形式,旨在向各银行提供短期资金和清算工具。再贷款是国家银行对商业银行的贷款,是国家银行"最后贷款人"的体现。

主要以按信用材料再贷款;贴现、再贴现商业票据和其他有价证券;通过质押商业票据和其他有价证券的有保障的贷款三种形式向各银行发放再贷款。[③]

基准利率是国家银行公布的作为银行业金融机构规定经营利率依据的利率,是在一国利率体系中起主导作用的利率,它的水平和变化决定着其他各种利率的水平和变化,包括再贷款利率、再贴现利率、存款准备金利率等。再贷款利率是国家银行再贷款时所采用的利率;再贴现利率是国家银行向银行业金融机构再贴现商业票据和其他有价证券时所采用的再贷款利率形式。

---

① 参见《国家银行法》第 2 条。

② 参见《国家银行法》第 16 条。

③ 参见《国家银行法》第 17 条。

强制储备制度是银行业金融机构在国家银行储存的用来执行国家货币政策的货币。国家银行规定每一类型的金融机构和每一类型的存款的强制储备比例,占每个时期各个金融机构存款余额的 0%～20%。同时,由政府决定每个时间每一类型的金融机构、每一类型的存款的强制储备存款的还款工作。①

公开市场业务是国家银行为了执行国家货币政策在货币市场开展的有价证券短期交易业务,国家银行通过在货币市场短期买卖国债、存款凭证、国家银行票据和其他有价证券开展公开市场业务,从而执行国家货币政策。②

(二)发行货币

政府颁布货币发行业务规则,包括有关货币印刷、铸造、保管、运输、发行、回收、更换、销毁和货币发行业务开支的各项规定。财政部检查货币发行业务规则的执行情况,财政部和公安部监督货币的印刷、铸造和销毁过程。

越南社会主义共和国的货币单位是"盾",国家符号是"DD",国家货币符号是"VND"。1盾等于10毫,1毫等于10苏。国家银行是越南社会主义共和国发行货币的唯一机构,包括纸币和金属币。国家银行设计纸币和金属币的面额、尺寸、重量、式样、图案和其他特征,报政府总理批准,国家银行组织实施货币的印刷、铸造、保管、运输、发行和销毁工作。由国家银行发行的纸币和金属币用作越南社会主义共和国境内不受限制的清算工具,国家银行按照政府规定管理发行储备金;国家银行保证向经济实体提供充足的货币和纸币、金属币结构;发行并投入流通的货币是经济实体的"债务",通过国家银行的"持有"得以平衡。国家银行规定残缺、污损货币的分类标准,兑换、回收因流通过程造成的残缺、污损货币,不兑换因破坏行为造成的残缺、污损货币。国家银行回收和撤出流通各类不再合适的货币并发行其他货币替代。在国家银行规定的期限内各类回收货币可以换取同等价值的其他货币。兑换期限结束后,各类回收货币不再具有流通价值。严禁以下行为:制造、运输、储藏、流通假币;毁损货币;拒绝收取、流通由国家银行发行的货币。③

---

① 参见《国家银行法》第20条。
② 参见《国家银行法》第21条。
③ 参见《国家银行法》第22条、第23条、第24条、第25条、第26条、第27条、第28条。

(三)信贷活动

国家银行以再贷款的形式向银行业金融机构即银行发放短期贷款。特殊情况下经政府总理同意,国家银行可以向暂时失去偿还能力、对银行业金融机构系统有安全隐患的金融机构发放贷款。除此之外,国家银行不得向银行业金融机构的个人和组织发放贷款。[①]

国家银行不为组织和个人借贷提供担保,但政府总理指定为金融机构借贷外资提供担保的除外。[②] 国家银行根据政府总理的决定预付中央预算以便处理国家预算经费的暂时亏空,这笔预付款在预算年度还请,但国会常委委员会批准的特殊情况除外。[③] 国家银行不得向银行业金融机构和其他企业集资和购买其股份。[④] 为了排除不必要的经济危机干扰,确保国家银行的法定资金的国有性,有必要对其进行限制。

(四)开设账户、清算和经费活动

开设账户:国家银行可以在国外银行、货币组织和国际银行开设账户;国家银行为国内银行业金融机构、国外银行、货币组织和国际银行开设账户和实施交易;国家银行为国库开设账户并实施交易,在县和非省会市,国库在一个国家商业银行开设账户。[⑤]

清算和经费活动:国家银行负债组织银行清算系统,提供清算服务,通过向客户收取、发放现金进行经费服务,根据户主要求充分、及时地提供现金和非现金的清算服务,国家银行依法同国外银行、货币组织和国际银行签订并执行各种清算协定。[⑥]

代理国库:国家银行代理国库组织招标、发行和兑付国债。[⑦]

---

① 参见《国家银行法》第 30 条。
② 参见《国家银行法》第 31 条。
③ 参见《国家银行法》第 32 条。
④ 参见《国家银行法》第 33 条。
⑤ 参见《国家银行法》第 34 条。
⑥ 参见《国家银行法》第 35 条。
⑦ 参见《国家银行法》第 36 条。

（五）外汇管理和外汇活动

外汇是外国货币、国际标准黄金、相当于外国货币的有价证券和各种清算工具。外汇活动是关于外汇的投资、借贷、贷款、担保、买卖和其他交易活动。

1.国家银行关于外汇管理的任务和权力

在外汇管理工作中,国家银行具有以下任务和权力:制定关于外汇管理的法律、法令提案,根据授权颁布有关外汇管理的法律规范文本;发放、回收外汇活动许可证;组织并指挥跨银行外币市场和国内外汇市场;检查、监督执行有关外汇管理的各项法律规定,监察外汇的进出口工作;监察银行业金融机构的外汇活动,根据法律规定执行有关外汇管理的其他任务和权力。[①]

2.管理国家外汇储备

国家银行根据政府规定管理越南社会主义共和国外汇储备,旨在执行国家货币政策、保证国际清算能力并保全国家外汇储备,将国家外汇储备用于国家的突发、紧急需求由政府总理决定,国家银行向政府和国会常委委员会报告国家外汇储备的变化情况,财政部按政府规定检查由国家银行实施的国家外汇储备管理工作。

国家外汇储备包括:外国存款账户上的外币现金和外币余额;相当于外币的外国汇票和付款保证书;由政府、外国银行、货币组织或国际银行发行、担保的债券;黄金;国家的其他各类外汇。[②]

3.外汇交易

国家银行按政府规定在国内市场进行外汇交易,执行国家货币政策、在国际市场进行外汇交易、实施其他外汇交易。

（六）信息活动

国家银行负责接收、分析和预测关于经济、财政、货币和银行活动的国内外信息,为制定和执行国家货币政策服务;同银行业金融机构、其他组织和个人交流货币和银行活动信息并为其进行信息服务;公布货币和银行活动信息;负责制定并报政府批准关于货币和银行活动的密级材料名目表,依法保守国

---

① 参见《国家银行法》第 37 条。
② 参见《国家银行法》第 38 条。

家秘密、国家银行的秘密和客户的秘密。①

(七)银行内部监督制度

1.银行检查司

为了保证银行业金融机构系统的安全,保护储户的合法权利和为执行国家货币政策,银行设立专门检查司。

银行检查司是国家银行下属机构,银行检查司对银行业金融机构的组织和活动及其他组织的银行活动进行是否合法的检查,要求被检查对象和相关各方提供材料、证据并回答与检查内容相关的问题,制定检查文本和解决办法建议文本,并依法采取措施制止和处理违规行为。同时,进行检查时,要求严格执行检查程序和手续,出示检查决定书和检查员卡,不制造麻烦妨碍银行的正常活动,不损害银行业金融机构和有银行活动的其他组织的合法利益。向行长报告检查结果和解决办法建议,就检查结论和自己的一切行为、决定向行长和法律负责。相应地,当银行检查司进行检查时,银行业金融机构和有银行活动的其他组织必须执行银行检查司关于检查内容的要求,以及执行银行检查司的处理决定。同时被检查金融机构和其他组织享有一定的权利,如:要求检查员出示检查决定和检查员卡并严格执行检查法;对于在自己认为不对的检查员的行为、银行检查司的结论和决定,可以向国家权力机关提起诉讼;对银行检查司未严格遵照法律的行为和处理决定造成的损失要求赔偿。②

总检查司是国家银行机构下属单位。检查国家银行系统所属各单位的活动。对执行中央银行业务的各单位进行内部审计。总检查司的具体组织、任务和权力由行长规定。

2.法律责任

货币违法行为的法律责任:

对于制造、运输、储藏、流通假币;毁损货币;拒绝收取、流通由国家银行发行的货币;没有许可证的银行活动或活动超出许可证规定的范围、妨碍国家银行的检查、违反《国家银行法》其他规定及货币和银行活动法其他规定的组织和个人,根据违规的性质和程度进行纪律、行政处分或依法追究刑事责任。损害了国家、组织和个人利益的,应依法进行赔偿。

---

① 参见《国家银行法》第 40 条。
② 参见《国家银行法》第 50、51、52、53、54、55、56 条。

国家银行干部和职员的法律责任：

国家银行干部和职员应依法保守国家银行和银行业金融机构的业务活动秘密和客户的存款保密；不得在各种货币组织、金融机构、贸易组织、财政组织及其他经营组织中担当顾问、代表或工作人员，法律另行规定的情况除外；不得利用职权受贿、勒索和牟利；依法履行国家干部和职员的其他义务。违反《国家银行法》规定的国家银行干部和职员的责任、执行任务时缺乏责任感、对违反各项规定的组织和个人进行包庇的国家银行干部和职员，根据违规的性质和程度进行纪律处分或依法追究刑事责任，损害了国家、组织和个人利益的，应依法进行赔偿。[①]

国家银行有权依法处理货币和银行活动领域组织和个人的行政违规行为。在货币和银行活动领域受到行政处理的组织和个人有权向国家权力机关或法院对行政违规处理决定提起诉讼，诉讼依法进行。诉讼期间，受到行政处理的组织和个人仍应执行行政违规处理决定。接到国家权力机关的诉讼判决或法院发生法律效力的判决和裁定后，按国家权力机关或法院的判决执行。[②]

第九节　文莱银行法律制度[③]

一、文莱银行法律制度概述

文莱的《银行法》旨在规定银行业务的管理和许可。其与我国很大的不同是有关银行的规定并未细分中央银行、商业银行、政策性银行等领域，且其对银行的定义和银行的职能方面也存在差异。

根据文莱《银行法》的规定，银行是指从事银行业务，或者在任何非英语的语言中，或者在该语言的任何方言使用"银行"一词或者相当的词汇，作为其名称中的一部分而开展业务，或者使用暗示其从事银行业务的任何名称，依本法

---

　① 参见《国家银行法》第 14 条。

　② 参见《国家银行法》第 61 条。

　③ 文莱国的《银行法》并未区分中央银行、商业银行，实行的是复合银行制度，因此，本节统一介绍其银行法律制度，而下一章则不再赘述。

规定持有有效银行执照的公司,但不包括依照任何成为法而合法注册或持证的合作社或汇款店。

而银行业务是指以来往或存款账户从公众收取款项,支付或托收客户开具或收取的支票,向客户预付款项,并包括部长可能依靠本法而报请苏丹陛下批准而规定的其他业务。但在文莱银行法中"存款"除了指金钱外,还包括任何贵金属、宝石,或者全部或部分由任何贵重金属或宝石组成的任何物品,以及财政部部长可能规定的任何其他物品或物件。

由此得知,文莱银行是依法持有有效银行执照的公司,所以在法律适用上,《银行法》规定:《银行法》的规定应增补而非减损文莱现行的有关公司的任何成文法规定。即银行法是对公司法的补充。

二、文莱银行的准备金制度

根据文莱银行法的规定,在文莱境内注册成立的每一家银行,都应当保持准备金,并从每年分配股息之前的净利润中,划转一笔相当于该利润20%金额,作为准备金,直至准备金额大于实缴资本为止。财政部部长可以不时地要求除了国际银行以外的银行保持最低现金余额,该金额不超过每家银行存款及其他债务的30%,并存放于部长处,作为其存款及其他债务的准备金。同时在这个基础之上,部长可以对不同类型的债务规定不同的比例,并可以进一步规定计算要求的准备金额,但这些比例对所银有都应当一致。

如果一家银行未能按照上述规定保持充足的最低现金金额,则部长可以发出书面命令,指令该失职银行在命令中规定的时间里,补足差额,失职银行应遵守命令的要求;对于失职银行不遵守部长命令的情形,文莱银行法赋予了部长采取其他措施的权利,即部长可以合法地向失职银行有贷方余额的任何其他银行送达一份书面通知,指示该银行将通知中指明的、相当于失职银行根据上述规定应保持的最低现金余额的差额的金额划转到部长账下,而另一家银行应立即遵守该通知的要求。而失职银行因其他银行遵守部长的通知而遭到的任何损失或伤害,不得对该银行提起诉讼,也不得附加任何债务。通过此条规定,最大限度地保护了遵守部长通知的其他银行,而剥夺了失职银行的诉权;除了以上规定外,针对未能按照上述规定保持充足的最低现金金额的失职银行,部长可以在差额持续期间,处以每天1000林吉特或部长可能认为更多金额的罚息。

文莱银行法在关于银行的准备金方面,赋予部长对未能按照上述规定保持充足的最低现金金额的失职银行的处罚权,虽然能够在一定程度上处罚失职银行,保障银行的准备金达到规定的安全数额,但是部长的自由裁量权的过大可能不利于法律的运行。有关部长对于银行事务的其他职权,下面我们将进行阐述。

三、文莱银行的行政管理

(一)部长的职权

1.根据文莱银行法的规定,在部长认为符合公共利益的情况下,他可以命令任何持证银行:出示该银行在该命令中指明期间里的任何账簿、账号或文件;在该命令中指明期间内,从其开展业务过程中使用的名称里删除"银行"字样或任何派生词汇,或者任何构成其名称一部分的任何其他词汇;停止开展银行业务;将颁发给银行的任何执照交还给部长,以便撤销。如果部长要撤销该持证银行,则部长应在《政府公报》中公布执照被撤销的持证银行名称。

如果银行违反上述规定,即构成犯罪。应处以不超过10000000林吉特的罚金,或不超过10年的监禁,或并处罚金和监禁。除了以上处罚外,从违法之日起,在违法行为持续期间,每天还应处以100林吉特的罚金。

2.每家持证银行都应当向政府交纳年费及第四附表中规定的其他费用。如违反此规定,即视为犯罪,除了应处以不超过10000000林吉特的罚金,或不超过10年的监禁,或并处罚金和监禁之外,对违法的银行和每位官员,还应处250林吉特的罚金。

部长应在《政府公报》里公布已经按本条规定缴纳了年费的持证银行名称。且部长经苏丹陛下批准,可以制定条例,不时地修改第四附表。

3.每家持证银行都应当:在每年4月30日之前,在文莱境内的每个办事处及支行应展示并持续展示其经审计的上一财务年度的资产负债表,直至接下来的一个财政年度的资产负债表也如此展示为止;在将这种资产负债表提交出席股东年会的各股东之日前后,在《政府公报》或在文莱境内发行的报纸上,刊登一份副本。对于未满足上述规定的持证银行,都应被定罪,并将处以8000林吉特的罚金。

4.每家持证银行都应当向部长提交:不迟于6月与和12月最后一天之后

的 42 天内,按照第一附表中设定的格式,提交一份报表,分别说明该银行在 6 月 30 日和 12 月 31 日结算时的资产负债情况;不迟于 6 月和 12 月最后一天之后的 42 天内,按照第二附表中设定的格式,提交一份报表,分别做该银行在 6 月 30 日和 12 月 31 日结算时的当期预付款和贴现的票据;每月开始之后的 20 天内,按照第三附表中设定的格式,提交一份报表,说明该银行上月末结算时的资产负债情况。如违反上述规定,即构成犯罪,对银行和每位违法的官员应处以 100 林吉特的罚金。

(二)调查员制度

在我们讨论了文莱银行法关于部长的职权的规定之后,还必须注意的是文莱银行法中的调查员制度。调查员制度作为文莱银行管理的特殊制度,对于银行的安全高效运行,银行业的健康发展具有重大意义。

根据文莱银行法的规定,部长经苏丹陛下批准,可以任命他认为实施本法所必需的一定人数的调查员。且财政部常务秘书及他授权代表他的任何公共官员,在实施本法的过程中,都具有调查员的所有权力和职责。

1. 调查员的权利

(1)进入场所搜查、扣押、留置、询问等权利。文莱银行法规定,如果一名调查员或一名警官确信或者有理由相信任何人违反了本法,如果他认为为了调查这种违法行为,有必要这么做,而无须手令,就可以:进入任何场所,搜查、扣押或留置任何财产、账簿或其他文件、物品或物件;检查、复制或摘录扣押或留置的任何账簿或其他文件;从该场所掌管并取走任何扣押或留置的任何账簿和其他文件;搜查该场所里的任何人,并且为了这种搜查,如果有必要的话,扣押某个人,将他从这个地方带走,以方便这种搜查,扣押并留置在某人身上找到的任何财产、账簿或其他文件、物品或物件;打开、检查并搜查任何物品、容器或储罐;拦下、扣留并搜查任何运输工具等。(2)要求提供译文的权利。文莱银行法规定,当调查员或警官在行使本法规定的任何权利时,搜查到、扣押、扣留或掌握任何账簿或其他文件,而这种账簿或其他文件或者其中一部分语言不是马来语或英语,或者是任何符号或密码时,该调查员或警官可以口头或书面要求占有、保管或控制该账簿的人,在该调查员或警官根据该账簿或其他文件的篇幅或者其他相关情形,认为合理的期限内,向该调查员或警官提交该账簿或其他文件的马来语或英语译文。(3)逮捕权。调查员还有一个特殊的权利就是逮捕权。文莱银行法规定,调查员或警官无须手令,就可以逮捕违反本法的人或者有合理的理由认为违反了本法的人。

2.妨碍调查员工作的法律责任

文莱银行法规定,任何人实施了妨碍调查员的行为,即构成犯罪。应被处以不超过 500 林吉特的罚金,不超过 5 年的监禁,或并处罚金和监禁,如果继续犯罪,在犯罪之后继续犯罪的期间,可进一步处以每天 5000 林吉特的处罚。

第二章

东盟国家商业银行法律制度

第一节　柬埔寨商业银行法律制度

一、柬埔寨商业银行法概述

商业银行是指以营利为目的,以吸收存款、提供资金信贷为主要业务的企业法人。截至 2014 年底,柬埔寨共用 35 家商业银行,[①]其中加华银行为柬埔寨最大的商业银行。就外资银行而言,有泰国、马来西亚、中国台湾开设银行,也有泰国、马来西亚、新加坡的资本等。[②] 在柬埔寨,由专业银行行使商业银行的职能,商业银行是指经许可以开展银行业务为常业的法律实体。[③] 只要从事信贷业务、存款业务、支付业务三项基本业务中任何一项的实体,或者仅从事三项基本业务中任何一项的一部分的实体,都称为"专业银行",即本文所

---

①　资料来源:National Bank of Cambodia

②　[日]田中秀和.柬埔寨的经济发展及金融部门现状.南洋资料译丛.2008(2).50—57

③　参见《银行与金融机构法》第 1 条。

研究的商业银行。①

1999 年 10 月 19 日柬埔寨王国国民大会第二届第三次全体会议通过了《银行与金融机构法》及 2000 年 1 月 1 日柬埔寨国家银行通过的《关于银行许可的决定》中对柬埔寨商业银行进行了规制。《银行与金融机构法》对柬埔寨的银行与金融机构相关法律问题都进行规制,鉴于本节主要介绍柬埔寨商业银行法,该部分仅对商业银行相关问题进行阐述。《银行与金融机构法》分为二十四章,主要介绍柬埔寨商业银行的概念、范围、组织结构、成立条件、审慎措施、会计业务、退出机制、客户保护规制等。《关于银行许可的决定》分为四章,规定了柬埔寨商业银行设立、审批等程序。

商业银行的业务范围是指商业银行得以依法从事的各类经营活动类型的总和。根据《银行与金融机构法》的规定,商业银行除了三项基本业务外,还有其他业务,包括:金融业务(受《保险法》约束的保险服务除外);外汇业务;货币市场中介,以及该市场上可转让债权的所有业务;衍生产品交易;稀有金属、原料及商品的现货及期货交易;根据监管当局的规定,与它们的核心业务有关的其他服务。

商业银行可以以自己的名义或者为他们的客户,直接或间接地参与一家或数家专业机构,开展构成金融中介的证券交易,比如:收取存款,根据个人客户或经常买卖股票的投资公司的指示,用于认购或购买证券;认购及交易证券;保管证券;个人或集体管理证券;承销发行的证券;财务工程;衍生产品贸易;以他们自己的名义,在他们作为商业公司的能力之内,根据现行法律、法规从事任何证券交易。

除了商业银行和金融机构外,任何人不得从事银行业务,不得使用暗示自己是一家获得授权,从事法律规定应经过授权才能从事的一种业务的机构的企业名称、公司名称、广告,概况地说,即不能通过任何表达方式作出这样的暗示。

---

① 参见《银行与金融机构法》第 2 条。

二、柬埔寨商业银行的设立、变更

（一）商业银行设立的法律形式

设立商业银行与设立公司并无本质不同，都是依法创设商事主体，并使获得法律人格的系列行为，两者最大的区别是普通公司通常依照核准主义或准则主义设立，而商业银行则采用特许主义设立。在柬埔寨，商业银行可以根据商业法，作为一家公众公司设立，也可以根据专门法规，作为一家合作社或者互助性非商业协会设立。

经监管当局事先批准，外国银行可以在柬埔寨王国设立一个信息、联络或代表处，但无权从事银行业务或金融中介及推销业务。办事处以在本地注册为公司、作为一个简单的实体、一名派驻代表或者一个办事处形式进行商业登记，并且办事处可以使用它们所代表的外国银行的企业名称，但一份授权只能存续两年，并可顺延一次。[①]

（二）商业银行设立的条件

1.具有专业知识、业务经验和财力的股东

在柬埔寨设立商业银行，在开业之前，必须先从监管当局那里获得一份许可证。在获得许可证之前，监管当局应当确保股东的任职条件及其财务状况的准确性、股东连带充实银行自有资金义务的能力以及计划从事业务的人力、技术和财务资源的充足程度。[②]

2.符合规定的注册资本限额[③]

商业银行的注册资本是商业银行全体股东实际缴纳的出资额，即投资总额，在柬埔寨国内注册为一家公司或者非商业实体的一个商业银行，不管它的法律形式如何，都必须已经全额支付了至少等于监管当局确定金额的创办资本。最低资本应当由柬埔寨国家银行颁布的法规确定，商业银行的最低资本金应至少为 500 亿瑞尔，该金额按 1 特别提款权＝5616 瑞尔确定。商业银

---

① 参见《银行与金融机构法》第 13 条 a。

② 参见《银行与金融机构法》第 14 条 a。

③ 参见《银行与金融机构法》第 16 条、第 17 条。

行,必须随时证明它的资产减去有关潜在的亏损和无形资产后,超过欠第三方的债务的金额至少等于最低资本金。资本实体还必须遵守偿债能力比率,该比率的水平应由监管当局根据国际标准确定,该比率应按该金融实体的净资产与其风险的比例计算。

外国银行以分行的形式在柬埔寨注册,从事银行业务。注册为外国银行的分行,必须全额缴付与在该国注册为公司的银行或金融机构的资本金额相当的最低资本金,商业银行的最低资本金为 500 亿瑞尔。

3. 缴足存款保证金

最低资本金的一部分,相当于柬埔寨国家银行颁布法规中规定的 1％,应当永久性地存入柬埔寨国家银行,作为存款保证金。保持在柬埔寨国家银行的存款保证金应当至少相当于最低资本金的 5％。

外国银行注册资本金的一部分,即最低资本金的 5％,将永久性地存于柬埔寨国家银行,作为存款保证金。

(三)商业银行设立的程序及费用

1. 提交许可证申请

应当由一个经合法授权的人(明示地获得这种授权的经理或个人)起草,并注明机构名称或企业名称、总部地址、法律形式及公司章程或其他成立文件、证券代表的资本类型以及这种证券和行使表决权之间的关系、认购和实缴资本额、股份和表决权的分布以及股东之间对指导机构政策协议达成的一致行动;持有 5％ 以上表决权的出资人需提供的相关资料、两名以上负责有效地管理银行业务的人的身份、决策机构成员身份、未来三年计划的活动、审计程序、外部审计、总部或母公司控制等。[①]

其中,持有 5％ 以上资本或表决权的出资人必须提供出资人的身份、注明拟参股的金额和百分比及其对应的表决权,并说明出资人的相关情况(包括分布情况,活动,是否和其可能关联的公司继续进行一种金融活动,内部和外部审计程序,前 10 年是否在柬埔寨国内或国外受过重大性质的行业、行政或司法程序调查,收购机构股份的目标和机构之间是否有重大业务以及这些关系将来如何发展,在柬埔寨国内主要银行关系以及这种关系存在多久),提供出

---

① 参见《关于银行许可的决定》第 5 条。

资人或其母公司过去三年的账册及本年度的财务预测。

2. 审批及相关费用

柬埔寨国家银行应当在收到申请及所有相关文件之后六个月内,书面通知其决定。在适当情况下,批文应当列出柬埔寨国家银行设置的生效条件,以及项目的时间表。如果项目到截止日期时还没有完成,而且没有被要求延期,则批文失效。一份许可证的有效期为 3 年,自批准之日起计算。该许可证只有在所有可能的违反有关法律和稳定规定的行为都已经补救后,才能被吊销。许可证延期的申请应当在现有许可证到期之日至少三个月前,向柬埔寨国家银行提出。如果没有遵守这个截止日期的规定,则应处以每天 100 万瑞尔的罚款。

机构在提交许可证申请时,应当缴纳 5 万瑞尔的费用。年度许可费应按银行总部 7000 万瑞尔,每个分行 5600 万瑞尔在每年 1 月 15 日前缴纳。当年内设立的机构,年度许可费应按到本年年底之前剩余的时间,根据比例计算。如果延迟缴纳许可费,则有关机构应当按再融资利率,处以最高 30 天利息的罚款。如果这个期限之后,他们还没有理顺,则应当受到更严厉的处罚,包括吊销许可证。[①]

(四)商业银行的变更

商业银行的变更,是指商业银行组织的变更和重大事项的改变,包括商业银行的分立、合并和重大事项的改变。柬埔寨商业银行法律或财务状况的变更包括经营活动的变更、注册资本的增减、企业名称的变更,商业银行的变更,必须在实施前 3 个月向柬埔寨国家银行提交变更申请,在获得国家银行的批准后才能变更。[②]

(五)商业银行的组织机构

《银行与金融机构法》对商业银行的董事会、股东等做了规定。

1. 董事会

商业银行作为一个金融实体,有董事会等组织机构,同时,对董事会成员

---

① 参见《关于银行许可的决定》第 9 条、第 10 条、第 11 条。

② 参见《关于银行许可的决定》第 16 条。

任职条件有严格的限制。柬埔寨《银行与金融机构法》对商业银行的董事会成员做了禁止性规定。

（1）具有不当行为的禁止担任商业银行董事会成员。这里的不当行为主要包括盗窃、欺诈或违背背信托义务的行为，作为公共托管人的挪用行为，敲诈勒索资金或证券、刑事破产、损害国家信用或者违反外汇管制法规的行为，发放高利贷、进行洗钱活动、犯伪造罪或者使用伪造物价行为。

（2）具有刑事犯罪记录的禁止担任商业银行董事会成员。对于任何一人，只要有不当行为被外国法院定罪的、因签发空头支票而被判处有期徒刑的都不能担任董事会成员、因签发空头支票而被判处有期徒刑的不能担任商业银行董事；

此外，根据《银行与金融机构法》的规定，已经在柬埔寨或国外被宣布个人破产、破产财产托管或财产清算的；已经被一个法院裁定解除职责的官员；已经以个人身份参与管理过一个因惩戒性诉讼而被撤销许可的金融实体等不能作为商业银行董事会成员。

2.股东资格、组成及责任

柬埔寨商业银行以公司或者非商业协会两种法律形式存在，《银行与金融机构法》对不同形式存在的商业银行的股东资格、组成及责任做了不同的规定。

（1）以非商业性协会形式成立的商业银行的合伙人资格、组成及责任

非商业性协会形式的商业银行的合伙人资格、组成及责任，由适用于合作社或互联网会的专门法规定。但是，合作社或互助会所属的"中心机构"应根据《银行与金融机构法》的相关规定，负责保证期网络下属各实体对第三方、存款人和债权人的偿债能力。

（2）国内注册为公司的商业银行的股东组成、永久性身份及责任

国内商业银行的股东可以是个人或在监管当局设定的条件下的法人，其所有的股份必须明确，监管当局应当特地避免出现连环持股公司相互持有对方股份的情况。排他性地或在主要地持有一家以上金融实体的控股公司，自身也应当被认为是一个金融实体，特别是关于它的许可批准，须已经提交监管当局。申请许可的商业银行必须告知监管当局其直接或间接持有 5% 资本或者表决权的股东的身份。

任何股东或者任何一组一致行动的股东，都应当直接地或者通过有关银行机构，通知监管当局其任何增持或转让商业银行的股本，使这个股东或一组

股东收购或者失去商业银行5%的资本或者表决权。任何股东或者任何一组一致行动的股东都应当直接或者通过有关金融实体,取得监管当局的事先授权,承接或处理股本,使该股东或该组股东直接或间接地收购或失去商业银行资本或表决权的一半、三分之一、五分之一或十分之一,收购或失去金融实体的管理控制权。商业银行应负责完成通知和授权要求手续,如果手续没有完成,有关股东在股东大会上的表决应自动失效。

除非普通商法有规定,商业银行的最低股东人数和股本的每个利害关系水平不应当受到限制。然而,在审查许可申请的时候,应当细查授权的通知或申请越过法规门槛,一方面,监管当局应当查看一个或多个有影响力的股东,另一方面,应当避免出现股东极端集中或过分分散。

然而,如果有关股东[①]是一家高资质的外国银行则可以接受高股份集中度。一个股东直接或者间接地持有表决权的至少百分之二十,或者除个别因素影响外,如果他事实上对股东分散的实体有决策权,就应当被认为有影响。如果根据商业银行的财务状况认为有理由,监管当局应当责令有影响的股东连带地增加该实体的净资产,直到达到清偿能力标准为止。

3.商业银行组织成员的保密义务

以任何身份参与金融实体的托管、董事、管理、内部控制或外部审计的人,以及后者的雇员,都不得向任何人披露他可能通过履行职责而知悉的任何关于报表、事实、行为、数字,或者会计或者行政文件的内容。任何不遵守这种职业保密义务的人,都应当受到处罚。但是,保守职业秘密的义务不得用作不向监管当局、审计师、临时管理人、清算人或刑事诉讼案件的法庭披露信息的理由。

三、柬埔寨商业银行的业务规则

柬埔寨《银行与金融机构法》通过商业银行的投资业务、内部控制制度、会计制度、客户保护制度、行业组织制度等规范,确定了商业银行的业务规则。

---

① 关联方是在商业银行中,直接或间接地持有至少10%的股份或表决权的任何人;金融实体持有其至少10%的股份或表决权的任何公司;参与托管、董事、管理或内部控制的任何人;外部审计人员等。监管当局可以要求金融实体以同样方式,将因为亲属关系或前述提到的人的财务关系而被授予贷款的受益人当作关联方。

（一）投资业务

商业银行可以参股其他公司,参股是指直接或间接地控制另一家公司控制 10% 以上的资本或表决权的持股行为,对此进行以下限制:首先,每次参股,商业银行不得超过自有资金的 15%;其次,总参股金额不得超过该商业银行自有资金的 60%。但是参股与商业银行有关的工业、房地产或商业企业,经监管当局事先批准,参股银行或金融机构的,参股从事农业的公司不受上述条件限制。

值得注意的是,只要一家金融实体的一个股东是商业银行,或者只要金融实体在一家商业银行有利益,监管当局就应当要求计算该金融实体的净资产,要么减去另一家商业银行或金融机构的参股,要么事先合并集团内部各公司的资产负债表,只要有关的上游或下游持股至少达到有关公司资本的 20%,金融机构收购一家在国外注册的商业企业的任何资本,都应当事先经过监管当局的批准。金融机构在国外收购一家商业银行或金融机构的任何股本,一家在国外开设分支机构或代表处,都应当事先经过监管当局的批准。

（二）内部控制制度

商业银行不仅应遵守国家银行法规定的货币政策,而且还应保障其对存款人的偿还能力以及财务结构的平衡。因此,在计算作为审慎标准基础的商业银行净资产时,监管当局不仅应从资产负债表中扣除无形资产或无价值资产,而且还要扣除对银行或金融机构的任何参股,以及授予股东任何性质或期限的信用或贷款,或者对股东做出的任何承诺。商业银行内部控制体系以确认其组织、内部程序和开展的业务符合现行法律、法规、职业道德标准、惯例以及政策;确认对风险限制,特别是对汇率、利率和其他市场风险限制的严格遵守;监测财务与会计信息,特别是内部或外部记录、保存、披露这种信息的安排为目的。

（三）会计制度

普通商法或非商业协会关于结账和审计的规定,以及年度单独账册认证依据监管当局规定的条件,适用于商业银行,未经监管机构事先批准,任何外来审计师都不得审计商业银行。商业银行应根据监管当局规定的条件,设备、公布或根据需要合并其账册;定期向监管当局报送财务报表和报告,出示其实施法律、法规和审慎要求的证据为会计业务。审计师的职责是对在商业银行发布或报送监管当局的资产负债表、表外科目、所得报表及附属报表中体现年度会计信息的公正性和真实性感到满意时,才能认证会计报表。如果审计师发现审计对象违反了法律或法规规定,可能损害公共利益,就应当通知法院。在审计结束后,审计师应当起草一份报告并向监管当局报送,报告审计情况。

(四)客户保护制度

监管当局应在咨询行业后,制定一套良好的行为准则,旨在保护客户,特别是关于银行或金融业的透明、公开和收费及工资标准;开始及终止信用额度;贷款再转让;已经连续 10 年以上未动的客户账户或其他银行或金融机构的贷方余额,应当转账到柬埔寨国家银行,随后由他们托管这种存款。

(五)行业组织制度

行业协会代表商业银行的集体利益,特别是与政府当局和监管当局有关的集体利益;为其成员和公众提供有关商业银行各方面的信息;研究对双方都有利的任何问题;促进商业银行间培训;经监管当局同意,并在监管当局的监控下,组织并管理所有的银行间服务;向法院诉讼等。商业银行都应当参加商业性协会或者单独的一个行业协会,协会章程应当到监管当局备案,同时,该协会应当由一个经所有成员根据章程选举出来的会长领导。

四、问题商业银行的处理

商业银行的接管是指在商业银行已经或可能发生信用危机,严重影响存款人利益时,由相关机构对银行采取的一种整顿和改组措施,其性质是银行业监管机构对问题银行采取的一种行政性干预措施,其目的既在于保护存款人的利益,也在于恢复商业银行的正常经营能力,以维护国内金融系统的安定。

(一)托管的条件

如果商业银行的偿还能力受到一种严重的、已经证实的威胁,同时,在根据规定其补充自有资金的要求没有实现的情况下,监督当局可以或应行政人员或股东请求,由商业银行承担费用,任命一名临时托管人。

(二)托管时间及临时托管人的选任

托管时间持续 3 个月,如果有必要,可以延期 3 个月。临时托管人和清算人应当由监管当局从监管当局和司法部事先起草的合格专业人才名单中挑选。

(三)临时托管人的权力与职责

临时托管人一旦被任命就拥有排他性的权力管理并代表商业银行。临时托管人的主要职责是立即评估商业银行是否具有偿还能力,并管理当前的业务活动,以便尽可能保护金融实体的偿还能力,维护存款人和债权人的权益。

(四)托管的结果

如果评估结论认为该商业银行具有偿还能力,还可以遵守所有的法律、法规关于审慎标准的规定,托管人应当向监管当局汇报,由监管当局撤销保护性措施。如果评估结论认为商业银行有偿还能力,但在不超过三个月的时间里,不能遵守有关净资产和流动性的审慎标准规定,则可以撤销许可证,由临时托管转为资产清算,费用由商业银行承担。清算人可能是临时托管人,应当在监管当局的管制下,清算企业的所有资产用于清偿所有债务。

如果评估结论认为该商业银行没有偿还能力,则立即撤销许可证,并由临时托管转为法院裁定清算,费用由商业银行承担。临时托管人应宣布暂停支付,将案件移送法院,由法院任命一名清算人,清算人可以是临时托管人。清算人应当在法院的管制下,根据普通法律的破产程序,清算企业的资产,清偿企业的债务。清算期间开展任何银行或金融业务,继续适用银行和金融机构法的规定。如果监管当局、临时托管人或清算人发行任何严重的、应受重责的违法行为,都应当移送到法院;如果临时托管人和清算人履行职责受到了有关金融实体某种形式的阻碍,也可以移交到法院。

对于商业银行的破产清算,在支付商业银行的具体开支后,资产负债表和表外债务,在得到承认之后,按以下顺序清偿:

1. 临时托管和自愿或法院裁定清算的费用和其他开支;
2. 拖欠国库的税费;
3. 拖欠在清算人任命之日前 3 个月商业银行员工的工资;
4. 有优先权或者担保的债权;

5.商业银行以外的债权人以现金、黄金或证券形式的存款和其他主张,条件是每位持有一个或多个瑞尔账户的存款人,最多可以收到200万瑞尔的金额;

6.商业银行以现金、黄金或证券形式的存款和其他主张;

7.次级债务和权益性贷款。

对于应当为临时托管或清算支付的工资和其他费用,应当根据当地主流的专业人员工资标准确定,自动地向相关商业银行收取。

五、商业银行监管

柬埔寨国家银行监管银行系统及其有关活动,诸如货币市场、银行间计算系统,以及金融中介。为此,中央银行应:颁布许可证并规定许可程序;制定并更新一份被许可银行名单,发布在《柬埔寨王国公报》及《柬埔寨国民银行专刊》上;银行与金融机构法授权中央银行决定的事项,授权颁布的实施条例;根据《柬埔寨王国公报》以及《柬埔寨国民银行专刊》颁布的所有规定;对每个金融实体进行长期的场外检测及定期的现场检查,监管银行系统,如果需要,现场检查可以延伸到金融实体的子公司或任何其他关联实体,包括股东;组织或监管任何银行间结算系统;要求金融实体、政府机构、审计师及任何其他个人或法律实体披露它认为对完成任务有用的信息;采取惩戒措施。

其中颁布实施条例包括稳妥比率,具体指流动性、偿还能力、风险多元化、外汇风险以及市场风险;最低资本金数额及其支持资产的性质;会计余额的估计规则;可以参股一家金融实体或金融机构的条件;可以参股其他银行或财务公司的条件;根据相关规定被认为可疑的债务;会计流程图、有关会计标准、会计合并规则,以及会计报表披露规则;可以对客户开展的银行或金融业务适用条件;银行间联合服务组织,包括金融信息、风险和逾期债务的集中化;授予个别、例外或临时性的豁免;关于修改金融实体或者在外国银行分行的情况下,总办的企业名称、法律形式、资本分布、管理及活动的要求和授权规则;上门银行或金融服务的做法;经与金融实体的专业协会协商后制定关于存款保证金制度的规则;根据金融实体的法律形式、网络范围及其活动的性质,制定银行与金融机构法的实施方式等。

在商业银行监管过程中,监管当局的职责贯穿始终,在商业银行成立阶段,监管当局承担许可商业银行在柬埔寨境内开展金融业务、制定并实施商业银行必须遵守的关于财务结构及管理的稳妥规则;在商业银行运营阶段,监管当局通过场外及现场检查,长期地在事后监管金融实体的财务状况和功能;同时,监管当局具有对不遵守法律法规的金融实体施加惩戒,如果不守法的行为损害公共利益,向法院起诉、金融实体的经理和股东对战略失误、管理错误及内部控制不足负责等职责。

第二节　老挝商业银行法律制度

一、老挝商业银行法律制度概述

老挝商业银行法律制度主要以老挝《商业银行法》为核心。于 2007 年 1 月 16 日由老挝人民民主共和国国家主席令第 2 号颁布。

该法根据 2007 年国会常委会的提议,根据老挝《宪法》第六章第 67 条而制定,对老挝商业银行的形式、组织及经营行为进行规范。

老挝《商业银行法》由八章组成,共计 89 条。第一章为总则;第二章和第三章分别规定了商业银行的设立、组织机构、业务;第四章规定商业银行的账目、审计和财务披露制度;第五章规定对商业银行的监督检查制度;第六章是有关商业银行破产的规定;第七章是有关商业银行的奖惩制度;第八章为最后条款,规定该法的实施日期及效力。

二、老挝商业银行的设立、组织机构和业务

(一)老挝商业银行的设立

1.牌照申请

任何个人或组织欲设立商业银行,必须向老挝人民民主共和国银行(简称老挝中央银行)提交申请书,申请书须包含以下内容:

(1)商业银行的商业计划书和组织机构;(2)主要股东的财务状况书和其他必要的主要股东的材料;(3)有关管理人员的资格和能力证书,包括其近五年来从事的业务和专业历史;(4)主要股东及其持股比例的名单;(5)本法第

59 条和第 60 条规定的对网上银行的要求。

任何想要在老挝人民民主共和国设立子公司或分支机构的外国商业银行,必须经其母国监管者的书面许可。

申请人应按照规定支付申请费用。老挝中央银行如果认为申请人提交的基本信息不完整或不充分,有权要求申请人提交牌照申请的附加信息。

2.许可决定

在收到申请之后,老挝中央银行应该在 90 日内对牌照申请进行审查并作出书面答复。老挝中央银行只有在申请符合以下条件时才能发放商业银行牌照:(1)有一个良好和合理的商业计划书;(2)有充分材料表明其具有本法第 13 条规定的充足资本;(3)股东持股比例可以被识别且是透明的;(4)管理人员和主要股东的资格、能力和品行适合从事银行和金融业务;(5)已经获得计划和投资委员会的投资许可证。

当申请符合附加条件时,老挝中央银行会在 10 个工作日内发放永久牌照。这些附加条件包括:(1)申请人有健全的股东协议和章程及可行性研究;(2)股东已经足额缴纳其股份资本;(3)申请人有足够的合格员工;(4)申请人具备保证业务运行的设施和场所;(5)申请人已经形成了全面的内部审计和控制机制。

如果申请人在 180 日内未能达到本条所规定的以上条件,初步许可将是无效的。倘若申请人对不符合条件有充分的理由,老挝中央银行可以延长 90 日以使其符合条件。

《商业银行法》规定,老挝商业银行注册资本不得少于 1000 亿基普,在老挝境内设立的外国商业银行的分支机构的投资资本应不少于 500 亿基普。老挝政府可适时对商业银行注册资本和投资资本作调整,但不得低于本条所规定的金额。

(二)老挝商业银行的组织机构

老挝商业银行的组织和人事结构应包括:股东大会;董事会;董事会各委员会;总经理;财务总监;经理。每一个商业银行都设有总部办公室,可在国内和海外有分支机构、服务单位和代办处。

1.股东大会

股东大会是商业银行的最高组织。有两种类型的股东大会:普通和特别会议。对股东的会前通知、股东大会的法定人数、股东大会议程、投票方式、会议的决议及决议的修改和取消都必须符合老挝《企业法》的规定。商业银行应在每个会计年度结束后四个月内召开一次普通的股东大会。在董事会不召集股东大会时,老挝中央银行应当按照股东的要求召集会议。如果没有股东的要求,老挝中央银行可以召集股东大会,股东大会应选出一名主席来主持会议。

普通股东大会的职权包括:(1)批准任何基于董事会建议对商业银行章程的修改;(2)任免董事会主席、副主席和其他成员;(3)批准董事会的会议津贴和管理人员的工资、奖金和其他政策;(4)批准年度报告、商业计划书以及由董事会提议的外聘审计员的报告;(5)批准董事会提起有关商业银行的合并、出售全部或部分商业银行的资产及商业银行的解散的建议;(6)批准董事会关于股息分配和基金设立的建议;(7)根据法律法规的规定行使权利。

特别股东大会审议商业银行必要的和紧急的事务,如修改章程、商业银行资本金的增加或减少。

2.董事会

董事会是商业银行的最高行政机构。商业银行董事会应当由5至7名董事组成,其中一名可以是独立董事。董事会包括主席、副主席和股东大会任免的成员。董事会及其成员任期为2年,董事会成员可以连任。董事会应至少每3个月召开一次董事大会。董事会的行为应符合商业银行章程和法律法规的规定。

根据《商业银行法》的规定,董事会享有以下职权:(1)阐述和实施股东大会决议;(2)向股东大会报告商业银行的经营状况;(3)向股东大会解释、回答有关问题,并提供商业银行操作的详细信息;(4)为其不当行为给商业银行造成的损害负责;(5)向股东大会提出利润分配和分红方案;(6)向股东大会提出商业计划供审议通过;(7)任命董事会的治理委员会、内部审计委员会和风险管理委员会;(8)任命、调动和免除总经理和财务总监;(9)经总经理的提议,批准副总经理的任命;(10)行使商业银行章程规定的其他职权。董事会的成员不得授权其他任何人员行使其职权。

商业银行董事会成员须满足以下资格:(1)具有法律行为能力;(2)有金融和银行业务管理经验和知识;(3)未被法院判处有关欺诈、欺骗、伪造文件、或行贿、贪污、洗钱等刑事犯罪;(4)不得作为其他法人的管理人员被免职,被法院裁定破产,作为其他法人的管理人员被法院宣告破产;(5)老挝中央银行的员工,在离职后一年内不得成为商业银行董事会成员。

3.董事会各委员会

董事会的委员会包括:治理委员会、内部审计委员会和风险管理委员会。如果认为有必要,董事会可批准设立其他委员会。

董事会各委员会都由 3 名成员组成,其中一名担任主席。如果该委员会中有独立董事,该独立董事即为主席。董事会成员可以担任数个委员会的成员,但只能担任一个委员会的主席。

老挝《商业银行法》第 25 条至第 27 条分别规定了商业银行董事会各委员会的职权。

4.总经理

总经理负责按照商业银行章程规定的职权开展商业银行的日常运营。总经理由董事会任免,任期 2 年,可被多次委任。总经理可以是董事会的成员,但不得担任董事会主席或副主席。

总经理享有以下职权:(1)作为商业银行的代表,签订合同和其他官方文件;(2)根据商业银行章程和董事会的授权,在职权范围内管理商业银行的日常经营;(3)制定并提出或提出调整年度经营计划供董事会审议通过,并实施该计划;(4)任免副总经理,并提请董事会批准;(5)任免经理,招聘和雇佣商业银行的员工;(6)提供信息和数据,并就董事会感兴趣的具体问题作解释;(7)制定和完善管理规章,并提请董事会审议通过;(8)对商业银行的所有业务向董事会负责;(9)向董事会提议设立分公司、子公司或其他业务投资;(10)确定商业银行员工的薪酬机构,并实施符合商业银行规定的奖励政策或惩戒;(11)配合内部审计委员会和外部审计员,并提供数据、资料和解释;(12)向董事会及其委员会报告商业银行的运营情况,并根据各方的要求提供解释和必要的文件;(13)在法规规定(regulations①)的范围内行使职权。

5.财务总监及经理

财务总监负责银行的财务和核算,由董事会任免,任期 2 年,可被重复任命。财务总监和经理的具体权利义务由商业银行的具体管理法规规定。

经老挝中央银行的批准,商业银行可在国内和海外设立子公司、分支机构、代办处和服务单位。商业银行服务单位的设立是基于商业银行自身的考

---

① 此处英译文为:The translators were unable to definitively resolve whether this is a reference to external, imposed regulations or to the internal regulations of the commercial bank.

虑。《商业银行法》第 32 条规定了商业银行子公司、分支机构和代办处的设立条件。

(三)老挝商业银行的业务

1. 商业银行的业务范围

商业银行的业务包括两类:银行业务和金融业务。

商业银行可从事的银行业务包括:(1)吸收存款:活期存款、储蓄存款、3个月、6 个月、1 年或 1 年期以上,无论支付利息与否;(2)短期、中期和长期贷款形式的扩展信贷;购买折扣和票据贴现;提供担保;老挝中央银行批准的其他信贷形式;(3)提供支付和结算服务;(4)发行和管理支付工具,如支票和支付卡;(5)买卖外国债券;(6)提供文件和贵重物品保管服务。

商业银行可从事以下金融业务:(1)发行、买卖债券;(2)货币经纪;(3)从事保险业务;(4)金融租赁;(5)提供财务顾问服务;(6)作为投资组合经理和投资顾问;(7)承销和发行债券和股票,以及买卖股票;(8)老挝中央银行规定的与证券交易有关的其他金融活动。

商业银行不得从事以下行为:(1)单独或与他人达成合谋协议、交易或行为,以使其在货币、资本和外汇市场处于优势地位;(2)操纵交易,以使商业银行自身或第三方获得不公平的优势地位;(3)要求任何个人或组织在接受商业银行服务时满足其非法条件;(4)购买商业银行子公司的资产或由商业银行子公司在一年内发行或承销的证券;(5)为商业银行子公司承销或发行的证券交易提供增信或向子公司发放贷款。

2. 商业银行的业务规范

(1)审慎监管要求

各商业银行应当遵循老挝中央银行的法规规定的下列措施:①有关资产、风险加权资产、资产负债表外项目和各类资本和储备的比率和风险水平;②信贷的最高总额,表示为监管资本的百分比,这可能有利于任何个人、利益集团或与银行相关者的利益;③信贷的最高总额,表示为信贷总额的百分比,以有利于大客户的利益;④最低流动性水平,与资产的价值及其变化、负债的变化以及老挝中央银行强制储备金的比例相关;⑤对房地产投资或特定类别投资最高总金额的要求;⑥资产评估、资产和负责的分类以及不良贷款的配置;⑦遵守有关信贷发放、股权投资、市场风险和外汇对冲头寸及其他方面的禁止、限制和条件;⑧如果商业银行在进行资金分配之后的资本小于老挝中央银行规定的最低监管资本,则该商业银行不得进行资金分配;⑨商业银行不得直接从事除银行和金融业务以外的工业、商业或其他服务;⑩商业银行不得发放由自有权益性证券担保的贷款;⑪商业银行不得购买其自己的股票,如果其资本低于或在该交易之后将低于最低监管资本。

(2)保持公司记录和交易记录

商业银行应在其总行制定和保持包含以下内容的书面记录:章程、内部规章和所有修正案;股东名册;会议纪要和董事会决议;会议纪要和股东大会决议;清晰准确反映其经营状况、交易状态和财务状况的会计记录;客户每天账户交易的资料及客户账户余额的记录;本法要求和老挝中央银行法规规定的其他记录。

(3)与利益相关人优惠交易的禁止

商业银行不得与关联人或为了关联人的利益进行交易,如提供信贷、购买金融资产、采购商品和服务以及商业投资。在关联人已经与商业银行进行任何交易的情况下,他可以继续交易,但不得在交易中有任何优待,且该交易必须向商业银行股东和老挝中央银行披露。

(4)关于股权的限制

商业银行股东控股或者普通股转让超过 10% 的,包括银行合并,应有老挝中央银行的书面授权。具有较好财务状况的商业银行可以持有其他非金融企业或银行法人的股权。持有该法人的股份不得超过商业银行监管资本的 15%,且不得超过该法人有表决权股份的 20%。然而,商业银行持有其他企业的总持股量不得超过其风险加权资产的 8%。

(5)兼并、收购和出售资产的限制

商业银行可以按照股东大会决议进行兼并、收购或购买、出售重大资产,并申请老挝中央银行事先书面授权。当收购的股权和出售的资产小于老挝中央银行法规规定的金额时,该申请将得不到批准。

三、老挝商业银行的财会制度

(一)会计制度与审计制度

1.商业银行的会计年度

商业银行应遵守法律和老挝中央银行法规规定的会计制度。老挝商业银行会计年度从每年的 1 月 1 日起至 12 月 31 日止。

2. 商业银行的收支及盈亏

商业银行的收入包括:利息收入;分红;服务费及其他收入。

商业银行的支出包括:利息支出;业务费用;经营管理费用;资产残值费用;固定资产折旧费用;风险基金支出及其他支出。

董事会应在总经理建议的基础上通过符合法律法规规定的收支计划。

商业银行的年度收入与年度支出之间的差额是商业银行的年度总利润。总利润扣除应向国家缴纳的税款后的余额是商业银行的净利润。

商业银行的净利润应按以下规定进行分配:

(1)监管储备基金;

(2)经营发展基金和其他基金。

分配给各基金的比例应由股东大会按照法律法规的规定决定,然后将盈利分配给股东。商业银行的损失是商业银行年度收入和支出的负值差额。商业银行一旦发生亏损,允许商业银行使用监管储备基金。如果监管储备基金不足弥补亏损,商业银行可根据董事会的决定,增加银行资本。

在老挝境内经营的外资商业银行或外资股东,在按照老挝法律法规的规定履行纳税义务和交纳监管储备金之后,有权将利润和分红转移至老挝境外。在老挝境内经营的外资银行或外资股东,在其已经终止经营业务和清算之后,有权将资产转移至老挝境外。

3. 审计制度

商业银行的审计包括内部审计和外部审计。

各商业银行应建立内部审计制度,以保证:准确反映交易和资产处置的记录;财务报表的编制遵循适用的会计准则;收支状况符合有关管理者的授权;防止或及时发现未经授权对资产的获取、使用或处置行为。

各商业银行应由一名独立的外部审计人员对其进行审计,外部审计人员有以下职权:帮助商业银行保持适当、正确和完整的账目和记录;

对财务报表是否全面客观反映商业银行财务状况提供审计意见;检查内部审计和控制方法及程序的充分性,并提出整治建议;向老挝中央银行报告有关商业银行管理人员或雇员,或任何其子公司的欺诈行为,以及任何将对商业银行及其子公司造成物质损失的不当管理和运作。

(二)财务状况公开制度

各商业银行应按如下要求公布其财务报告：

1. 在每个季度末的 30 日内,在全国性报纸上发布其截至上一季度结束起对该季度未经审计的资产负债表的总结；

2. 在会计年度结束的 4 个月内,在全国性的报纸上公布其财务报表及对商业银行操作和审计意见的年度报告；

3. 按要求无偿提供其公开的年度报告副本。

在每个季度末的 30 天内,外国商业银行分行应公布其自身的资产负债表和损益表。其财务报表也可以在并表的基础上公开。

老挝《商业银行法》第 59 条及第 60 条对网上银行及信息公开作了概括性的规定。

四、老挝商业银行的重整和破产制度

(一)商业银行的重整制度

1. 商业银行的重整

如果商业银行面临财政困难或缺乏流动性,可能导致破产,老挝中央银行可以考虑根据债权人、商业银行或老挝中央银行检查人员的建议对问题银行进行重整。如果认为必要,该时间可以延长 3 个月,但不得超过 1 年。

2. 商业银行的重整程序

在老挝中央银行决定对某一商业银行进行重整之后,应任命重整委员会行使对商业银行的控制权,以便在该委员会任命之后 3 个月内对商业银行进行重整。在重整过程中,商业银行可以进行经营活动,但必须符合重整计划。

3. 重整委员会的职权

在重整过程中,重整委员会有以下职权：(1)指导商业银行董事会和管理人员制订和实施重整计划；(2)命令商业银行停止任何与重整计划不符的活动或任何可能损害商业银行的运作；(3)命令董事会和管理人员开除任何违反法律法规和与重整计划不符的员工；(4)请求老挝中央银行延长或终止重整；(5)为其在重整过程中的行为负责；(6)定期向老挝中央银行报告其活动；(7)老挝中央银行赋予的其他职权。

(二)破产制度

1.商业银行破产

如果在重整之后,有关商业银行仍不能进行正常的银行业务,例如银行不能及时完全地支付其债务,或其资产和资本的价值小于监管资本的四分之一时,老挝中央银行应向法院提起诉讼发出破产令。在法院判决有关银行破产之后,老挝中央银行应指定清算委员会。

2.清算委员会

清算委员会的成员由老挝中央银行、相关部门人员(无论公共部门或私营部门)或老挝中央银行法规规定的符合资格和条件的人员组成。

清算委员会有以下职权:(1)享有商业银行股东和管理人员的所有职权;(2)继续商业银行的业务,接收存款、提供信贷、支付其认为有必要停止的合同或其他交易的款项等业务除外;(3)有权进入商业银行及其子公司的办公场所,获得和控制其账册、其他记录以及其他资产;(4)避免商业银行的资产遭受损失;(5)制定债权人和债务人名单,制定商业银行资产和财产余值,并向老挝中央银行提供一份副本,同时需提供一份供公众检查;(6)确定可能由存款人撤回或支付给债权人的适当数额;(7)解除商业银行非法签订的合同;(8)每月向老挝中央银行报告清算的进程;(9)行使法律法规赋予的其他职权。

如果清算委员会在行使以上职权时违反法律法规,将被解除职务,并由老挝中央银行处罚。

3.清算的法律后果

商业银行的清算导致如下法律后果:

(1)商业银行所享有的依据法律、合同或其他已经或即将终止的权利,自清算委员会成立之日起应延长6个月;

(2)解除清算期间对商业银行的财产或其他资产所采取的扣押或保全,除非扣押或财产保全发生在老挝中央银行向有关法院提起破产程序之前6个月;

(3)股东的所有权利,除清算后的收益分配权外,归于消灭。

商业银行在完成清算之后,应向老挝中央银行和判决执行的有关机关提供一份报告。老挝中央银行收到该报告之后,清算委员会终止,清算完成。

4.优先支付费用

商业银行破产清算按以下顺序优先支付:(1)清算费用;(2)对储户的清

偿；(3)商业银行员工的工资和薪酬；(4)对国家的非合同义务；(5)担保债务；(6)无担保债务；(7)股东分红。

5.牌照的终止和撤回

当出现以下情形时，老挝中央银行应终止或撤回商业银行的牌照：(1)基于商业银行自身根据董事会决议的要求；(2)违反本法第82条的规定；(3)基于不准确的信息和数据而取得的牌照；(4)取得牌照90天之内未进行经营活动；(5)与商业银行有实质利益的另一法律实体的牌照被撤回；(6)因合并而导致商业银行主体地位丧失，或商业银行的出售；(7)商业银行前三年的经营活动不符合商业计划，且没有正当理由的；(8)在老挝境内建立的商业银行分支机构，其在母国的商业银行牌照被撤销的。

当商业银行的牌照被终止或撤销时，老挝中央银行应为其指定清算委员会进行清算。

五、国家对老挝商业银行的监管

(一)监管机构及职权

老挝政府集中统一负责管理商业银行的建立和监督，老挝中央银行是对商业银行监督检查的核心机构。负责老挝中央银行监管的机构包括：老挝中央银行及老挝中央银行各分行。

老挝中央银行在监管商业银行时有以下职权：(1)制定银行系统的战略、政策和发展规划；(2)发布阐述有关银行业务的战略和政策的法规；(3)宣传、指导、支持和监督有关银行业务的法律法规在全国的实施；(4)管理全国范围内的商业银行；(5)发放和取消商业银行的牌照；(6)采取措施防止违反有关银行业务法律法规的行为；(7)培养银行领域的技术人员；(8)在监管活动实施过程中与其他相关部门协调合作；(9)与其他国家和国际组织协调合作，签署或加入国际银行公约或政府指定的条约；(10)向政府报告其职能活动的结果；(11)履行和行使法律法规规定的其他职权。

老挝中央银行各分行在老挝中央银行的授权范围内享有对商业银行的监管职权。具体的由专门法规规定。

(二)商业银行检查制度

老挝设立商业银行检查制度,对商业银行的一切开支和日常业务进行检查。老挝中央银行的检查人员有以下职权:(1)检查商业银行对审慎监管要求的实施,及有关商业银行的法律法规的实施;(2)检查商业银行及其分支机构的账目、文件、电子数据和其他记录;(3)要求商业银行及其分支机构的管理人员、员工及代理人提供与商业银行管理和运作有关的任何信息;(4)进入任何涉嫌违反本法或相关法规的场所,没收文件或其他与涉嫌犯罪有关的财产;(5)每半年与商业银行的董事会和高管举行一次会议,以评估本法和相关法规的实施情况。

(三)商业银行报告制度

各商业银行应遵守向老挝中央银行报告的制度,以便老挝中央银行对其监管:

1.依照报告制度对商业银行及其子公司的管理、运作和财务状况报告;

2.按照老挝中央银行的要求报告,如对商业银行子公司的报告;对技术服务提供商和其他代表商业银行开展活动人员的报告;如果认为必要,这些人员应提供有关其活动、与商业银行的关系及其他方面的信息。

(四)商业银行的境内监管与跨境监管

1.境内监管

商业银行、外国商业银行在老挝经营的子公司、分支机构以及代办处都应接受老挝中央银行及其检查人员的监督。

对外国商业银行子公司、分支机构或代办处的监管,老挝中央银行的检查人员可能包括来自该外国商业银行总部所在地监管机构任命的检查人员。该商业银行所在地的监管机构也可以进行监管。老挝中央银行对外国商业银行子公司、分支机构和代办处的监管,应与对国内商业银行监管标准相同。在监管之下的商业银行及外国商业银行的子公司、分支机构及其代办处应与商业银行的检查人员及其任命的检查人员充分合作。

禁止任何个人或组织阻碍老挝中央银行的监管。

2.跨境监管

老挝商业银行应对老挝商业银行在国外的子公司、分支机构及代办处进行综合监管。在监管过程中,老挝中央银行可以与外国金融监管部门和执法机构交流信息。

3.对老挝中央银行的索赔

如果老挝中央银行及其官员、代表违反本法规定,损害商业银行的权利,商业银行有权向有管辖权的法院对老挝中央银行提起索赔请求。该行为将不会停止老挝中央银行的活动,除非法院命令其停止对商业银行可能造成损失的此类活动。

第三节 马来西亚商业银行法律制度

一、马来西亚商业银行法律制度概述

(一)马来西亚商业银行法立法概述

马来西亚的商业银行立法呈现多样化的形式,目前,其尚无一部专门的商业银行法,对商业银行的规定分散于《金融服务法》《货币服务业法》《伊斯兰银行法》等法律中。其中,《金融服务法》对商业银行的有关内容进行了比较完整的规定,是主要的商业银行法律规范。目前,《金融服务法》共计17章281条,主要内容涉及了概述,银行的目标与功能,授权与注册、支付系统,审慎性条件,交易的所有、控制与转移,金融团体,商业行为与消费者保护,货币市场与外汇交易市场,文件与信息的呈递、检查,对指导的遵守、行为的干预与修正,银行的其他权利、责任与处罚等内容。

(二)马来西亚商业银行概述

马来西亚商业银行是其金融体系的重要组成部分,1957年马来西亚独立后,由于经济发展的需要以及20世纪80年代后期金融管制的逐渐放松,商业银行得到了较快的发展。这其中除了传统意义上的商业银行,还包括了伊斯兰银行,所谓伊斯兰银行,是指在马来西亚境内外提供基于伊斯兰教对银行与信贷概念的业务的银行,其既是马来西亚伊斯兰金融体系的一部分,也在一定程度上属于商业银行的范畴,可以说是马来西亚独具特色的制度。截至2015

年 4 月,马来西亚共有 27 家商业银行,16 家伊斯兰银行。[①] 其中影响较大的有马来西亚银行、联昌国际银行、马来西亚大众银行、马来西亚兴业银行、马来西亚回教银行等。

亚洲金融危机以后,马来西亚政府一直致力于推行银行合并政策。到2000 年底第一次银行合并计划完成后,马来西亚每个银行集团的资本金都不少于 20 亿林吉特,资产总额超过 250 亿林吉特,大大提高了银行规模及抗风险能力。2003 年马来西亚又开始推行第二次银行合并计划,与上次计划相比,此次合并将主要依靠市场力量推动。截至 2004 年上半年,马来西亚已部分完成银行业重组和扩充资本的计划,推动 54 家银行合并为 10 家银行集团,而其最终目标是只保留 3 至 4 家提供全方位金融产品和服务的大型银行集团。[②] 而自 1983 年成立第一家伊斯兰银行以来,马来西亚伊斯兰银行业得到快速发展,目前在马来西亚银行体系中已经占据重要地位。

二、马来西亚商业银行主体制度

(一)马来西亚商业银行的设立

作为马来西亚金融业的法定主管机关,马来西亚中央银行也负责对全国的商业银行进行管理,根据《金融服务法》的规定,马来西亚的金融机构如果要从事商业银行业务,需经中央银行向财政部长推荐,由财政部长颁发执照方可。[③] 而要获得马来西亚中央银行的推荐,金融机构需要向马来西亚中央银行提交获取商业银行资格的申请,马来西亚中央银行在收到相关的申请后,首先需要从以下几点对申请者进行审核:(1)是否符合有关公司治理的要求;(2)其是否会影响未来储户的利益;(3)申请书有关未来的商业规划是否合理;(4)持续经营是否有充足的资产;(5)商业记录与经验是否充足。如果经过审核后认为申请者符合要求的,可以对附加或者不附加条件地允许其从事相关业务。

---

① 源自马来西亚中央银行 2015 年 4 月份《每月统计公告》。

② 林淑惠:《东盟五国银行业国际竞争力研究》,厦门大学硕士论文,2006 年,第 21页。

③ 《金融服务法》第 8 条第(1)款(a)。

(二)马来西亚商业银行的变更

在马来西亚商业银行的变更中,最常见的形式是商业银行的合并,这是因为 20 世纪末的东南亚金融危机中,大量国内商业银行出现资金困难,政府不得不一次次地注资以挽救这些银行,使马来西亚政府认识到其银行体系的脆弱性,因此决定推动商业银行的合并。1999 年 7 月 29 日,马来西亚政府正式宣布全面实施银行合并计划,全过程交由马来西亚中央银行全权负责。为了更好地实现银行的合并,马来西亚政府先后成立国家资产管理公司、国家资本基金与企业债务重组委员会专门解决不良资产问题。与此同时,马来西亚商业银行还制定了银行的估价方法,规定非上市银行的估价将以调整后资产净值(NTA)和潜在获利能力为计算基础,而上市银行则根据 3 个月的加权平均市值为基础,并且指出如果主导和非主导机构双方同意采用另一种估价方式则可以不运用该估价方式。①

(三)马来西亚商业银行的终止

马来西亚商业银行的终止主要有破产与撤销两种形式。

1. 马来西亚商业银行的破产

根据《金融服务法》的规定,商业银行破产同样适用《公司法》中有关破产的规定,除非本法有特别规定之处。商业银行的破产,分为中央银行申请和自己主动申请。所谓中央银行申请破产清算,是指当银行出现《金融服务法》第165 条规定的下列情形时:

(1)该机构违反本法任何条款或 2012 年伊斯兰金融服务法或 2012 年马来西亚中央银行法的任何条款或其他成文法的规定,不管这些违反行为是否被起诉或被采取其他行动;

(2)该机构未遵守第 156 条的规定;

(3)该机构的资产不足以对其存款人、保单持有人、用户或债权人给予足够的保护;

(4)机构的资本达到的水平或削弱的方式可能会对存款人、保单持有人、用户、债权人或社会公众产生不利影响;

---

① 曾金蒂:《马来西亚银行走向合并》,载《亚太经济》2000 年第 4 期,第 30 页。

（5）该机构成为或可能成为破产状态或有可能无力履行全部或部分的义务；

（6）机构是否存在其他事项根据马来西亚有关破产的法律或其他方面的法律可能会损害存款人、保单持有人、用户或债权人的利益。

马来西亚中央银行可以向部长提出建议，而部长可依此建议授权银行向高等法院提出对该机构的清算申请，而高等法院可根据银行的申请作出对该机构进行清算的命令。①

而商业银行自行申请破产清算，《金融服务法》通过反向规定，对其作出了限制，具体如下：

（1）一个机构，不论其执照或名称是否被撤销，或者一个持照人，均不得在未获书面批准之前自行清算。

（2）一个持照人在未事先通知银行的情况下不得进行自行清算。

（3）任何违反第 1 款或者第 2 款规定的人触犯刑法，一旦定罪，将被判处 8 年以下有期徒刑，并处或单处不超过 250 万林吉特的罚金。②

2. 马来西亚商业银行的撤销

《金融服务法》规定，财政部长有权根据银行的建议，撤销商业银行的执照，具体情形如下：

1. 商业银行的申请材料被发现不真实；

2. 未按经营范围的要求进行经营；

3. 停止了业务经营。

4.（1）违反了《金融服务法》或者《中央银行法》的规定；

（2）没有遵照执照设定的条件进行经营；

（3）违反了中央银行根据《金融服务法》第 156 条或者中央银行法做出的指示。

5. 中央银行认为其经营不能存续。

6. 出于金融消费者或者金融行业的利益需要作出此项决定。③

一旦财政部长撤销了商业银行的执照，商业银行应当立即停止所有业务经营。

---

① 《金融服务法》第 193 条。

② 《金融服务法》第 194 条。

③ 《金融服务法》第 20 条。

三、马来西亚商业银行的业务规则

(一)马来西亚商业银行的经营范围

根据《金融服务法》的规定,商业银行可以从事以下业务:

1. 接受存款;

2. 以任何名义提供任何形式的借款、贷款或者设备;

3. 租赁业务;

4. 保理业务;

5. 购买汇票,本票,存单,债券或其他有价证券;

6. 对任何人的债务提供相关担保;

7. 分期付款,包括根据 1967 年《分期付款法》而进行的分期付款交易;

8. 在分期付款、租赁或者其他类似交易中获得的权利或者利益;

9. 与(1)至(8)的所有活动相关的活动。[①]

(二)马来西亚商业银行的管理

1. 马来西亚商业银行的组织结构

马来西亚商业银行的组织结构,基本上是按照业务种类和产品来划分的,具体而言,有以下特征:

第一,具有独立的制衡机制。马来西亚商业银行大多采用股份有限公司的组织形式,除了股东大会、董事会及下设的各种委员会之外,还引进了独立董事。独立董事一般为非银行员工,且与管理层没有任何牵连,其职责是监督银行管理层的每一项决策是否符合股东利益,并通过参与董事会在各项专门委员会的工作影响银行的决策,包括高层管理人员的任命。这一机制对于马来西亚这种突出的家族控制经营的国家来说尤为重要,可以使银行的管理层在业务决策中起到很好的制衡作用。

第二,平衡组织管理关系。董事会是一个集体决策的机构,商业银行的章程中一般都规定董事会由多数或 2/3 以上的董事出席通过的决议才有效。

---

① 《金融服务法》第 211 条。

在董事会的各项治理委员会中也引入同样的原则,一般各委员会都由 3 人或以上组成,通过有丰富经验的委员在专项问题上的集体决策来平衡董事会主席或银行首席执行官独享的权力。马来西亚的商业银行设置了专门的治理委员会,主要包括审计委员会、薪酬委员会、风险管理委员会等,某些银行也设有董事会执行委员会和提名委员会。其中,审计委员会和风险管理委员会十分关键,能保证商业银行报表和内部风险控制的公正完整。

第三,提供一站式服务的组织架构。商业银行 80％的利润来自于 20％的客户,因而要深入细致地研究市场,切实把握客户需求,选择目标客户群,实施差别化营销,这就要求商业银行建立以客户为中心的业务组织架构。金融危机之后,各国主要商业银行都根据环境和战略的发展变化对自身的组织结构不断地进行调整,建立起明晰的产品服务作业链。这条作业链,从行政角度,是从总管理层、区域主管、区域总经理、分行行长、关系经理(业务发展部)到客户经理;从提供的金融产品角度,是从产品总主管、分区产品总主管、产品中心一直到关系经理,再到客户;从业务审批角度,是从信贷总主管、高级信贷主管、分区信贷主管、信贷主管到关系经理、再到客户,使得商业银行能够以市场为导向、以客户为中心、以效益为目标、以客户经理为主体,为目标客户提供多功能、全方位、一站式的金融服务。以新加坡大华银行为例,它主要依据所提供的产品和服务类别分成四条业务线,一是批发与零售银行业务,二是全球外汇资金业务,三是投资银行业务,四是包括保险和产业相关业务在内的其他业务。通过这些业务线,深入目标市场,为客户提供量身定制的产品和服务。

第四,建立与绩效挂钩的激励机制。马来西亚的商业银行都非常重视对管理人员,特别是高层管理人员的约束和激励,设有薪酬委员会来审查决定高层管理人员的薪酬。其指导原则主要有:基本工资加上效益奖金使高层管理人员薪酬和股东利益挂钩;一般薪酬委员会设立主要效益指标,对高层管理人员进行考核;强调长期性以防止短期行为;与同业相比,设置有竞争力的福利待遇。其中,以股票为基础的激励机制比较盛行。[①]

2. 马来西亚商业银行的风险管理

风险管理体系是银行业维持和提升竞争力的重要因素,也是实现股东价

---

① 林淑惠:《东盟五国银行业国际竞争力研究》,厦门大学硕士论文,2006 年,第 21 页。

值最大化的保障。目前,马来西亚商业银行所面临的主要风险包括信用风险、流动性风险、清算支付风险、利率风险、市场或价格风险、外汇风险、杠杆风险、政治风险、操作风险等。如何对风险进行识别、衡量和控制,以最少的成本将风险导致的各种不利后果减少到最低限度,这是马来西亚商业银行风险管理的核心所在。目前来看,马来西亚商业银行风险管理主要呈现以下特点:

1. 以信用风险管理为核心。马来西亚在亚洲金融危机之后,尤其重视内部风险控制机制的建设,并强化信贷风险管理的职能。

2. 设立明确的信贷授权管理程序。商业银行业在信贷风险管理方面,由客户经理和信贷风险官参与新贷款审核的全过程,并共同撰写详尽的贷款建议书。客户经理没有独立于信贷风险部的信贷审批权,所以新增贷款额度必须首先由信贷风险官共同批准,然后交由信贷委员会作最后审批。另外,在贷款前马来西亚各商业银行的审核也是很严格的。

3. 设立严格的内部审计制度。合并重组后的马来西亚银行业设置了独立的内部审计委员会,协助董事会监督和管理商业风险和内部监控。各审计委员会每年至少召开三次会议,制定并检查内部审计计划,其审计范围涵盖所有单位和业务,包括对附属公司的审计。另外,内部审计委员会还加强对电子计算机应用系统、网络及本行的资讯科技的审计,以防范和控制科技风险和操作风险。

四、马来西亚商业银行的监管

马来西亚对商业银行的监管,是由包括财政部、马来西亚国家银行、马来西亚银行公会在内的多个部门共同完成的。尽管实行的是多元化监管体制,但由于各监管机构间职责分明,在各自范围内协同运作,使得相应的监管工作能得到有效的完成。在这种监管体制下,财政部对银行实施的监管一般委托给国家银行,因而马来西亚国家银行在财政部的授权下,对银行进行全面监管,成为最主要的监督机构。一旦马来西亚国家银行与其监管的银行发生分歧,一般通过马来西亚银行公会进行对话。监管部门主要依据《中央银行法》(1958 年)、《伊斯兰教银行法》(1983 年)、《银行与金融机构法》(1989 年)、《岸外银行法令》(1990 年)对商业银行实施监管。

亚洲金融危机之后,马来西亚国家银行加强对商业银行的监管,防止银行业新坏账的产生,促进银行业的健全发展。其主要措施如下:第一,国家银行每两年评估商业银行首席执行官与董事的表现,确保银行负责人采取最佳的营运方式。第二,禁止国内银行集团拥有非金融业领域的子公司和联号公司,整个银行业集团下属的公司只能从事受国家银行监督的业务。也就是说,在同一控股公司旗下,只能进行国家银行直接监管的业务,如商业公司、金融公司等。这一措施也得到了证券委员会的大力支持。第三,禁止银行机构进行双重杠杆放贷,商业银行必须通过内部融资、股东注资或发行长期债券等方式提供银行资本。第四,推行信贷风险管理措施,确保国内银行机构遵循风险管理规定,避免出现大量呆坏账,因信贷问题破坏银行系统。第五,中央银行增加职员人数,增强国家银行执法、管制和监督力度,以期在问题爆发前就敲响警钟。此外,国家银行还宣布撤销银行双轨制,依据《巴塞尔协议》中监管银行的 CAMEL 构架(即资本充足、资产品质、管理效率、盈利表现和游资状况)评定银行机构的能力和水平,允许合格者从事相应的金融业务。①

第四节　缅甸商业银行法律制度

一、缅甸商业银行法律制度概述

缅甸联邦有关商业银行的法律规定主要集中于《缅甸金融机构法》和《缅甸储蓄银行法》中。② 该两部法律的立法背景是建立在 1988 年缅甸的一场大动乱之上。由于社会的不安定制约了国家经济的发展,政府开始推行经济体制改革,并实行对外开放政策,其在法律方面的表现就是建立金融法规,如1990 年缅甸政府颁布了《缅甸金融机构法》,1992 年颁布了《缅甸储蓄银行法》等法律。

我们通常所说的商业银行是指以营利为目的,以多种金融负债筹集资金,多种金融资产为经营对象,具有信用创造功能的金融机构,即它是储蓄机构而不是投资机构,其主要业务范围包括吸收公众、企业及机构存款、发放贷款、票

---

① 参照马来西亚中央银行官方网站:www. bnm. gov. my,访问时间:2015 年 6 月 2日。

② 林友慧:《缅甸联邦的金融业》,《国际金融研究》,1994 年 10 月,第 54～58 页。

据贴现及中间业务等。^① 但根据《缅甸金融机构法》的规定,缅甸的金融机构分为四种类型:一是商业银行,主要负担接受凭支票支付和见票即付的存款,不超过一年期限的存款和短期信贷业务;二是投资和发展银行,主要接受期限超过一年的存款,在接受这些存款时,应按有关规定或政府对预拨资金所作的规定相应地为国家资金或流动资金提供贷款;三是金融机构;四是信贷协会。根据该分类我们可以知道,缅甸具有商业银行性质,满足商业银行业务范围的银行包括其规定的商业银行、投资和发展银行两类(下文中的"缅甸商业银行"统一指该两类银行)。具体有缅甸投资和商业银行、缅甸经济银行、缅甸储蓄银行等。

二、缅甸商业银行的设立、变更、终止

《缅甸金融机构法》对包括商业银行在内的各种金融机构的设立管理进行了统一规定。即^②无论是国营、私营或国家和私人合营的商业银行在内的金融机构都必须取得中央银行的预先许可方可营业;金融机构如未向中央银行缴齐其缴清资本,中央银行不得发放营业许可证;如果中央银行认为某金融机构使用的名称,会引起公众对该机构的股东或者对其营业的真实性质产生误解,不得发放金融机构营业许可证;中央银行在接受许可证申请后的三个月内,必须颁发营业许可证或拒绝申请,如颁发营业许可证,必须在缅甸公报予以公布;金融机构在获得营业许可证后的 15 天之内,必须向中央银行缴纳其相当于最初的缴清资本 0.1% 的许可费用,并也必须在一年之内开设业务活动。

关于商业银行的变更管理,^③《缅甸金融机构法》规定包括商业银行在内的金融机构与其他机构合并、兼并或分离,必须获得中央银行的预先许可。

关于商业银行的终止,^④《缅甸金融机构法》规定包括商业银行在内的金融机构出现以下情况时可吊销其营业许可证:金融机构未能在规定的期限内存入经修改后的最低资本要求额;未能按照补充因业务损失而减少的最低资

---

① 参见《缅甸金融机构法》第 5 条至第 6 条。
② 参见《缅甸金融机构法》第 12 条至第 16 条。
③ 参见《缅甸金融机构法》第 18 条。
④ 参见《缅甸金融机构法》第 17 条。

本要求额;金融机构触犯了现行法律或未能按时遵守官方的规定制度;自愿或被迫清理账目,或者宣告破产;关于兼并、合并或分离而失去原先法人实体的资格。

三、缅甸商业银行的业务规则

(一)经营业务

缅甸投资和商业银行的主要任务为收集外国人投资并促进国内私人经济发展,贷款对象主要为私人企业,包括工业、商业、交通运输、旅游业、建筑业、出版业、影视业等私人业主。

缅甸经济银行经营的是一般商业银行的存、贷、汇业务。即根据《缅甸金融机构法》的规定,一般商业银行主要负担接受凭支票支付和见票即付的存款,不超过一年期限的存款和短期借贷业务。

缅甸储蓄银行主要业务是办理开设储蓄银行账户和销售储蓄券。[①] 根据《缅甸储蓄银行法》的规定,任何成年人都可以为自己开设银行储蓄账户和购买储蓄券;并且成年人可为未成年人开设银行储蓄账户和购买储蓄券。同时,储蓄银行也可以办理团体组织的委托存款,包括为节俭、储蓄和福利而建立的机构;图书馆和宗教组织;合作社和协会组织;军队的团级以上武装力量以及其他计划于财政部适时批准的机构。但任何人无权使用国有资金,或用国家投资的机构所有的资金以开设储蓄银行账户和购买储蓄券。

(二)关联者业务

《缅甸金融机构法》对包括商业银行在内的各种金融机构与关联者的业务活动管理进行了统一规定。[②] 即包括商业银行在内的金融机构可以与下列人员及企业进行业务活动:类似于董事和部门经理等的管理者;审计委员会成员;在金融机构里掌握大多数股份,具有控制权的公司和该公司的主要股东或管理者;金融机构的主要股东和他们直接或间接控制的任何公司等。同时,金

---

① 参见《缅甸储蓄银行法》第 4 条至第 9 条。
② 参见《缅甸金融机构法》第 39 条至第 43 条。

融机构不得授予与其有关人员以下特权：从事按其性质、目的、特征或风险方面而言均非往常与其客户从事的业务；减少征收其他客户所必须交纳的利息、管理费和手续费；或者减免少于其他客户的保证金。并且金融机构发给其一名职员的贷款最大额必须符合中央银行适时的规定，发放给其职员的贷款总额不得超过该机构投资资金的 5%。

（三）内部治理

《缅甸金融机构法》对包括商业银行在内的各种金融机构的内部治理进行了统一规定。[①] 即包括商业银行在内的金融机构必须由有关的董事会进行管理，董事会可以对金融机构的有关官员授权；金融机构必须制定协会备忘录和会章，并向中央银行递交一份副本；金融机构要修改协会备忘录和会章，必须获得中央银行的预先许可；中央银行可以规定金融机构成员的资格。

四、缅甸商业银行的资本管理和风险管理

（一）缅甸商业银行的资本管理

《缅甸金融机构法》对包括商业银行在内的各种金融机构的资本管理进行了统一规定。即[②]包括商业银行在内的金融机构的缴清资本必须用现金缴纳，必须完全向中央银行缴纳，这些缴清资本只有中央银行颁发许可证的工作完成后才可以重新提取；只要符合中央银行的规章，金融机构可以通过设立储蓄金来增加自己的资本规模；一个金融机构必须根据中央银行的规定把纯利润的 25% 投到一项普通储蓄金账户中，直到该储蓄金达到其缴清资本的100%；中央银行可要求金融机构对特定资产增加储备金，金融机构可根据自己的安排再设立储备金。

（二）缅甸商业银行的风险管理

《缅甸金融机构法》对包括商业银行在内的各种金融机构的风险管理进行

---

① 参见《缅甸金融机构法》第 21 条至第 24 条。
② 参见《缅甸金融机构法》第 11 条。

了规定。即[①]包括商业银行在内的金融机构在进行信贷业务时必须遵守风险避免、风险分散和流动性等原则,并执行中央下达的指示;金融机构的风险加权资产不得超过其资本和储备金的 10 倍;金融机构给个人、一个企业或一个经济企业集团的贷款,不得超过其资本和储备金总和的 10%,另外,给包括经济企业集团在内的前 10 位最大债务人的贷款总额不得超过所有贷款总额的30%;金融机构在办理借出和借进的贷款业务时,必须保护资金的流动性,并遵守中央银行为此而作出的决定。

五、缅甸商业银行的监管

《缅甸金融机构法》对包括商业银行在内的各种金融机构的审计、报告和中央银行的监督进行了统一规定。[②] 即经中央银行批准,包括商业银行在内的金融机构必须任命一名审计员;金融机构必须依据中央银行规定的表格编制定期报告。该报告中应充分的包括该机构行政和业务情况、货币的流动性和偿还能力、盈利情况等相关的材料,对其金融形势及前景的展望进行评定,书面报告的编制必须同中央银行为金融机构规定的会计标准一致;所有的金融机构必须接受中央银行检查员或中央银行委任的审计员的审查,在进行审查时,可以对金融机构的账单、有关文件资料、账册和其他材料进行审查,也可向金融机构的管理人员、行政人员、代理人和职员询问其余组织形式、工作业务有关的信息材料;中央银行可以在金融机构中组织一个由股东委任的 3 个人参加的审计委员会,该委员会检查金融机构是否遵照为其制定的法令行事,并将其认为应反映的事宜报告给董事会,同时该委员会应对董事会呈交的事宜发表看法,金融机构的董事会可聘请或雇请专家协助审计委员会的上述事宜;审计委员会一般每 3 个月举行一次例会,如果董事会认为有必要时,审计委员会可举行特别会议,举行会议时,审计委员会成员必须全部出席,投票时不得弃权,以委员会的多数票作出决定。

---

① 参见《缅甸金融机构法》第 28 条至第 33 条。
② 参见《缅甸金融机构法》第 44 条至第 51 条。

第五节　菲律宾商业银行法律制度

一、菲律宾商业银行法律制度概述

2000 年菲律宾《普通银行法》（General Banking Law of 2000）是菲律宾商业银行法律制度的核心。该法由参议院第 1519 号和众议院 6814 号法案结合而成，于 2000 年 4 月 12 日由参议院和众议院通过。

菲律宾《普通银行法》主要规制银行、类银行机构和信托机构的设立、管理和经营。该法总共十章，共计 97 条，规定了银行的设立、管理、经营、接管与终止，以及商业银行存款、贷款等业务、外国商业银行等有关规定。

二、菲律宾商业银行的设立、管理、接管与终止

（一）商业银行的设立

菲律宾银行分为商业银行、综合银行和储蓄银行。菲律宾商业银行的设立必须经货币委员会的批准，且符合以下几个条件：

1. 设立主体必须是股份公司；

2. 设立资金通过公众获得，且不少于 20 人；

3. 必须符合货币委员会对商业银行规定的最低注册标准。

（二）商业银行的管理

1. 关于股份的强制性规定

货币委员会可以制定规章规定商业银行可以发行的股票类型，包括股票的期限和附属权利。任何商业银行都不能购买自己的股票或认购自己的证券份额作为贷款，除非得到货币委员会的批准。外国个人或非银行公司可拥有

或控制本国商业银行的有投票权的股份不得超过 50%。[①]

2.商业银行的董事会

商业银行的董事会成员应为 5 人至 15 人,其中 2 人应为独立董事。该"独立董事"既非银行官员和雇员,也非银行附属机构或下属机构的官员和雇员,也非关联利益的成员。当商业银行合并时,董事人数不得超过 21 人。

为维持银行的管理质量,保护存款人和公众利益,货币委员会应规定和检查商业银行被选举或被任命的董事的资格和条件,当发现他们不合格时取消其资格。

(三)商业银行的接管与终止

1.接管

对商业银行接管的理由和程序以及接管人的权利和义务由《新中央银行法》第 29 条和第 30 条予以规制。根据《新中央银行法》第 29 条的规定,监管部门在商业银行无清偿能力或者继续营业将导致债权人或存款人更大的损失时,金融董事会根据检查报告,在确认情况属实时,可停止商业银行在菲律宾境内的业务,并指派中央银行一名官员或精通金融业务的其他人员,立即接管该商业银行。

2.终止

商业银行银行业务的终止包括自愿清算和破产非自愿清算两种情形。在菲律宾商业银行自愿清算的情况下,应在清算前向货币委员会提交一份书面清算通知,货币委员会有权介入并在为保护债权人利益的必要时采取措施。

商业银行破产和清算的理由、程序以及破产清算人或管理人的权利和义务由《新中央银行法》第 30 条、第 31 条、第 32 条、第 33 条予以调整。

宣布破产或者被货币委员会安置于破产在即的商业银行的主管人员或官员,如果拒绝移交银行记录及财产于指定接管人,或篡改银行记录,或划拨银行财产与自己及第三方,或破坏及滥用银行财产,或接受存款或收集贷款,或付出及转移银行的财产及有价证券将受《新中央银行法》刑事条款的处罚。

---

① 参见菲律宾 2000 年《普通银行法》第 9 条至第 11 条。

三、菲律宾商业银行的权力

商业银行除拥有一般公司的权力外,还享有商业银行运行所需要的所有相关权力[1]:

1. 接受汇票和发行信用证;

2. 贴现和让购本票、汇票和其他票据;

3. 吸收活期存款和其他类型存款;

4. 买卖外汇和金银;

5. 买卖可流通公债和其他债券;

6. 提供信贷等。

商业银行的具体业务和权限由货币委员会制定的规则确定,商业银行还可以对企业进行投资,但只能是货币委员会认定的该银行的关联企业。该企业与银行的关联性可以是财政关联也可以是非财政关联。向财政关联企业投资的,商业银行可以拥有储蓄银行、农业银行100%的股票,如果是向其他财政关联企业投资,包括另一个银行,该商业银行只能拥有企业的小部分股份;向非财政关联企业投资的,商业银行也可以拥有非财政关联企业100%的股份。

四、菲律宾商业银行法的有关制度

菲律宾《普通银行法》在第四章第三节规定了对所有银行、类银行机构和信托机构都适用的规定。

(一)商业银行贷款业务的相关规定

货币委员会应规定银行净资产和其总风险资产的最低比例,该比例必须保证银行净资产能承受将来可能的风险债务。

除非货币委员会另有规定,银行向个人、合伙、社团、公司或其他实体提供的贷款、信用贷款和担保贷款的总量不得超过该银行净资产的20%;如果借

---

[1]　陈云东、米良主编:《东盟国家金融法律制度研究》,中国社会科学出版社2008年版,第39页。

款人有信托收据、装运单据、仓储单据等其他方式的充分担保,银行可向其提供不超过银行净资产10%的附加贷款。

银行的董事、股东和其他官员均不得直接或间接为其本人或者为他人代理向本银行借款,亦不得作为他人向本银行借款的担保人、保证人或背书人,除非得到银行大多数董事的书面同意。

以房地产为担保的贷款,除非货币委员会另有规定,银行向其提供的贷款不得超过作为担保的房地产估价的70%和该房地产已保险的附属设施估价的60%之和。

以动产和无形财产为担保的贷款,除非货币委员会另有规定,银行向其提供的贷款不得超过担保物估价的75%。

对于贷款的批准,必须以银行的安全健康运行为前提;贷款人必须在与银行的贷款合同中写明贷款的用途,如发现贷款人未按约定用途使用,银行有权终止贷款并要求立即返还贷款。在批准一项贷款或其他信用贷款前,银行必须确认借款人有能力偿还贷款。

货币委员会可制定条例对商业银行无担保贷款的批准、各类型贷款的担保要求、贷款的偿还期以及期限的更新、延长等条件和限制作出规定和要求。

(二)商业银行的其他银行服务

《普通银行法》第53条规定,除商业银行的特别业务外,银行还可以从事以下服务:

1.接受保管基金、单证和其他有价物品;

2.作为金融代理人,为顾客买卖股票、债券和其他证券;

3.在与银行业务不抵触的情况下,为他人账户和银行的客户代理收款和付款;

4.经货币委员会的许可,银行可称为投资管理代理人、投资顾问和投资财产管理人;

银行在从事以上四种服务时,可以作为保管人或代理人。

(三)商业银行的禁止性业务行为

1.禁止作为保险人

菲律宾银行业实行严格的分业经营,银行不能直接从事保险业务作为保险人。

2.禁止性业务

(1)任何银行的董事、经理、官员、雇员和代理人不得提供任何虚假的银行报告;参与欺骗性交易;未经有管辖权的法院裁定,将银行保管的个人、公司及其他机构的财产信息泄露给他人;在批准贷款过程中接受礼物、费用、佣金或其他形式的报酬;为影响银行业务决定,过高估计或协助过高估计担保物的价值。

(2)按照共和国法案1405号即银行安全法的规定,任何银行不得雇佣临时性、不定期的或试用期过长的职员从事银行存款业务。

3.不得申报股息的情形

商业银行存在以下情形时不得申报股息:

(1)与中央银行的结算账户已经透支;

(2)连续5个以上的工作日达不到对政府存款清偿能力的最低额;

(3)不符合中央银行规定的清偿能力标准或比率;

(4)犯有中央银行认定的重大违法行为。

(四)商业银行的审计制度和财务报告制度

1.审计制度

货币委员会可要求商业银行接受独立审计员的审查,有关的商业银行从货币委员会承认的有执照的公共财会人员中选出独立审计员。

审计报告的复印件应提交给货币委员会。货币委员会也可指导商业银行的董事会或个人对商业银行进行年度收支余额的审计,审查内部审计报告和商业银行的控制体系,并提交一份该审计的报告。

2.财务报告制度

所有商业银行都要按照中央银行规定的周期和形式向央行的监管部门提交财务报告。提交的财务报告应充分写明该银行及其分支机构、附属机构的财务会计状况。

所有商业银行每季度在主要报纸上至少要公布一次该银行及其分支机构、附属机构的财务会计状况。

第六节 新加坡商业银行法律制度

一、新加坡商业银行法律制度概述

(一)新加坡商业银行法立法概述

新加坡商业银行法主要由《新加坡银行法》(以下简称《银行法》)、《新加坡银行破产法》(以下简称《银行破产法》)两部法律以及诸如《银行管理条例》等一系列规范性文件组成。其中,《银行法》在 1970 年由新加坡议会第 41 号法案通过并于 1971 年 1 月 1 日正式开始实施,之后该法经过多次修订,最近的一次修订是 2014 年 2 月 1 日。目前,《银行法》共有 9 章 79 条,第一章(第 1 条至第 2 条)为前言,第二章(第 3 条)为助理的任命,第三章(第 4 条至第 21 条)为银行执照的相关规定,第四章(第 22 条至第 28 条)是关于储备金、股息、资产负债表和资料的规定,第五章(第 29 条至第 37 条)主要规定了禁止经营的业务,第六章(第 38 条至第 40 条)规定的是最低限度的资产储备,第七章(第 47A 条至第 55P 条)是关于银行管理的规定,第八章(第 56 条至第 57G)主要规定的是信用卡和记账卡业务,第九章(第 58 条至第 79 条)是本法的杂项规定,具体包括审计、结算、假期等各项规定。《银行破产法》在 1995 年由新加坡议会第 15 号法案通过,于 1995 年 7 月 15 日开始实施,其最新的修订是 2012 年 3 月 1 日,现行的《银行破产法》共有 11 章 167 条。其中,第一章(第 1 条至第 2 条)为前言,第二章(第 3 条至第 16 条)主要内容为银行破产中法院的权力以及相关程序,第三章(第 17 条至第 32 条)主要是关于官方代理人的相关规定,第四章(第 33 条至第 43 条)是有关破产受托人的规定,第五章(第 44 条至第 56T 条)是自愿安排的相关内容,第六章(第 57 条至第 74 条)为破产诉讼,第七章(第 75 条至第 122 条)为破产管理,第八章(第 123 条至第 128 条)为破产的取消和免除,第九章(第 129 条至第 131 条)是有关银行破产中的职责、不具备的资格以及没有的能力的规定,第十章(第 132 条至第 147 条)是有关破产中违法犯罪行为的规定,第十一章(第 148 条至第 167 条)是本法的杂项规定。以上是新加坡商业银行法中最主要的两部法律的简要情况,除了上述两部法律,还有一系列的由国会、金融监管局颁布的法令,它们共同组成了新加坡商业银行法律体系。

(二)新加坡商业银行概述

新加坡商业银行的历史可以追溯到 19 世纪中期,1856 年英国在新加坡创办了第一家商业银行——有利银行,之后的几十年间,西方国家纷纷在新加坡设立银行,外资银行在新加坡快速地发展了起来,相比较而言,新加坡本地银行的发展要慢很多,直到其独立之后才有了快速的发展。[①] 目前,新加坡商业银行共有 134 家,其中本地银行 8 家,外国支行 122 家,外国银行代表处 4家。[②] 根据《银行法》第 2 条的规定,银行是指"根据本法第 7 条或第 79 条的规定,持有银行执照,经营银行业务的任何公司",因此,新加坡的商业银行在形式上均属于公司法人。新加坡金融监管局(MAS)是新加坡商业银行的监管机构,除了官方的机构外,新加坡还成立了银行工会(ABS),该工会属于非营利性组织,其宗旨在于促进新加坡成为国际金融中心,推进银行立法并协助银行业监督,及时收集并共享成员的信息。新加坡本地银行中,最具代表性的商业银行有三家,分别是星展银行(DBS)、大华银行(UOB)和华侨银行(OCBC),其中,星展银行是政府控股的银行,另两家是以私人家族资本控股的银行。银行工会主席一职即由本地 3 家大银行轮流担任。就外资银行而言,以美国花旗银行为首的美国商业银行一直在新加坡外资银行中占据主要地位,近些年来日本商业银行在新加坡也得到了快速的发展。

二、新加坡商业银行主体制度

(一)新加坡商业银行的设立

在新加坡,商业银行的设立需要符合新加坡《公司法》《银行法》规定的相关条件,《公司法》上的要求主要是依照《公司法》有关公司法人设立的要求设立公司法人,而《银行法》的条件主要体现在银行执照的取得。新加坡《银行

[①] 参见曹云华:《新加坡的商业银行》,载《广东金融》1993 年 3 月,第 27 页。

[②] 陈云东、米良主编:《东盟国家金融法律制度研究》,中国社会科学出版社 2008 年版,第 1 页。

法》规定了严格的银行执照审批程序，以此来规范金融机构的市场准入制度，《银行法》第 4 条第 1 款明确规定："除持有当局颁发的允许在新加坡经营银行业务执照的公司外，任何公司不得在新加坡经营银行业务"，对于违反本规定的，该第 2 款规定："对个人，处以不超过 125000 新币的罚款或 3 年以下监禁或两者并罚。如果再犯罪则在定罪后继续犯罪期间每天追加不超过 12500 新币的罚款。其他情况下，则处以不超过 250000 新币的罚款。如果再犯则在定罪后继续犯罪期间每天追加不超过 25000 新币的罚款。"《银行法》第 7 条对银行执照的申请条件作出了规定，要求申请在新加坡境内设立金融机构的公司，应当提供以下材料：1.公司的备忘录和公司章程或是公司建立的其他正式的文档，并由公司高级官员进行法定宣誓的证明；2.一份公司最近的资产负债表的副本；3.金融监管局要求的其他材料。而对于在执照申请过程中，故意或过失提供虚假的或是令人误解的文档或材料的行为，将依法予以处罚。

对于申请银行执照的金融机构，必须符合《银行法》对于最低资本金的要求，但也存在一些例外的情况，具体的例外情况是：1.在新加坡设立的银行成立于 1996 年 7 月 18 日之前获得执照进行银行业务的，则根据银行法规定其资本金应不少于 15 亿新币；2.在新加坡设立的银行成立于 1996 年 7 月 18 日之后的，则其发行股份和实收股本不应少于 15 亿新币，而且其资本金不应少于这两者之和；3.经金融监管局同意，如果是在新加坡以外的地方设立银行，其总行的资本金不能少于 2 亿新币，或与其等价的货币。而金融监管局可以在 2001 年 7 月 19 日之后的任何时间通过命令的形式要求银行的发行股本和实收股本达到不少于 15 亿新币。而对于金融机构设立子公司的，尽管存在以上的规定，但只要符合以下条件即可：1.其现在是并且一直是一个合格的子公司；2.其所发行和实收股本不少于 1 亿新币。

（二）新加坡商业银行的变更

新加坡《银行法》规定，在新加坡建立的银行在没有政府的同意前不能合并、重组或是被其他任何公司监管，以此来保护储户的利益及整个金融体系的稳定。[①] 但是如果银行或是它们的股东能够达成协议或一致，或者在银行和

---

① 陈云东、米良主编：《东盟国家金融法律制度研究》，中国社会科学出版社 2008 年版，第 11 页。

这样的法人或非法人合并以后股东们将会有和以前一样的权利,那么银行应该被认为能够合并。在新加坡,某些银行的合并应由政府批准。如果一家或几家银行联合申请完全是指该银行的分支银行,则可能获得部长的支持并发给证书,而拥有该证书才能进行合并。要使证书生效则需要得到证书的复印件和合并达成的协议提交到公司的登记处,并在登记处交存。任何两个或两个以上的银行向部长提出申请要获得批准,需满足以下条件:1.合并是在一个银行和另一个或几个银行的分支银行间进行;2.打算合并的几家银行之间已经达成了关于合并的一致意见;3.这种证书的申请时间是在完成上述要求之后的两个星期内。银行合并申请的证书颁发后,这些银行必须从颁发之日起在当地的报纸上用马来语、英语、中文和泰米尔语向公众公开,期限为一周。

《银行法》在第 19 条对银行章程的修改作出了规定,任何在新加坡成立的银行,在修改其组织章程和细则或其他据以注册的文件之前,应将其修改的内容以书面的形式向当局报告。无论是在新加坡以内或者以外建立的银行,都应当在其组织章程和细则或者它用来注册的文件作出修改后的 3 个月内,将所改的内容以书面的形式向当局报告。对于违反本规定的行为,《银行法》规定处以不超过 250000 美元的罚款。如果再犯则在定罪后继续犯罪期间每天追加不超过 25000 美元的罚款。

(三)新加坡商业银行的终止

新加坡商业银行的终止分为解散、破产与撤销三种形式。

新加坡商业银行的解散,是指当商业银行出现了分立、合并或者银行章程规定的事由需要解散的,首先向金融监督机构提出解散申请,金融监督机构通过对其解散申请中解散理由和债务清偿计划的审核,认为符合解散的条件的,可以批准允许解散。进入解散程序的银行,需要按照规定成立清算组,进行清算,并按照清偿计划及时偿还存款本金和利息等债务。整个过程,均需接受金融监督机构的监管。

银行的破产,根据新加坡《银行破产法》的规定,是指已被破产令判定破产的银行。所谓破产令,是新加坡最高法院根据相关人员的申请,发出的认定某商业银行资不抵债,进入破产程序的裁定。一旦最高法院签订破产令,该商业银行即进入破产程序。进入破产程序的商业银行,需要由新加坡官方委任一名破产受托人,该受托人需是法院的人员,但其应当按照一般授权和部长的指示行事。根据第 75 条的规定,银行的破产期间为破产令作出之日至正式宣告破产之日。在法院作出破产令之后,破产人的财产交由破产受托人管理。在破产期间,破产人处分财产的权利受限,除有特殊规定外任何处分行为无效。在作出破产令后,破产受托人有权召开债权人会议,该会议组织成立债权人委员会,之后即对银行的财产及债务进行清算,按照法律的规定对债权人进行清偿。待债务清偿完成后,该商业银行正式宣告破产。

银行的撤销即银行执照被撤销,一旦银行执照被撤销,银行的主体资格也就随之丧失。金融监管局有权依法撤销已发的执照,撤销执照的情形有以下几种:1.已经在新加坡停止了银行业务;2.向金融监管局提供申请执照的资料和文件中有虚假或令人误解的信息;3.如果是一家外国银行,其执照或经营业务的权利被金融管理局依照其本国的法律或银行所在地的法律吊销;4.打算进行或已经进行与债权人做出和解协议,已经进入清算阶段,或已经清算完毕,或者已经解散;5.正在进行的业务方式可能损害储户的利益,或者银行的资产不足以抵消储户或公共的负债;6.违反银行法的规定。新加坡金融监管局有权撤销银行执照,在撤销执照前,应先以书面形式通知银行,并注明撤销执照的日期,该通知在收到后的 21 天后开始生效。银行可向金融管理局提出不应撤销执照的理由。执照撤销令生效时,撤销令应在公报上发表,同时除金融管理局批准进行的清算外,自撤销令发出之日起,银行应停止在新加坡的业务。当然,这并不妨碍任何人对该银行提出权利要求,也不妨碍该银行对任何人提出权利要求。

三、新加坡商业银行的业务规则

(一)新加坡商业银行的业务范围

新加坡的商业银行按业务范围可以分三种类型:第一类是全面银行,该类银行业务全,限制少,可以向新加坡国内外客户提供各类存款业务,进行贸易融资、外汇交易等业务。此类银行须经金融监管局批准方可设立,目前全国共有 23 家,本地银行都是全面银行。第二类是限制性银行,这类银行不能设立分支机构,不能吸收储蓄存款,吸收定期存款每笔的最低限额度为 25 万新币。第三类是离岸银行,离岸银行只能从事外汇交易,不准开立新币存款账户,与本地企业和个人交易不能低于 1 亿新币。在具体的银行业务上,新加坡的商业银行在传统的信贷业务之外开创了许多新的银行业务,诸如金融产品代销业务(含单位信托、投资基金、保险产品等理财工具的代销)以及私人银行服务。①

(二)新加坡商业银行业务的禁止规定

根据公共监管理论,金融业是外部性与信息不对称性均十分突出的公共行业,其有序的运行离不开政府的管制。因此,为了维护公平、公正、公开、健康的市场秩序,使金融市场在规范的轨道上运行,为了金融市场的安全以维持市场价格的相对稳定,保障市场参与者的正当权益,保证市场在具有足够的深度、广度、弹性基础上稳步进行,以金融监管局为代表的新加坡金融监管部门对新加坡金融业采取严格的监管模式。监管当局为代表的外部监管正是一种使公共利益不受侵害的强制性制度安排。

除了规定银行正常的经营范围,《银行法》还独设一章,规定了银行禁止经营的业务,以保证银行业的健康发展。首先,对于在新加坡建立的银行,银行法对信贷便利和限制做了相应的规定,银行机构不得有以下的行为:1.如果经当局批准其总额超过银行资本金的25%,或者诸如此类的其他比率没有超过100%的,银行不得授权或允许对任何个人或任何组织的个人进行透支、信贷,或提供信贷便利;2.同意超过其信贷便利总额50%的累计贷款或者其他由当局决定的贷款比例;3.同意任何信贷工具来确保自己所占股份的安全;4.允许直接或间接的无担保的信贷便利,其数额在同一时期超过5000新币。

其次,新加坡《银行法》规定新加坡银行不得从事非金融业务,以此来保证金融业的安全运行,杜绝金融危机。在新加坡建立的银行不能与任何个人进行合作、联营,或者签署其他的协议,其只能从事相关的银行业务。

再次,根据新加坡《银行法》的规定,在新加坡建立的银行一律不能拥有或持有任何股本投资其价值总额超过银行资本金2%或当局规定的其他比例。

又四,未经新加坡金融监管局批准,任何银行不应获得或持有任何一个公司的主要股份,以此来限制银行部门对非财政事业公司的投资。

最后,新加坡银行不能购买任何不动产或获得其权益超过其资本金总额的20%,或当局规定的其他比例的利益。出于限制的考虑,金融监管局可能

① 陈云东、米良主编:《东盟国家金融法律制度研究》,中国社会科学出版社2008年版,第11页。

在其认为有必要或有利的情况下,要求在新加坡的银行透露与不动产有直接或间接联系的风险。[①]

四、新加坡商业银行的管理

(一)新加坡商业银行的内部治理

根据《银行法》的规定,新加坡的商业银行均采取企业法人的形式,在内部的治理上,也有很明显的现代企业的特点。新加坡的商业银行一般都隶属于企业集团,董事部是企业集团的最高权力机构,董事部下设执行委员会,由各主席(董事长)负责贯彻执行委员会的各项决策,总裁负责各类业务的经营运作。商业银行是企业集团的重要组成部分,内部实行总裁(行长)负责制,总裁对主席(董事长)直接负责。

首先,为有效识别和控制风险,加强内部监督和管理,确保依法合规经营,各商业银行普遍在董事部下设两个重要的业务管理委员会:风险管理委员会和审计委员会,两个委员会都直接受董事部领导。同时,各商业银行的内部机构,按照精简高效、有利控制的原则设置,主要由 8 个部门组成。企业银行服务署负责本地大型企业、上市公司、政府企业(如地铁局、航空局)、银团、外币、项目贷款和贸易融资,资金管理署负责管理外汇、黄金与期货、资本市场(政府证券)、投资等业务,投资银行与企业财务署主要从事基金管理与服务、企业财务、资金市场(部分银团贷款)、托管与保管及经济研究,国内银行业务署主要管理境内分行、商业银行服务(面向中小企业)、个人消费银行服务、特惠银行服务(对富人提供服务)、信贷管理及分行服务,国际银行业务署对海外分行、代理行等实施管理,业务运作署主要从事信贷行政、贸易服务、外汇结算、分行支援和运作服务,企业服务署(办公室和后勤)从事人事与培训、财务与税务(银行的会计部门)、秘书与法律咨询、公关等,资讯与系统服务署(电脑部)包括业务系统发展、技术开发服务、电脑运作及通讯服务部门。这种职能明确、

[①]　陈云东、米良主编:《东盟国家金融法律制度研究》,中国社会科学出版社 2008 年版,第 15 页。

职责分明、控制有效的内部组织和管理机制,使得新加坡商业银行运作高效,经营稳健。①

其次,新加坡商业银行业遵循着新加坡重人才的策略,将人力视为商业银行各种资源中最重要的资源之一,认为人是经营管理、金融创新和信息开发等各项竞争中的是决定因素。因此,他们建立了一整套吸引人才和激励人才的办法,一是注重吸纳人才,他们采取各种方式方法,从社会上招揽各方面的人才。据了解,新加坡的员工流动比每年都在10%左右。因而,使银行集聚了大量的管理人才和专业技术人才。二是既重"管"又重"理",在定期组织培训的基础上,根据员工的素质、资历和职务高低,分别授予不同的业务管理权限,鼓励标新立异,并对员工的工作情况进行定期评价。根据业绩大小或创利多少给予奖励和年终分配花红。三是按职工等级设立薪金等级。② 有效的人才引进和管理制度,使得新加坡商业银行能够不断提升自身的竞争力。

(二)新加坡商业银行的风险管理

"金融行业是整个社会经济的命脉,影响整个国家的发展,因而银行的风险管理对防范金融风险乃至金融危机具有重要的作用。"③因此,新加坡金融监管机构以及商业银行自身都很重视风险的管理,这在1997年金融危机之后表现得更为明显。

首先,在风险管理的组织架构上,新加坡的商业银行普遍成立了董事部风险管理委员会,由董事部主席任风险管理委员会主席。风险管理委员会下设市场风险委员会、信贷风险委员会和运作风险委员会,分别由总裁(行长、副行长)任主席,由高级专业管理人员组成。董事部风险管理委员会负责对企业发展战略和经营策划所涉及的有关银行生死存亡的重大风险,研究制定风险管理的总体目标和标准,并随时向董事部报告银行面临的风险状况,提出解决的措施。市场风险委员会注重市场风险(包括国际游资的走向)、资产负债管理和资金成本策略,确保具体的商业计划和运作计划符合市场风险的管理政策、

---

① 王蓉:《新加坡商业银行风险管理经验的借鉴与思考》,载《中国城市金融》2001年6月,第44页。

② 高强、王国芹:《对比新加坡银行业的管理特点看入世后我国商业银行的应战策略》,载《山东经济》2001年第6期,第31页。

③ 戎锋:《现代商业银行的风险管理研究》,载《科技和产业》2008年第4期,第90页。

目标和标准。信贷风险委员会专门进行信贷风险的管理,确保信贷业务符合信贷风险政策。运作风险委员会注重银行内部运作风险的管理,确保各部门严格执行各项规章制度,按规程办事。风险管理单位(部门)是风险委员会的具体办事机构,为风险委员会提供各类分析材料和相关数据,具体从事风险委员会的组织管理工作,是风险委员会实施风险管理与银行内部各部门经营(控制)风险的桥梁。董事部风险委员会独立于其他内部机构,不受制于总裁(行长),直接对董事部负责,不受总裁(行长)和其他部门的干预,可以独立、公平地反映问题,提出建议。

其次,新加坡银行的风险体系和风险意识一直走在世界的前列,尤其是信贷风险防控机制十分健全,主要表现在四个方面:一是信贷准入制度完善,在筛选客户时尤其重视准入条件,做到从源头上识别客户风险,贷前调查一般对企业及相关股东采取 5C 模型,产业政策导向、行业限制条款、客户准入条件等都是信贷准入的重要因素。二是分权、制权约束机制完整,严格遵循审贷分离制度,并根据自身实际采取了不同的分级、分类授权机制,对于不同行业、不同信用等级给予差别的评级、授信和审贷权限,并使职务分离、授权监控、凭证记录一致起来。三是贷款操作流程科学,在前台与后台之间一般都设立专门的风险管理部,不仅对前台客户营销部门提出的投资建议进行风险评估和内部管控,而且全权负责贷款发放工作,形成"调查评估→风险管控→审查审议→上报批准→风险核查→贷款发放"科学的贷款流程。四是贷后管理及时跟进,因十分注重在贷前的深入调查,故贷后监管主要通过分析企业定期提供的财务报告、在银行的资金往来账务进行,并不严格要求客户经理必须定期深入客户进行检查,这同时也大大增加了客户经理拓展业务的时间。[①]

五、新加坡商业银行的监管

(一)新加坡商业银行监管体制概述

新加坡金融监管局(MAS)是经新加坡议会批准设立的法定金融监督机

---

① 刘政:《新加坡银行业管理经验及启示》,载《宁波教育学院学报》2014 年第 2 期,第 104 页。

构,由其负责对商业银行进行监督,目前金融监管局有职员近1000人,其中从事银行业监管的有200余人,是金融监管局内部人数最多的一个部门。[①] 管制、监督和市场原则三大支柱构成了金融监管局的监管框架。管制包含许可证发放和审慎的管制规则;监督包含四方面的内容,即非现场监督、现场检查、审计以及与海外监管部门的协调合作;市场原则包含信息披露和银行的公司治理两个方面。

金融监管局的监管理念有以下几条关键的原则:一是保持高监管标准。如《银行法》对银行业的资本充足率要求为12%,大大高出《巴塞尔协议》中的8%的要求。二是专注风险性监管。金融监管局将工作重点从管制转向监督,认为风险监管相对于合规监管更为重要。如颁布法规放松流动性管制,允许银行实行自我申报的流动性管理政策,逐步取消银行统一执行的流动性指标,为推行巴塞尔新资本协议下银行内部评级进行了有益的尝试。三是更多地依靠市场原则和信息披露。金融监管局注重银行公司治理及信息披露,督促银行建立完善的内部控制制度,通过信息披露,提高银行经营的透明度,加强市场纪律的约束力。四是提高管制的透明度。金融监管局建立网站实现政务公开,这包括管制规章制度的公开和监管信息的对外披露。五是铸造良好的团队精神。金融监管局注重人才选拔与培养,注重员工个性的发挥,其灵活高效的人才引进、培养和使用机制,使金融监管局的内部充满了团结奋进的气氛。[②]

(二)新加坡商业银行监管的具体制度

1.严格的市场准入

市场准入是银行业风险防范的第一道屏障,市场准入的一个重要指标就是资本充足率。新加坡金融管理局在2000年以前一直要求银行资本充足率不得低于12%,其中核心资本充足率不得低于10%,2000年9月19日核心资本充足率调低至8%,资本充足率仍然要求12%,资本标准远高于《巴塞尔协议》规定的8%。新加坡是一个国际金融中心,为保证外国银行机构的稳健经营,新加坡金管局原则上允许世界500强中的银行到新加坡设立机构。对

---

① 张永红:《新加坡银行监管对我国的启示》,载《金融理论与实践》2003年第12期,第55页。

② 吴海兵:《新加坡银行监管机制研究》,《金融教育与研究》2004年第5期,第17页。

这些银行,除资本金和排名须符合要求外,金管局还要全面调查该银行的资信、股东结构、银行的战略和服务、风险管理等情况,同时,他们还与该银行的母国监管部门及该银行已设立分支机构的其他国家监管部门取得联系,一旦发现问题,将禁止该银行在新加坡设立机构。

2.紧密结合的现场和非现场检查

新加坡目前的现场检查和非现场监管人员是合二为一的,主要原因是检查人员既掌握非现场情况又掌握现场情况,有利于准确分析银行风险,提高监管质量。新加坡的非现场监管信息主要来自统计和市场信息、内外部审计报告、现场检查报告、风险评级及其他监管者。现场检查计划的制订要查阅被查行的外部审计报告、历史资料及非现场分析,最后确定检查范围。现场检查的频率,一般是两年左右对银行检查一次,每次检查的时间在一个月以上。检查前1~2周用于制定详细的检查方案,并征求被查银行的意见;检查人员可能会根据项目需要从其他小组或处抽调人员。新加坡金管局的银行现场检查,主要侧重于对各项业务风险控制环节的检查。

3.有效的信息支撑系统

信息技术的发展,为现代监管提供了重要的物质技术保证,缩短了监管人员完成现场、非现场监管的时间,提高了监管的效率。新加坡金管局参照美联储的信息管理系统,设计、开发了自己的信息管理系统,该系统包括现场检查、非现场分析、风险评级、预警、管理资讯等功能。如现场检查系统存储了历年的现场检查资料、各项检查的操作程序,检查文本样式、所有监管法规等信息供查阅,非现场监管所需要的各种财务及监管报表也都能通过该系统传送并供查阅和分析,金管局还通过该系统对有关监管及金融发展等问题进行讨论。

4.高质量的外部审计

新加坡金管局非常重视外部审计的作用,规定新加坡的本、外资银行财务报表必须由指定的四家世界著名的事务所进行审计。"安然事件"①后,为了

---

① 安然事件,是指2001年发生在美国的安然公司(Enron)破产案以及相关丑闻。安然公司曾经是世界上最大的能源、商品和服务公司之一,名列《财富》杂志"美国500强"的第七名,自称全球领先企业。然而,2001年12月2日,安然公司突然向纽约破产法院申请破产保护,该案成为美国历史上企业第二大破产案,严重挫伤了美国经济恢复的元气,重创了投资者和社会公众的信心,引起美国政府和国会的高度重视。以上内容引自百度百科。

防止事务所同银行接触时间长而产生道德风险,新加坡还率先规定银行每五年必须更换事务所。高质量的外部审计,减轻了金管局的检查压力,提高了银行监管的效率与质量。通过阅读审计报告,监管人员可进一步深入剖析银行存在的问题。同时,新加坡银行监管人员会把检查的结果同审计报告比较,如发现较大的出入,可向事务所提出,若有舞弊情况,金管局有权指定更换审计人员,甚至更换会计师事务所。

5. 重视公司治理和市场约束

新加坡近年来非常重视加强公司治理和市场约束,并成立了公司治理政策委员会,其下设有三个审查委员会———公司治理委员会、信息披露和会计准则委员会、公司法律及管理框架委员会,专门负责有关法律规章的起草。2001 年 2 月新加坡金管局和银行共同成立了公司治理和信息披露工作组,审查和制定银行薪酬委员会、稽核委员会的职责和董事会独立性的指引,这促使了新加坡银行公司治理和市场约束机制的进一步健全和完善。

6. 系统的风险评级体系

2001 年新加坡颁布了公司治理准则,建立了新加坡银行业风险评级体系,并于 2001 年 3 月首次对新加坡的所有银行进行了评级。该评级体系参照美国骆驼评级制度而制定 ,本地银行为 CAMELOTS,外资银行为 PLATOS,其中 C(Capital Adequacy)表示资本充足率,A(Asset Quality&Credit Risk)表示资产质量和信贷风险,M(Management))表示管理水平,E(Earnings)表示盈利,L(Liquidity Risk)表示流动性风险,O(Operational&Other Risk)表示操作风险,T(Technology Risk)表示技术风险,S(Sensitivity to Market Risk)表示市场风险敏感度,P(Parental Support)表示母行支持。在具体评级时,要对以上各项内容逐项评级,然后确定相应的风险权重,进行加权汇总,最后得出评级结果。新加坡银行业风险评级共分 5 级,第 1 级为最好,第 5 级为最差。对银行的评级根据非现场数据每半年重审一次,现场检查则对涉及的评级项目进行重审。根据评级结果和银行对新加坡金融业的影响程度,新加坡金管局会对银行作监管级别分类,以合理分配监管资源。

7. 不断完善的信息披露制度

相较于其他行业的公司而言,亚洲金融危机之前很长的一段时间里,新加坡银行业在财务资料披露方面是比较落后的,究其成因,主要是 MAS 对银行信息披露一直遵循着比较保守的财务信息披露政策。而在危机发生后,经过对危机成因的分析和研究,新加坡政府发现银行体系拙劣的透明水平对危机的发生起到了推波助澜的作用。正是有了这种认识,新加坡政府开始重视银行信息披露并进一步加大了研究力度。为进一步提高信息披露的水平,新加坡政府于1998年5月成立了新加坡银行信息披露委员会,以评估新加坡银行信息披露的现状并提出改革建议。委员会从八大领域对信息披露的项目细分、披露的会计标准化、披露的注文方式、披露的时间要求等方面对应提出了改进意见。[①] 通过委员会与MAS的共同努力,新加坡的银行披露制度达到了同等发达国家的水平,对于商业银行的监管起到了积极的作用。

第七节　泰国商业银行法律制度

一、泰国商业银行法律制度概述

1962年(泰历2505年)泰国国民议会制定了现行泰王国《商业银行法》,经普密蓬·阿杜德国王批准后于1962年4月13日颁布,取代了1945年(泰历2488年)泰王国《商业银行法》。现行泰国《商业银行法》共50条,其中包含涉及诉讼程序、刑事民事责任等方面的规定。

泰国《商业银行法》第4条规定:商业银行是指被授权可以进行吸收公众存款并使用该款项进行发放贷款、办理票据结算、买卖外汇等业务的银行。

泰国商业银行,是泰国的首家银行,创办于泰王拉玛五世时。银行在1904年时称为书务局,到了第二年,更名为现在的泰国商业银行。银行的总部位于曼谷乍都节区,CEO是婉他那西黎珊(Jada Wattanasiritham)。全国有九百多间分行,在香港、新加坡、万象都设有分行。柬埔寨商业银行为旗下子行,有四千多名员工。

---

① 邓顺勇:《新加坡银行信息披露制度的发展与启示》,出自"转型经济下的会计与财务问题国际学术研讨会",2003年11月21日—23日。

二、商业银行的设立

(一)商业银行设立的一般规定

除外国银行在本国设分支机构外,商业银行的设立形式只能是股份有限公司,并须经部长批准,申请批准的事项及步骤由部长规定。

泰国《商业银行法》对商业银行高级管理人员的任职资格也作出了限制性规定,即不得指派或允许下列人员担任董事、经理、副经理、经理助理或顾问:

1. 破产的;

2. 被法院生效判决监禁的,罪名与欺诈或财务犯罪有关;

3. 因违反诚信原则的行为被政府机关开除的;

4. 担任商业银行董事、经理、副经理、经理助理、顾问的资格证被撤销的,除非泰国银行再次授予;

5. 因第 25 条被商业银行开除的;

6. 作为公务员从事政治服务的;

7. 作为公务员其职责与管理商业银行运营有关,或泰国银行职员,或国有企业与预算程序有关的职员,泰国银行特别授权的除外;

8. 与第 12 条第 2 款中人员有利害关系的股份有限公司股东,除非此人没有签约权或代表商业银行的权利。

泰国《商业银行法》第 19 条还规定:在一家商业银行担任董事或主管职位的不得担任另一家商业银行的董事或主管,有下列情况的除外:

1. 作为法律顾问或其他不涉及商业银行运营的职位;

2. 根据泰国银行的建议在另一家商业银行进行合作任职,但不得超过 3 年或其他规定的情况。

另外,泰国《商业银行法》第 5 条对商业银行的股东和持股比例作出了规定:除股东是政府机关、预算法律程序允许的国有企业、依据《泰国银行法》成立的金融机构发展基金、依特别法成立的法人外,任何人不得拥有超过股本总额 5% 的股份。前述人员包括持股人的配偶、子女或有合伙关系的其他人。在泰国商业银行的股东转让股份时,如果转移股份后使得他人的持股比例超过 5%,那该次股份的转让将被禁止。泰国商业银行股东中,拥有泰国国籍的股东应不低于75％,商业银行的管理人员中,拥有泰国国籍的管理人员也应不低于75％。[①] 但是,在泰国银行建议下任命的泰国商业银行行长在经营过程中遇到任何需要调整的情况时,可以在股东大会和管理层的授权下,对前述限制条款进行调整。当出现收购使得某一股东的持股比例大于5％时,超过比例的部分,泰国商业银行将不对其支付股息和其他形式的现金利益,在股东表决时,超过限制比例部分的股票也不计入有效投票。

为了遵守前述的规定,商业银行应当检查其股东登记前分配的股息或其他形式的现金利益,并将检查结果在规定时间内通知泰国银行。如有违反上述持股比例限制的情况,商业银行应通知该股东将超出限制部分的股份进行处理。上述限制不适用于外资银行在本国设立的分行。

除经行长授权设立的可以进行商业业务的外资银行分行外,其他商业银行设立分行,只能提交申请由行长批准,该申请应包括行长特别要求的细节规定,行长有权决定该申请银行有无设立分行的条件。任何人代表外资银行要在泰国设立代表处,或者任何商业银行想要在泰国设立办事处(而不是设立分行),必须得到泰国银行的事先授权。商业银行经授权设立总部或分支机构时,其办公地点未经泰国银行批准不得变动。

除商业银行外的法人不得从事商业银行业务。

(二)外资银行在泰国设立分行的特别规定

泰国《商业银行法》第6条也对外资银行在泰国设立分行进行商业银行业务作出了限制规定:外资银行的分行可以进行商业银行的业务,但须满足一定的条件,并由行长授予许可。在进行授权的业务时,也要依照泰国法律,保证资产符合政府公报要求的数量、类型、程序和状况等条件。这些资产包括:1.该外资银行从总行或泰国外的其他支行获得的资金;2.各类储备金,但不包括外汇储备的贬值和偿还债务的资金;3.各分行会计期间内已被调往总行的净利润,没有调往总行部分的净利润,会计期间内应先扣除累计的损失[②]。根据本条规定,这些资产被视为资本基金(capital fund)。

[①] 参见《泰国商业银行法》第5条。
[②] 参见《泰国商业银行法》第6条。

三、商业银行的业务监管

除了进行商业业务,商业银行可以进行与商业业务有关的附带性或传统实践中被视为商业业务的任何业务,如提供对账单,提供保兑单,接受票据贴现,开具信用证,提供担保等。经泰国银行批准,还可以进行其他类似性质的业务,但不得进行其他贸易或业务。除商业银行外的法人不得在其名称或业务介绍里使用"银行"或类似的字眼。

(一)现金储备与流动资产储备

商业银行应当按照泰国银行行长批准的程序和条件保持资本资金的资产、负债和或有资产比例。前述规定的各项资本资金的比例应当发布在政府公报上,如果这些规定会引起相关比例的变动,则该项规定的生效日期应在发布之日起 15 日后。

泰国《商业银行法》第 11 条还对商业银行应该保持的现金储备、流动资产储备作出了具体规定:商业银行应当保持一定现金储备的比例,该比例根据存、贷款情况由泰国银行行长指定不低于某个数字(不得低于 5％或者超过 50％),可以根据存款情况、贷款情况或者两者综合进行规定。为保证商业银行现金储备能符合前述的要求,泰国银行可以指定部分泰国政府债券为现金储备。

商业银行需要保持的现金储备的类型与比例具体项目如下:

1. 存款总额;

2. 活期存款;

3. 定期存款;

4. 总贷款;

5. 各种类型的贷款;

为了便于计算前款各项的存、贷款额,泰国银行行长可以批准透支总额中未使用的余额作为任何一项存款或贷款的一部分。

商业银行应当保持流动资产比例不低于泰国银行行长指定的比例及存款总额和贷款总额的比例(流动资产比例不得低于 5％或者超过 50％),可以根据存款情况、贷款情况进行规定。

为保证商业银行流动资产符合前款要求,泰国银行可以指定部分或全部

类型的流动资产,在此情况下,所有指定的流动资产都应符合前述比例。流动资产包括:

1.现金;

2.在泰国银行的存款;

3.在其他商业银行的存款;

4.不受限的泰国政府债券;

5.不受限的金融债券;

6.泰国银行行长规定的其他资产。

在紧急情况下,为了稳定币值,泰国银行行长有权不按照前述规定另行指定商业银行现金储备和流动资产比例。

(二)商业银行资本的限制规定

泰国《商业银行法》第 12 条规定:商业银行不得从事下列行为:

1.在没有得到泰国银行行长批准的情况下减少其资本。

2.允许其董事进行与自身有利害关系的发放贷款、进行担保或接受、干预任何账单等业务(商业银行向下列人员提供贷款或债务担保,将被视为此情形:董事的配偶;董事的子女;与董事或 1.2.在一家普通合伙企业里身份是普通合伙人;与董事或 1.2.在一家有限合伙企业里身份是无限责任合伙人,或身份是有限责任合伙人,但总投资额超过企业总资本 30%);

3.与董事或 1.2.3.4.在一家股份有限公司,单独或共同持有股份超过30%的股东)。

4.接受自己的股份或其他商业银行的股份作为抵押。

5.购买或永久持有不动产,除了下列情况:

(a)经泰国银行批准,用于银行业务或服务职员及客户而购买的设施,该批准可以附加任何条件;

(b)进行债务清算或信贷担保获得的不动产,通过法院拍卖获得的不动产。

6.除经泰国银行授权,购买或持有任何有限公司超过 10%的股份,或购买、持有超过泰国银行规定资本资金、任何类型资金的比例。

7.除债务清算或信贷担保,购买或持有其他商业银行的股份。债务清算或信贷担保获得的股票,应于获得之日起 6 个月内妥善处理或按泰国银行行长的建议进行处理。

8.作为佣金、报酬或任何交易、业务的奖励将多于正常工资、奖金、津贴的其他金钱或财产给予其董事、经理或雇员。

9.除经泰国银行授权,出售或提供任何不动产、动产给其董事的总额或单独价值超过泰国银行规定的额度,或者从其董事处购买超过规定价值的任何财产,以上人员包括董事及其家属、有合作关系的人。

10.进行任何破坏国家经济或公众利益、损害相对人利益、制造垄断、阻碍金融机构的竞争与发展的行为。这些行为列明于泰国银行和内阁发布的政府公报中[①]。

(三)其他特别规定

《商业银行法》第13条规定:商业银行向个人发放贷款或进行投资必须按照泰国银行规定的程序和条件进行,但任何交易不得超过商业银行资本基金比例的要求。得到泰国银行行长授权的除外,该授权可附加任何条件。前述泰国银行规定的程序和条件应当发布在政府公报上,如果这些规定会引起相关比例的变动,则该项规定的生效日期应在发布之日起15日后。

为了改善经济状况,促进国家发展与改革,商业银行行长在泰国银行的建议下,有权采取下列措施:

1.管理商业银行向企业发放贷款,使其不低于规定比例;

2.禁止商业银行增加向任何企业发放贷款的数量,使其超过规定比例。

第一条中所拟订的比例应报内阁批准。向企业发放贷款的数量总和在年终结算时不得超过存款总额的20%。

第二条的规定可以用百分比的形式表示,商业银行向任何企业单次发放贷款的数量不得超过这一比例[②]。

泰国银行有权在政府公报上发布下列信息:商业银行吸收存款、发放贷款、买卖汇票或其他票据所须遵守的规则、程序、条件。该规定可以按照存贷款类型、客户类型、证书类型或票据类型进行分类。

---

① 参见《泰国商业银行法》第12条。

② 参见《泰国商业银行法》第13条。

四、问题银行的处理与商业银行的退出

(一)一般规定

泰国银行是商业银行的主要监管机构,有权规定商业银行的下列事项:

1.商业银行支付的利息;

2.商业银行贴现支出;

3.商业银行提供的服务;

4.商业银行提供的保证金;

5.商业银行提供的证券形式的资产。

储户或其他客户从商业银行收到任何可以用金钱估价的物品都应根据不同情况被视作第1、2、3种。

泰国商业银行法在会计制度方面也作出了细致的规定,其第15条规定:商业银行应当按照泰国银行的规定完整准确地记录所有资产和负债,并在每月最后一个工作日或泰国银行要求的其他日期将该记录向泰国银行提交。前款的记录应在不晚于次月第21天在商业银行办公室进行公开发布,且应至少在一家日报进行公布,泰国银行另有规定除外。

商业银行应当在每个会计期间进行结算,每个会计期间为6个月。如果商业银行有泰国银行规定的坏账,经泰国银行行长批准,商业银行应在会计期间末对坏账进行冲销,该批准可以附加任何条件。在泰国银行批准商业银行对坏账进行冲销的情形下,如果冲销坏账扣除了部分资本资金,使商业银行的资本资金不符合本法第10条规定的比例,则泰国银行有权对商业银行采取任何措施,直至商业银行在冲销坏账后资本资金能符合本法第10条的规定。

在会计年度结束之前4个月内,商业银行应当根据本法第5条的规定,经股东大会批准,按泰国银行规定的形式公布其资产负债表和损益表。该报表应公布在商业银行办公室和至少一家日报上,并经股东大会批准,在21日内提交给行长和泰国银行,泰国银行另有规定的除外。资产负债表应由泰国银行的审计师进行审定,不得由商业银行的主管、经理、雇员来进行。

外国商业银行在泰国的分支机构也应在会计年度结束前4个月内公布其资产负债表和损益表,除有法定理由外不得推迟。该报表应公布在商业银行办公室。

(二)商业银行业务暂停

商业银行应当在工作时间向公众开放其办公室,泰国银行另有规定的可以在其他时间开放。

为了商业银行的运行稳定和金融系统的稳定,商业银行行长经泰国银行建议有权命令该商业银行暂停其部分或全部业务,该暂停业务可以附加一定条件和程序。

商业银行暂停其业务应立即向行长报告,除经行长或其他有权机关批准,不得恢复该业务。业务暂停之日起七日内应将暂停的具体理由进行报告。

(三)监察员制度

泰国银行行长有权任命监察员来监督、汇报商业银行的业务和资产情况,但泰国银行行长无权任命监察员检查个人账户或直接接管商业银行,有本法第 35 条(3)规定的情况除外。

有证据表明商业银行的业务有可能损害公共利益,或其董事、经理、主管的行为未能遵守前款规定的,泰国银行有权追究商业银行董事、经理、主管的责任,对损失进行赔偿。泰国银行发现商业银行人员有前述规定情况的,有权开除责任人员并在 30 日内任命他人替代。商业银行自身无法开除前述责任人员时,可以请求泰国银行批准将责任人员开除,并指定一人或几人接替该职务。

当有紧急情况发生,商业银行的业务可能立即损害到公共利益时,经泰国银行行长批准有权立即开除商业银行的责任董事、经理、主管,并指定一人或几人来接替该职务。

前几款中指定的接替人员不得临时任职超过 3 年,在此期间,本法第 12 条(8)不发生效力。该指定人员有权获得商业银行行长规定的薪酬。在此期间,商业银行股东会不得通过决议改变泰国银行的该项任命。

被泰国银行开除的人员不得再直接或间接参与商业银行的管理,还应积极配合,按照银行监察员的要求提供相关信息。本条中泰国银行的开除和任命决定应视为股东大会的决议。

如果收到监察员有关商业银行的报告,泰国银行行长认为该商业银行的业务可能影响公共利益,则行长有权指令接管该商业银行或撤销该商业银行的许可证。但如果商业银行已经采取措施纠正其业务,或根据行长命令开除、任命相关人员,则泰国银行行长可以推迟接管该商业银行或取消撤销许可证,为了该商业银行的运营还可以附加条件和程序。

(四)商业银行接管

如果商业银行停止支付,泰国银行行长应任命合适的人员进行调查,在收到调查报告后,有权指令接管该商业银行。

在接管商业银行的决定作出后,泰国银行行长应该以书面形式通知该商业银行。该书面通知应在商业银行的公共区域进行公示,并在至少一家日报上发布。

商业银行被接管后,泰国银行行长应组织成立接管委员会,该委员会由主席和至少2名委员组成。委员会有权管理和负责商业银行各方面事务,委员会主席是该商业银行的代表人。

委员会主席不能履职时,泰国银行行长应指令一名委员会委员接任。委员会可以授权一名或几名职员管理商业银行事务,并确定这些职员的权责。委员会的成立和成员的任命应发布在政府公报上。

当商业银行行长收到被接管通知时,商业银行的董事及主管应立刻停止其业务,但经接管委员会批准的除外。

当商业银行行长收到被接管通知时,商业银行的董事、经理和职员应立即采取措施维护商业银行的财产和利益,并连同账户、文件和其他文字材料一并交予接管委员会。

商业银行被接管后,应立即将商业银行的资产归属情况向接管委员会报告。如果接管委员会认为商业银行能够继续经营,则泰国银行行长可以宣布对该商业银行的接管,该公告应发表在政府公报和至少一家日报上。如果接管委员会认为商业银行无法继续经营,则泰国银行行长可以宣布解除对该商业银行的接管,该公告应发表在政府公报和至少一家日报上。

泰国银行行长决定撤回商业银行许可证时,应当组织进行清算,并指定一名清算人。清算的进行应依据民法和商法中有关有限责任公司的规定,泰国银行行长特别授权股东会的除外。

为了保证本法第24条、第26条的实施,商业银行的监察员和主管根据情况有权:

1.指令任何董事、经理、雇员或商业银行的审计、其他人员负责搜集、分析商业银行的相关数据,这些数据包括资产、负债等;

2. 在工作时间进入商业银行的营业场所搜集、分析商业银行的相关数据,这些数据包括资产、负债等;

3. 进入商业银行债务人的营业场所进行检查,包括指令该债务人提供相关数据,这些数据包括文件和有合理理由怀疑商业银行所做行为的证据等。

前款第 3 条中,根据情况对商业银行债务人进行检查时需要获得泰国银行行长的授权。商业银行债权人或有利害关系的其他人可以监督、促进商业银行的监察人、主管履行其职责。

商业银行的监察员为了履行职责,有权进入本法第 7 条、第 8 条中有合理理由怀疑的场所,检查有关文件。

为了实现本法第 28 条,接管委员会和有权机关有权要求商业银行任何人提供相关账户、文件、印章或其他资料。

接管委员会的成员、清算组成员应从行长处获得合理报酬。接管委员会、清算组为履行职责发生的费用和报酬应当率先从商业银行的资产中支付。

(五)商业银行的变更与终止

商业银行的合并和被收购不能视为商业银行许可证的转移,即合并后不能视为新的商业银行或金融机构。

商业银行的全部或部分重要资产转让给其他商业银行或金融机构,须经泰国银行行长的批准。债权转让根据《民法》第 306 条和商法的规定可以不通知债务人,但不得出现《民法》第 308 条和商法规定损害债务人利益的情形。

为了金融系统的稳定,商业银行将要和其他商业银行进行合并、被金融机构收购、转让全部或部分重要业务时,商业银行董事会应准备一份显示具体细节的报告。经过泰国银行行长的批准,应发布在政府公报上。泰国银行行长可以对该报告作出具体期限和条件上的要求。在实施前款的项目时,如果本法有关商业银行或金融机构的规定与民法、商法的规定有冲突时,以本法为准。

根据本法第 38 条的规定,泰国银行行长批准商业银行的合并、转让或被收购,商业银行应当召开股东大会讨论可行性。在此期间,商业银行和金融机构应当暂停登记股份转让,直到下次股东大会召开,股东大会应该提前至少 7 天通知所有股东,还应该通过网络和至少一家日报在至少 3 天前发布。股东大会上至少 3/4 选票赞成合并或转让或被收购的,则该项目实施合法。

政府机构和国有企业持有商业银行股份超过 90% 时,泰国银行行长根据本法第38条批准商业银行进行合并或转让或被收购时,应当视为股东大会决议,即无须召开股东大会这一程序,该项目实施即为合法。经泰国银行行长依本法第38条批准破产的商业银行,不能被合并、转让或收购。本法第38条中规定的商业银行和金融机构合并、转让或收购的费用和税应被免除,但具体规定应该由行长发布在政府公报上。

商业银行和金融机构董事会有权在合并之日起14日内根据本法第38条的规定向泰国银行行长申请登记。在商业银行、金融机构合并、转让或收购时,如果转移的资产中存在无法抵押的债券,应视情况在商业银行、金融机构合并、转让或收购时一并转让。

在商业银行、金融机构合并、转让或收购时,起诉权、求偿权等诉讼法上的权利一并转移。

(六)其他规定

商业银行有违反本法第5条、第6条、第7条的情况,泰国银行行长有权撤销该商业银行的许可证、关闭该分支机构,或接管该商业银行,泰国银行行长可以在他认为合适的情况下命令商业银行在一定期限内采取补救措施。

商业银行有违反本法第10条的情况,泰国银行行长有权禁止该商业银行分配其全部或部分利润,或要求该商业银行的利润或其他储备保持在本法第6条规定的比例之上,也有权禁止该商业银行进行贷款或投资,直至符合本法第10条。

泰国银行在认为商业银行具有下列情况时,有权采取补救措施或纠正行为直至符合本法规定的程序与条件:

1. 经常未能维持现金储备比例;

2. 经常未能维持流动资金比例;

3. 接受存款、发放贷款、进行其他担保没有准确的记录,或发放贷款、创建账户不属实;

4. 发放贷款、进行投资超过规定的比例,或发放根据泰国银行规定可以预见到的不良贷款;

5. 向与商业银行有利害关系的企业进行投资,或对商业银行的董事、股东发放贷款超过规定的比例;

6. 未能收回贷款或冲销坏账;

7. 未能对不良资产进行防范;

8.违反或未能按泰国银行的要求进行违反公共利益的业务。

泰国银行行长有权要求商业银行阶段性或被要求时提供包含指定信息的报表,该报表可以私下提供给泰国银行。

(七)有关刑法与刑事诉讼法的规定

商业银行及其人员违反泰国商业银行法规定的,一般采取有期徒刑、罚金或两者并罚的方式进行处罚。例如:《泰国商业银行法》第 41 条规定:商业银行违反本法第 5 条规定未能监督其股东登记或未能向股东披露应该披露的信息,或披露信息有虚假陈述、隐瞒事实,应当承担不超过 10 万泰铢的罚金。

泰国《商业银行法》第 46 条对诉讼程序作出了如下规定:

商业银行违反本法第 42 条、第 43 条、第 44 条、第 45 条的行为持续发生时,应承担额外每日不超过 3000 泰铢的罚金。

商业银行违法本法第 42 条、第 43 条、第 44 条、第 45 条时,其董事或其他人员应追究责任的,应承担不超过 1 年的有期徒刑或不超过 30 万泰铢的罚金,能证明自己没有参与该犯罪行为的除外。

商业银行违反本法第 42 条、第 43 条、第 44 条、第 45 条,如果在发现该犯罪行为之日起 1 年内没有向法院起诉,或自犯罪之日起 5 年内未能被追诉,则该行为不会受到起诉。

违反本法第 24 条、第 29 条、第 30 条、第 31 条规定的,应承担 1 年以下有期徒刑或不超过 10 万泰铢的罚金或两者并罚。

违反本法第 35 条规定,阻碍泰国银行指令的监察员工作,或拒绝向监察员提供需要的文件,或提供虚假文件的,应承担 1 年以下有期徒刑或不超过 10 万泰铢的罚金或两者并罚。

违反本法第 36 条规定,阻碍接管委员会工作的,应承担 6 个月以下有期徒刑或不超过 5 万泰铢的罚金或两者并罚。

商业银行人员因其工作获得商业秘密,但将该商业秘密以违背其工作职责的方式向他人披露的,应承担 1 年以下有期徒刑或不超过 10 万泰铢的罚金或两者并罚。

泰国银行行长指派的委员会有权认定本法第 41 条、第 42 条、第 43 条、第 44 条、第 45 条、第 46 条所规定的罪行。泰国银行行长指派的委员会应由 3 人组成,其中调查人员应是熟悉刑事诉讼法的专业人员。某案件被委员会所认定并在一定期限内缴纳了罚金,则该案可以被视作结案。

出现下列情形时,泰国银行应被视作刑事诉讼法上的受害人:

1.本法第 1 条、第 4 条、第 5 条、第 11 条或《刑法》第 40 条中规定的,商业银行的董事或任何人员的违法操作行为,或有利害关系的普通合伙企业、有限合伙企业、协会、基金会的违法行为,或有限公司的违法行为;

2.在对商业银行的账户进行审计过程中,任何审计人员、公司、协会、基金会违反本法第 31 条或《刑法》第 269 条的违法行为;

3.任何指使或支持他人进行上述第 1 种和第 2 种违法行为的人员。

公诉人在指控本条规定的犯罪行为时,有权根据受害人的损失情况要求财产赔偿或补偿,具体规定参见《民事诉讼法》或《刑事诉讼法》。

泰国银行认为商业银行的业务可能损害公共利益的,有权下令扣押当事人或冻结可疑财产。扣押或冻结的期限非经法院批准不得超过 180 天。当该案件经法院审理无法在 180 日审结时,有管辖权的法院有权根据泰国银行的申请延长扣押或冻结期限。泰国银行有权任命官员负责前款的扣押或冻结业务。被扣押或冻结的财产适用《税法》相关规定。

泰国银行有合理理由怀疑商业银行的人员可能离开泰国国境的,刑事法院有权根据泰国银行的申请限制该人员出境。在紧急情况下,泰国银行行长或指定的官员可以通知警察局局长,警察部门有权暂时拘留该可疑人员,但在刑事法庭命令作出前拘留不得超过 15 日。

商业银行人员违背刑事法庭的命令或警察部门的命令,应判处 10 年以下有期徒刑并处不超过 100 万泰铢的罚金。

第八节　越南商业银行法律制度

越南的商业银行可以分为三种类型:国有商业银行,民营股份制商业银行和特殊类商业银行。这三类银行各有特定的法律予以规制。

一、越南国有商业银行法

(一)概述

迄今为止,越南国内共有 5 家国有商业银行,以越南投资发展银行为代表。规制国内商业银行的设立与运作的法律为《国有商业银行组织及运作示范章程》。这部法律曾经过修改,现行的版本于 2001 年 2 月 20 日由越南国家银行行长颁布。

(二)国有商业银行的设立与终止

1. 设立宗旨与法律地位

国有商业银行经越南国家银行行长决定设立,代表国家的利益,通过从事银行业务以及与之相关的商业活动来实现国家设定的经济目标。根据越南法律,国有商业银行是独立的法人,具有法人名称和总部,法人组织机构章程和注册资本,法人印章,在国家银行所开的独立账户,以及资产负债表和各项基金。

2. 组织机构及人员

(1)商业银行组织体系

越南国有商业银行的整个组织体系分为五个层次:最高层级为银行总部;第二层级的组织有各交易中心、各个分行(一级分支机构)、各代表处、各公共服务单元、银行的各个附属公司;第三层级的分行(二级分支机构);第四层级的分行(三级分支机构);第五层级为附属于交易中心和第1～3级分行的交易局和储蓄所。

银行总部设有核心的管理行政机构及人员,包括董事会及其协助部门、监事会、总行长及其协助部门。总行长的协助部门成员包括:副总行长、总会计师、各专业化办公室、内部检查审计处。

(2)董事会

①董事会成员

董事会为银行最高管理部门。获得政府批准后,国家银行行长负责国有商业银行董事会人员的任免。

董事会共由 5～7 名成员组成,包括全职人员与兼职人员。兼职人员不能是在国家机关担任领导职务的人。董事会具体成员人数以及全职与兼职人员的比例由董事会自行规定。董事会主席、总行长和监事会负责人(同时兼任董事会成员)必须是全职人员。董事会主席不得由总行长或副总行长兼任。

董事会成员的任期为 5 年,届满后可以继续任命。

②董事会权责

董事会的总体职责是根据《信贷机构法》、商业银行组织经营的有关政府法令,以及其他相关的法律法规管理国有商业银行。

具体职权包括获得国家划拨的资金和其他资源;向国家银行行长提交有关银行经营管理事项的提案,包括修改或补充银行章程,设立、合并、分立或解散附属公司、交易中心、代表处、公共交易单元等机构,投资业务;银行高层管理人员的任免等事项;批准附属公司的资金或资源分配方案;批准总行长提出的有关经营活动、税后利润使用的计划;决定交易中心、分行、代表处或公共交易单元负责人的任免;决定商业银行组织体系中各个机构或部门的组织结构,以及银行体系内的雇员用工规则、薪金规则、工作纪律以及奖励制度;在法定范围内制定适用于客户的利率、汇率、佣金、各项费用以及罚金;颁布交易中心、分行、代表处、公共交易单元以及附属公司日常的运作规范;颁布董事会、监事会日常的运作规范;依法颁布内部检查与审计的规则;审批商业银行的财务报告和年度决算;颁布国家与国家银行制定的政策、制度以及规定的相关实施细则;实施或履行其他的法定权责。

③董事会运行机制

董事会的运作遵循一套既定的规则;董事会每月召开一次例行会议,商讨并决议与其权责范围内有关的事宜。必要的时候,为处理银行的紧急事务,董事会主席、监事会负责人、总行长或 50%以上的董事会成员可以提议召开董事会临时会议。董事会会议一般由董事会主席召集并主持,董事会主席因故不能出席会议的,可授权董事会其他成员代为召集并主持会议。

有效的董事会会议必须有至少三分之二的成员出席。所有关于会议的文件必须在会议召开的 5 日前送达董事会成员或受邀出席会议的代表人员。董事会的决议需经 50%以上的成员投票通过,如果赞成与反对的票数相等,最终的决定权归董事会主席。若有董事会成员与最终决议结果持不同意见的,该意见应保留记录并上报到国家主管部门。主管部门对该不同意见未有最终裁定时,仍应遵守董事会决议。董事会决议的效力及于整个商业银行。

(3)监事会

①监事会成员

监事会至少应由 5 名成员组成,并且一半以上需是全职成员。其中一名成员由财政部长推荐,一名由国家银行行长推荐。监事会成员的具体人数由董事会决定。监事会负责人同时应为董事会成员,并由董事会指派。其他的监事会成员均由董事会任免。监事会负责人及其所有成员的任职均需经国家银行行长批准。《信贷机构法》第 40 条规定的人员不能担任监事会成员。根据国家银行的规定,监事会成员需要具有相应的专业资历和职业道德。

②监事会权责

监事会的具体职权包括:审查银行开展的金融业务,监督成本会计制度的遵守情况以及银行内部检查审计制度的运行;评估银行的年度财务报告;经常向董事会反应银行的经营活动情况;就银行账面记录,单据凭证保留,会计账簿编制,日常财务报告的准确性、真实性以及合法性向董事会汇报;依法就银行金融业务运作的补正和完善提出措施建议;有权利用银行的内部检查审计系统来履行其职能;法律规定的其他职责与权限。

(4)总行长

总行长是国有商业银行的法定代表人,经法律与董事会授权,由数名副总行长协助,负责管理银行的日常经营活动。总行长的任免、奖惩经董事会提议,由国家银行行长决定。

国有商业银行总行长的具体工作职权包括:会同董事会主席,签署国家银行分配的资金与资源的管理使用计划,签署向其附属公司划拨资金的计划;针对修改或补充银行章程,设立附属公司,开设交易中心、分行、代表处,副总行长、总会计师等高管的任免,经营活动计划,税后利润使用计划,银行资产投资项目等银行经营管理事项向董事会提交方案以获得批准;银行各专业职能部门的负责人任免;组织实施银行的经营活动;严格按照董事会决定与法律规定管理银行经营事务,为银行经营结果承担相应责任;在银行的国际关系、法律纠纷与诉讼、终止与破产程序中代表银行;在自然灾害、战争破坏、火灾等紧急事件中,总行长可以作出超出其职权范围的应急措施决定并对该类决定的后果负责,同时应及时向董事会、国家银行或其他具有相关权限的政府部门报告以获得进一步处理的指示;向董事会、监事会、国家银行等部门或组织汇报其职责履行情况并接受检查与监管;向董事会、国家银行等部门或组织汇报银行经营活动的情况;法律或董事会授予的其他职权。

3.破产、终止与清算

（1）商业银行的破产

国有商业银行的破产规则参照《信贷机构法》第98条的规定。

（2）商业银行的终止

导致国有商业银行终止的原因有两种：一是国家认为维持该商业银行已无必要；二是其经营期满且国家银行决定不予延长其经营期限。国有商业银行终止的决定由国家银行行长下达，并根据国家银行行长的决定设立专门委员会负责银行终止程序中的各项事宜。

（3）商业银行的清算

当国有商业银行被宣布破产以后，银行的清算程序适用一般企业破产法。当商业银行出现上述的终止情形时，银行的清算工作应当受国家银行的监督。

（三）国有商业银行的业务与经营规则

1.国有商业银行的资金来源

银行的运营资本有以下几种来源：(1)注册资本；(2)国家拨付的用于银行建设或购买资产的资金；(3)因资产重估、汇率变化获得的差额；(4)各项银行基金，包括补足注册资本的储备金、职业发展的投资基金、财务储备金、员工解雇补贴、奖金、福利金。(5)未细分到各个基金的银行收益；(6)《商业银行组织及运作示范法规》第5条规定的各种形式的流动资本；(7)法律规定的其他资金。

2.国有商业银行的资金用途

商业银行的资金应依法运用到银行业务、建设投资、固定资产购买方面。为了自身的经营发展，银行可以改变其资本与产业结构。商业银行有权在其附属公司间调动资金和资产，这些附属公司应具有法人资格和独立的成本会计制度。

国有商业银行的资金制度由政府制定并由财政部指导实施。董事会主席与银行总行长对银行资金制度的遵守负责。银行具有财务自治权，对自己的经营业务负责，并且应履行其法定的责任与义务。商业银行应于每个财务会计年度结束后的120日以内公开其财务报告。

3.资本流通业务

国有商业银行的资本流通业务主要包括：接受个人、单位以及其他信用机构的存款，这些存款包括活期存款、定期存款和其他类型存款；发行存款单、债券或其他有价票据；向其他国内或国外的信贷机构借入资金；以资本重新分配的方式从国家银行取得短期贷款;国家银行规定的其他资本流通方式。

4. 信贷业务

越南商业银行从事向机构或个人提供信贷的业务,业务形式包括贷款、商业票据贴现、其他有价票据贴现、提供担保、融资性租赁,以及国家银行规定的其他业务。商业银行为生产、经营、服务或社会福利事业提供的贷款分为短期贷款、中长期贷款和政策性贷款。

商业银行决定向客户提供贷款之前,有权要求该客户就其经营计划的可行性、资金能力以及担保人情况提供相应的证明材料;同时,在发现客户有提供虚假信息材料或其他违反信贷合同规则的情形时,银行有权停止提供贷款并要求客户提前还款。除此以外,根据政府关于信贷机构的抵押贷款规定,必要的时候银行有权处分借款人的抵押物或保证人的抵押财产以实现其债权。当借款人违反信贷合同条款或保证人没有履行、不当履行相关义务时,银行有权以借款人或保证人为被告提起法律诉讼。

5. 支付业务

商业银行为其客户提供多种形式的支付服务,包括提供支付工具,境内支付,代理收款或付款,代客户收取现金或支付现金,国家银行批准的国际支付业务和其他支付服务。越南国有商业银行负责建立内部支付系统并参与国内银行间支付系统运作,同时在国家银行批准的情况下参与国际支付系统业务。

6. 其他业务

越南国有商业银行还从事以下业务活动:

第一,用注册资金和储备金进行资本投资,购买企业或信贷机构的股份;

第二,根据越南政府的外资信贷机构业务规章,与外资信贷机构合资建立股份制信贷企业;

第三,根据国家银行的规定参与货币市场业务;

第四,经国家银行批准,经营外汇并参与国内和国际黄金交易市场;

第五,从事或受理委托业务,担任银行业务领域的代理人,根据委托代理合同为国内外的机构或个人管理资产或进行资本投资;

第六,提供保险服务业务,可依法成立从事保险业务的子公司或与保险公司建立合资企业;

第七,为客户提供金融咨询服务,可依法成立从事相关业务的子公司;

第八,贵重物品、票据或抵押物的保管业务。

7. 禁止性业务

根据法律规定,越南国有商业银行不得直接从事房地产业务。

(四)国有商业银行的监管制度

1. 会计报告制度

国有商业银行应遵守法定的会计与财务统计制度,银行的财务会计年度为每年的公历 1 月 1 日到 12 月 31 日。商业银行应按照国家银行制定的记账账户规则实行其成本会计制度。每个财务会计年度结束后的 90 天内,商业银行应向国家银行提交年度报告。

国有商业银行应根据国家银行制定的关于会计与统计、定期专业报告的规定履行财务报告义务。除了提交定期报告以外,在必要的时候商业银行还应向国家银行提供即时报告。涉及即时报告的事项包括:专业经营项目中出现异常进展且可能严重影响银行的业务状况;重大的组织调整。

2. 审计制度

每个财务会计年度结束前的 30 天之内,商业银行应选择一个除本行内部审计部门以外的审计机构对银行的运作进行审计,该审计机构的资历必须得到国家银行的认可。针对银行运作的审计活动必须符合《信贷机构法》和国家银行关于独立审计的指导性法律文件。

3. 内部检查制度

国有商业银行内部检查系统为总行长管理机制下属的常设机构,兼具内部检查与审计的职能。其工作责任范围从总行贯穿到所有交易中心、分行、代表处以及银行附属公司。该机构负责协助总行长的行政管理工作,确保银行的各项经营活动平稳、安全、合法地进行。内部检查系统里的工作人员不能同时兼任银行的其他职位,并且内部检查系统在检查与审计活动中应独立地作出各项评估、结论与提议。

内部检查系统的具体工作包括:定期检查商业银行对法律法规、国家银行的规章以及银行内部规范的遵守情况;直接检查总行、各交易中心、分行、代表处以及附属公司各个方面的运行状况;在每期的审计活动中检查银行各方面的职业经营情况,主要涉及银行业务成果与真实财务状况的准确评估;向总行长、董事会与监事会及时报告内部检查结果并针对不足之处与现有的困难提出采取相应措施的建议。

为了有效实施其检查职能,内部检查机构具有以下权限:(1)要求银行各职能部门与人员对已经完成的工作、正在开展的工作进行解释说明,并且要求其提供直接性文书、票据、账簿或其他相关文件以供检查或审计之用。(2)请求总行长或各分行行长组建检查或再调查团队进行定期或不定期的检查与审计活动。(3)内部检查系统总负责人或总行下属机构的内部检查组织领导有权出席总行长或其他行长召集的会议。(4)建议总行长或其他行长依职权处理银行内部门或个人的违法违规行为。(5)总行长授予的其他权利。

4. 信息披露与保密制度

商业银行应定期向在该银行开户的储户披露其账户交易信息与余额。在必要的时候,银行可以就业务运作与客户事项与其他信贷机构共享信息。按国家银行的要求提供贷款时,商业银行有责任向国家银行提交贷款相关信息,并且商业银行有权从国家银行处获取相关客户资料,这些客户与银行的业务相联系。

银行职员以及其他相关人员不得泄露其获知的国家机密与银行商业秘密。除了主管的国家机关要求或在客户允许的情况外,银行不得向任何组织或个人提供有关客户的存款或资产以及有关银行业务运作的信息。

二、越南民营股份制商业银行法律制度

(一)概述

《民营股份制商业银行组织运作管理办法》是规制越南民营股份制商业银行经营的主要法律,依据《信贷机构法》、《企业法》以及政府于2000年出台的关于商业银行的组织与运作指导文件制定。该部法律于2002年4月24日正式颁布。

(二)股份制商业银行的设立与终止

1. 设立宗旨与法律地位

民营股份制商业银行是独立的法人,依据越南国家银行法以及其他相关法律法规设立。设立的宗旨是以营利为目的开展银行业务和其他商业活动,作为实现国家经济目标的私营经济主体力量。

2. 组织机构及人员

(1)权力机构

①股东大会

股份制商业银行的最高权力机构是股东大会。股东大会每年召开一次，且每次股东大会间隔最长不得超过 15 个月,股东名册上的股东都有权参与。年度股东大会由董事会组织召开,会议地点由董事会根据具体情况予以确定。股东大会应就其法定权力与职能范围的事项作出决议。审计师应当参与股东大会并对年度财务报告提出审计意见。

②临时股东大会

在下列情况下董事会应当召集临时股东大会:董事会为了银行的利益认为是必要的;审计师认为讨论商业银行的审计报告和财务状况是必要,并且通知董事会要求召开股东大会的;依据信贷机构法和国家银行的规定,商业银行的财务状况显示商业银行应处于特殊控制下时;当董事会或监事会的成员低于商业银行章程规定的最低人数时;连续六个月以上持有 10% 份额以上股票的大股东或者集团股东(依据商业银行章程规定可以少于该比例)以书面的形式要求召开股东大会,并且应当清楚阐明召开股东大会的理由和目的(书面申请应当有股东的签字);监事会有足够的理由相信董事会严重违反《公司法》第86 条规定的董事会义务,又或者董事会作出越权决定的,可以要求召开临时股东大会;商业银行总部所在省市的国家银行分行董事提议的。

③股东大会职权

股份制商业银行股东大会的职权包括:修改、补充商业银行章程;讨论并通过董事会关于银行经营状况、业绩、审计工作、财务结算、利润分配计划、股东分红以及扣除部分资金建立特定用途基金的提议等事项的报告;讨论并通过新一财务年度的工作方针、具体目标以及财务预算;附属公司的设立;附属公司的分立、合并、回购和终止;决定商业银行的组织结构、经营管理部门;决定商业银行董事会和监事会成员的用工制度与薪资报酬规则;决定银行的外部活动计划;决定银行物质基础设施与技术设备的建设计划;通过资产投资、购买公司或其他信贷机构股票的计划;在银行依据章程成立的最初 3 年内通过原始股东转让其普通股权的申请;决定除越南法定货币、可自由转换的外币与黄金以外的有关土地使用权价值与资产的股票的购买;决定银行和董事会成员、监事会成员、总经理、大股东或其他利益相关人签订的价值不超过商业银行自有资产的 20% 的经济或民事合同;除了关于银行交易局、分行、代表处的设立地点以及超过法定比例的登记股权转让事项的改变以外,决定信贷机构法第 31 条第 1 款规定的事项的改变;决定应对银行重大财务变化的措施;在任期届满之时决定董事会或监事会成员的选举、卸任或免职,或选举该类成员的接替人员;检查认定董事会或监事会成员违反职责损害股东利益的行为并对做出相应的处理决定;法律规定的股东大会的其他权利与职责。

(2)组织体系

越南股份制商业银行的组织体系共分为五个层次:最高层级为银行总部;第二层级的组织有总营业部、各个分行(一级分支机构)、各代表处、各非经营性单元、银行的各个附属公司;第三层级的分行(二级分支机构);第四层级的分行(三级分支机构);第五层级为各个营业处和业务网点。

股份制商业银行可依据国家银行的规定开立总营业部、第1~3级分行、代表处、营业处和业务网点、非经营性单元和附属公司。具体组织结构的安排由董事会决定。

(3)董事会

股份制商业银行的董事会是银行的管理机构,除了股东大会权限范围内的事项以外,全权代表银行决策有关整个银行运行目标与利益的所有相关事务。

①董事会人员组成及任期

董事会成员的选举、免职与开除由股东大会投票决定,且必须经出席股东大会的51%以上的股东表决通过。董事会主席的任免由董事会全体成员决定。董事会的成员应不少于3人且不超过11人,每位成员的任期不超过5年且不少于2年,经股东大会选举可以连任。进行董事会成员选举或改选时,银行应确保参加股东大会的董事会成员不少于董事会全体成员的三分之一。

董事会主席与成员的选举结果,包括其任命、卸任或免职,均需经越南国家银行批准。董事会主席不得同时兼任银行的总行长或副总行长。农村合股制商业银行的董事会主席可以根据农村合股制商业银行章程的相关规定担任银行总行长。董事会主席应具有越南国籍且在其任期内居住于越南境内。

董事会必须于董事会主席自然卸任后的15天内召开董事会议,以便从董事会成员中选举新任主席。被选举出来的董事会成员应符合法定的标准和条件。董事会主席辞职之前须向董事会提交辞呈,董事会应在收到辞呈后的60天内审议并作出决定,且完成卸任、免职等相关法定程序。董事会成员的辞呈需经董事会向股东大会提交审议。若董事会成员的人数减少达三分之一以上或现有成员低于法定人数的,董事会应在以上任一情况出现后的60日内召集股东大会,以便补充选举董事会成员。[①]

董事会可以任命一至数名的全职秘书并指定其工作职责。董事会有随时解聘权,但应按照签订的劳动合同向其支付违约金或赔偿金。董事会秘书的职责包括:按董事会主席或监事会的要求发出召开董事会议的通知;做好各种会议记录;对会议的召开形式提出建议;向董事会成员、监事会成员以及股东发放信息资料。

②董事会权责

股份制商业银行董事会的权利与职责包括:依照相关法律法规管理银行;除了股东大会权限范围内的事项以外,决策与银行的目标与利益相关的事务;对银行的经营结果、违反法律法规事项及其引起的银行损失负责;将法定的事项提交股东大会决议;将银行章程内容,附属公司的设立,交易局、分行、代表处、附属公司或银行非经营性单元的开立,资本投资、股权购买、与外国投资者建立合资公司,合股制商业银行与交易局、分行、代表处、附属公司以及非经营性单元的分立、合并、并购、回购以及终止,发行新股,董事会主席、监事会负责人及其成员或总行长的选举任命、卸任或免职,独立审计机构对银行的审计工作,总行长的经营方案等需报国家银行行长批准;利率、佣金以及客户的费用与罚款数额的设定;专项基金的设立、派发股东红利;制定颁布董事会与监事会的内部运行规则;制定颁布交易局、分行、代表处、附属公司或银行非经营性单元的运行规则;决定总行长和副总行长的薪水与福利;监督总行长以及其他银行高管并检查其工作错误,在银行遭受损失时采取必要的补救措施;根据越南企业法的规定,为除了越南法定货币以外的投资性资产、自由兑换的外币以及黄金进行估值;法律规定的其他权利与义务。

以下事项必须由董事会决定或采取相关行动:银行的交易代表人或法律事务代表人的任免;银行贷款数额以及提供的相应抵押、担保、保证与赔偿;经营计划以外的投资活动或者是超过年度经营预算方案中投资额度10%的投资项目;董事会主管的其他工作或交易事项。

③董事会会议

董事会的会议分为例行会议与特别会议。例行会议包括新任董事会的第一次全体会议与每个季度的董事会会议。为了及时处理一些突发事件,董事

---

① 参见《越南商业银行法》第48条。

会可以召集特别会议。有权提议召开董事会特别会议的人员包括：董事会主席；不少于三分之二的董事会成员；监事会负责人；不少于三分之二的监事会成员；总行长或银行里的其他法定人员；商业银行总部所在省市的国家银行分行行长。

董事会会议的召开地点一般应为银行的注册地址处，或是董事会规定的其他地点。会议应于开会通知送达董事会成员后的 5 日内召开。会议通知应采用书面形式，通知书内容必须明确包含会议的议程、时间和地点，必要的时候还应附上将于会上讨论并投票决定的事项的相关文件，包括为不能出席的董事预备的选票。不能出席会议的董事应在会议召开之前将自己的选票提交给董事会。出席董事会的成员加上受其成员委托参加会议的人员人数不得低于董事会成员总数的三分之二。出席董事会第一次全体会议的人数若低于上述比例，董事会主席必须于 15 天后再度召集第二次董事会会议。若两次召集会议的出席人数均低于法定比例的，董事会主席应于接着的 30 日内召集特别股东会议，由股东们对现有董事的任职资格做出决议。

投票采取出席董事会会议的成员"一人一票"制，受董事会成员委托出席会议的人员获得与其他出席成员同等的投票权。与投票事项有利益关联的董事会成员没有对该事项的表决权，也无权委托他人代为出席投票。出现董事会成员是否与投票事项有利益关联尚有疑问的情况时，由董事会主席对此作出裁决，如果所涉利益的性质与范围可以明确，裁决将最终决定该董事会成员是否具有投票权。董事会成员与《越南企业法》第 87 条第 1 款所规定的合同有关系的，应被认定为有实质利益联系。董事会成员发现自己所涉合同与董事会表决的银行事项可能具有直接或间接利益关联的，应主动向董事会报告并由董事会审议。董事会决议需经过半数以上的出席成员投票通过，如果赞成与反对的票数相等时，最终的决定将由董事会主席的一票作出。

董事会会议应保留完整的会议记录。该会议记录应使用越南语并由出席会议的所有成员签字确认。主持会议者、会议秘书与所有会议参与人对会议记录的准确性与真实性负有共同责任。主持会议者负责编辑会议记录并将会议记录送达每位出席成员，如果出席成员在送达后的 10 日内无异议的，该会议记录将作为当日董事会会议所有活动的有效证据。[①]

---

① 参见《越南商业银行法》第 49 条。

④董事会成员报酬

董事会主席及其成员不领取固定薪水而仅依据其履行的法定职责、履行职责过程中支出的合理费用受偿。董事会的酬劳标准由股东大会决定。董事会的所有职能费用（包括法定职责酬劳和职务支出两方面）应在银行的年度报告中详细载明。

（4）总行长（行长）

总行长（行长）负责整个银行的经营事务，并由数名副总行长（副行长）、总会计师以及所有的专业化职能部门协助。总行长（行长）对银行的日常经营活动向董事会负责，并代表银行履行所有的法律责任。除本行的附属公司以外，总行长（行长）不得同时兼任其他信贷机构或者公司的管理、监督或行政职务，且在本行的附属公司只能担任行政管理职位。

①总行长（行长）的任免

总行长（行长）的任命、卸任与免职由董事会决定并书面提请本行所在省市的国家银行分行批准，其任命、卸任与免职的程序应符合《信贷机构法》与《国家银行法》。除了董事会另有规定以外，总行长（行长）的任期一般为 3 年。总行长（行长）接到董事会任命以后即可就任，前任总行长（行长）应进行工作移交并对其之前在职期间的个人工作决定负责。①

当总行长（行长）自然丧失其任职资格或提出辞呈时，董事会应立即任命满足法定条件的副总行长（副行长）或银行某职能部门负责人接替总行长（行长）工作，并及时就此事向本行总部所在省市的国家银行分行报告。此外，董事会应于总行长（行长）自然丧失其任职资格或提出辞呈后的 60 日内将新任人选报国家银行行长批准。在国家银行对新任总行长（行长）人选审批期间，董事会主席与董事会成员并同监事会负责人与监事会成员对银行的所有事务向股东大会负责，并代表银行履行一切法律责任。

②总行长（行长）的职权

股份制商业银行的总行长（行长）职权包括：针对银行章程的修订与补充，附属公司的设立，交易局、分行、代表处以及非经营性单元的开立，总行与交易局、分行、代表处以及非经营性单元的管理行政部门的组织结构，副总行长、总会计师以及交易局、分行、代表处以及非经营性单元的负责人的任命、卸任或

---

①　参见《越南商业银行法》第 53 条。

免职,银行各下属机构和公司运行规则的制定,利率、佣金比例以及客户费用与罚款标准的制定,新股发行,资本投资或企业与信贷机构所发行股票的购买,合股制商业银行与交易局、分行、代表处、附属公司以及非经营性单元的分立、合并、并购、回购以及终止,为自有的合股制商业银行的审计活动聘请独立的审计机构,有关银行业法规的实施情况的特别指导意见等事项向董事会提交报告;决定其权限范围内的银行管理人员的任命、卸任与免职,招聘、管理约束以及解雇银行职员,根据董事会的规则决定银行一般雇员和管理层人员的薪水与津贴;组织执行董事会批准的经营活动计划;严格按照法律法规、银行章程和董事会决议管理银行的经营事务;代表银行处理国际业务关系、法律诉讼以及银行的终止与破产;在自然灾害、战争破坏、突发事故等紧急事件中采取超越其权限的行动或措施,并及时向董事会、国家银行或其他主管国家机关报告以便获得进一步处理的指示。就自身管理职责的履行情况接受董事会、监事会、国家银行与其他主管机关的检查监督;依法向董事会、国家银行或其他主管国家机关提交有关银行经营活动状况的报告;法律法规、银行章程或董事会赋予的其他权责。[①]

(5)监事会

监事会是负责监督银行内部财务活动的机构,包括监督会计制度的遵守情况以及银行内部检查与审计制度的运行。

①监事会人员组成及任期

监事会成员的任命、卸任与免职由股东大会决定,且必须由 51% 以上的出席股东投票通过。监事会负责人的任职、卸任与免职由监事会成员投票决定。监事会的工作人员不得低于 3 名,且半数以上需为全职。监事会负责人同时应为银行股东。监事会成员的任期与董事会成员相同,经选举可以连任。

监事会应于监事会负责人自然丧失任职资格后的 15 日内召开监事会会议,从监事会成员中选举符合条件的新任监事会负责人。如果监事会成员中并无银行股东,监事会成员则根据国家银行制定的规则,推选出专业背景、职业道德、管理能力与从业资历均符合标准的成员暂时代理监事会负责人职务,并且于监事会负责人自然丧失任职资格后的 60 日内召集股东大会,由股东大会审查监事会成员是否符合法定人数并依照程序选举新任监事会负责人。

---

① 参见《越南商业银行法》第 54 条。

监事会负责人辞职之前应向董事会与监事会递交辞呈。监事会应该于收到辞呈之日起 60 天内开会审议并作出予以卸任或免职的决定,同时依法选出新任监事会负责人。监事会成员的辞呈应经董事会与监事会提交给近期的股东大会审议。

②监事会权责

股份制商业银行监事会的权利与职责包括:评估银行的年度财务报告,在其认为必要的时候或依股东会或大股东要求检查银行财务运作的任何细节;定期将自身运作情况通知董事会,在向股东大会提交报告、结论与建议之前与董事会商洽;在股东大会上就银行记录、票据保留、账簿编制和财务报告的准确性、真实性与合法性,以及银行内部检查与审计系统的运作情况向股东报告;依法提出针对银行财务活动的补充、修改或调整的建议;利用银行的内部检查与审计系统履行其职责;当董事会依照《企业法》第 86 条作出银行经理严重违反义务的相关决定,或者银行章程规定的其他情况时召集特别股东大会;法律规定的其他权利或职责。

③监事会会议

监事会会议分为例行会议与特别大会。例行会议分为监事会设立后的第一次会议和每个季度会议。召开特别会议的目的是及时处理突发性工作事务,有权提议召开监事会特别会议的人员包括:董事会主席;三分之二以上的董事会成员;监事会负责人;三分之二以上的监事会成员;总行长或法律规定的其他人员;该商业银行总部所在省市的国家银行分行行长。

监事会会议的召开地点应为银行注册所在地。会议应于开会通知送达监事会成员后的 5 日内召开。会议通知应采用书面形式,通知书内容使用越南语且须明确包含会议的议程、时间和地点,必要的时候还应附上将于会上讨论并投票决定的事项的相关文件,包括为不能出席的监事会成员预备的选票。不能出席会议的监事会成员应在会议召开之前将自己的选票提交给监事会。出席监事会的成员加上受其成员委托参加会议的人员人数不得低于监事会成员总数的三分之二。出席监事会第一次全体会议的人数若低于上述比例的,监事会主席必须于 15 天后再度召集第二次监事会会议。若两次召集会议的出席人数均低于法定比例的,监事会负责人应通知董事会并提议董事会于 30 日内召集特别股东会议,由股东审议监事会成员的责任能力。

监事会投票采取出席监事会会议的成员"一人一票"制。监事会成员因故无法出席的,可以将其投票权书面委托给其他监事会成员,代为行使投票权的监事会成员本身应具有参与投票的资格。与监事会会议决议事项有利益关联的监事会成员不能参与该事项的投票,且不能计入法定的参会人员人数,同时也不能经其他监事会成员授权参与投票。监事会决议需经过半数以上的有投票权的成员投票通过,如果赞成与反对的票数相等时,最终的决定将由董事会主席或经授权主持会议的成员投票作出。监事会以书面意见收集的方式通过的决议与经由监事会常规会议作出的决议具有相同的效力,但必须满足以下两个条件:其一,过半数以上有投票权的监事会成员做出书面同意;其二,有资格提交书面意见的监事会成员人数应符合召开监事会会议的最低法定人数。

监事会会议应有完备的会议记录,会议记录的制作要求和效力与董事会相同。

3.特别状态、破产、终止与清算

当银行陷入丧失对其客户支付能力的危机时,应立即向国家银行报告实现实的财务状况、危机产生原因以及为了克服危机已经采取或将要采取的措施。出现以下情形时银行将进入特别管制状态,由国家银行取代其职能:银行处于丧失支付能力的状态;无法清偿债务或处于清偿困难状态;银行总的累积亏损超过其实际注册资本和储备金的50%。在紧急情况下,为了确保向客户还本付息,银行可以向其他信贷机构或国家银行申请特别贷款,该特别贷款应首先用于偿还银行的所有债务。

股份制商业银行的破产应符合《信贷机构法》第98条关于破产的规定。银行出现以下情形时终止运营:(1)股东大会根据相关法律和国家银行的批准通过终止银行运营的决定;(2)经营期限届满,银行没有申请延长经营许可期限或申请未得国家银行批准;(3)银行设立和经营的许可被撤销。

银行被宣布破产后,其清算程序应符合企业破产法的相关规定。银行按照《股份制商业银行法》第80条终止的,应在国家银行的监督下立即启动清算程序。清算的所有费用由被清算的银行承担。[①]

(三)股份制商业银行的业务种类及规则

1.资本流通业务

民营股份制商业银行资本流通业务有:以活期存款、定期存款以及其他方

---

① 参见《越南商业银行法》第78条至第80条。

式吸收个人、组织以及其他信贷机构的存款;经国家银行同意,通过发行存款凭证、债券以及其他有价证券的方式吸收国内外组织和个人的资金;向他国内外信贷机构借款;以资金再分配的形式短期借入国家银行提供的贷款;国家银行同意的其他方式。

2.信贷业务

民营股份制商业银行可以贷款、商业票据折扣以及其他有价证券、金融贷款或其他国家银行规定的方式给予个人或组织贷款。给单位和个人提供的贷款有下列方式:满足生产、商业活动、服务活动以及福利事业的短期贷款;满足生产、商业活动、服务活动以及福利事业的中长期贷款。

民营股份制商业银行有权在提供贷款之前要求申请人提交其经营计划可行性的证明文件,以及证明其本人或者担保人的经济能力的证明文件。若发现贷款人提供不真实的信息或者有违反信贷合同规定的行为,银行有权要求贷款人提前偿还贷款。除此以外,根据政府关于信贷机构的抵押贷款规定,必要的时候银行有权处分借款人的抵押财产或保证人的抵押财产以实现其债权。当借款人违反信贷合同条款或保证人没有履行、不当履行相关义务时,银行有权以借款人或保证人为被告提起法律诉讼。

此外,股份制商业银行可就商业票据或其他短期有价证券对机构或个人提供贴现;就商业票据或其他短期有价证券向其他信贷机构进行再贴现;同时,商业银行可设立金融租赁公司从事金融租赁业务。

3.支付业务

股份制商业银行提供的支付服务有:提供支付工具;为顾客提供国内支付业务;从事代理托收与付款业务;其他支付业务;经国家银行批准,从事国际支付业务;为客户提供现金托收和支付服务。商业银行负责建立境内支付系统和参与境内外国银行的支付系统。经国家银行同意,可以参与国际支付系统业务活动。

4.其他业务

民营股份制商业银行还可以从事以下业务:(1)根据法律规定用注册资本和储备金购买公司或其他信贷机构的股票;(2)根据政府关于外国信贷机构组织和运行的规定,以在越南境内设立合资信贷机构的方式投资外于国外信贷机构;(3)参与货币市场;(4)经国家银行批准,经营外汇并参与国内外黄金市场;(5)依据委托或代理合同,作为委托方或被委托方,代理从事国内外机构或个人的资产管理或资本投资等方面的银行业务;(6)提供保险服务,依法成立独立的附属公司或者合资公司开展保险业务;(7)直接或者通过依法设立的独立附属公司为客户提供金融和财务咨询服务;保管贵重物品和有价证券,提供典当和其他服务;(8)依法设立独立的附属公司从事与商业银行经营有关的商业活动。

5.禁止性业务

商业银行不能直接从事房地产业务。

(三)股份制商业银行的经营管理制度

1.资金制度

股份制商业银行注册资本的计价单位为越南盾,银行必须确保其实际注册资本不低于法定水平。银行不得使用其注册资本以购买股票或其他方式投资于本银行的股东。

商业银行的运营资本包括:注册资本;资产重估或汇率变化的差额;注册资本中的资本充足储备金、经营发展投资基金、财务结算准备金、失业补助储备金、奖励基金、福利基金;依照本章第 4 条规定的形式获得的资金;未分配利润;政府为特定目的、项目拨付的财政支持资金、授权投资资金;法律规定的其他类型资本。

银行可依法将资金用于其经营活动、投资建设以及固定资产的购买方面。银行有权根据其经营发展的需要改变自身的资金与资产结构。同时,银行可以在其具有法人资格和独立成本会计制度的附属公司间调动资产。

银行可在其总资产中扣除一部分资金用于以下基金的设立:(1)注册资本充足准备金;(2)财务结算准备金;(3)经营发展投资基金;(4)失业补助准备金;(5)奖励基金;(6)福利基金。[①]

2.财务会计制度

根据法律规定,银行实行财务自治,自行承担经营活动中产生的所有责任,同时履行其所有的法定义务。银行应自觉遵守法定的财务会计与统计制度,根据国家银行规定的账户与记账制度开展会计工作。

银行的财务会计年度为每年的公历 1 月 1 日至 12 月 31 日。银行的第一个财务会计年度应为银行注册登记日到同年的 12 月 31 日。股份制商业银行

[①]　参见《越南商业银行法》第70条至第73条。

应于每个财务会计年度结束后的 90 日内向国家银行提交年度报告。年度财务报告应包含两个方面的内容,一个是客观、真实地反映一个财务会计年度内收益与损失的银行损益结算报表,另一个是反映银行一年经营活动状况的资产负债表。①

3.利润分配制度

银行在获得经营收益并且履行了法定的纳税义务和其他资金支付义务的情况下,应该向股东派发股利。根据股东大会的决定和法律的规定,股份红利应公示并从银行剩余利润中支出,且不得超过董事会根据股东大会意见收集所制定的分红比例。董事会负责列出有权获得红利的股东名单,并于正式分红之日的前 30 日内制定具体分红方案,包括每股分红的额度、支付的时间与形式。支付股份红利的通知应于正式分红之日的前 15 日内公开送达所有股东,通知书必须清楚载明银行的名称、股东的姓名与地址、股东的持股数量与种类、每类股票的分红额度以及此次向股东分红的总数额、支付红利的时间和方式。

如果股东于分红股东名单公布与正式支付股利这一时间段之间转让自己的股份的,股份出让人应为本次银行分红的领受者。

4.账簿与文件查阅制度

银行的大股东有权直接、通过律师或授权其他人以书面的方式申请查阅、复制或摘录银行相关文件,这些文件包括银行股东名册以及股东大会的会议记录。授权他人提出申请的,该申请应附上股东的授权委托书或经公证的授权委托书复本。董事会成员、监事会成员、总行长以及行政部门的其他人员有权查阅银行的账目、股东名册以及其他与其职权相关的账簿或文书,即使这些信息资料应当是保密的。

5.内部审查制度

银行应建立一个内部审查与审计系统。该审查系统是建立于总行长直属行政部门内的专门化系统,贯穿银行总部、各交易局、各分行、代表处和银行附属公司,负责协助总行长(行长)平稳、安全、合法地管理银行的所有业务活动。内部审查系统里的人员不能同时兼任银行里的其他职务。内部审查系统及其工作人员的活动均独立于银行内其他部门或机构,包括交易局、各分行、代表

---

① 参见《越南商业银行法》第 74 条及第 75 条。

处和银行附属公司,且应在检查与审计事务中独立地作出评估、给出结论和提出意见。

6.审计制度

每个财务会计年度结束之前的 30 日内,银行应选定一家外部审计机构进行当年的审计活动,该审计机构必须经过国家银行的批准。银行应于财务会计年度结束之前准备好年度会计报告并送达外部审计机构。银行选定的外部审计机构应依据银行提供的年度会计报告,检查并核实银行的收支情况并给出结论报告,同时应在财务会计年度结束后的 2 个月内将结论提交给银行董事会。①

外部审计机构的审计人员可以出席股东大会并收集会议通知或其他有关会议的信息,这些信息股东也有权获得,同时股东也可以在股东大会上陈述关于审计人员事项的意见。

---

① 参见《越南商业银行法》第 77 条。

第三章

东盟国家证券法律制度

第一节　柬埔寨王国证券法

一、政府债券法

(一)概述

柬埔寨王国《政府债券法》于 2006 年 11 月 30 日由国会第三次立法工作第五次全体会议通过,其整体内容与合法性于 2006 年 12 月 25 日经参议院第二次全体会议审议批准。该部法律的目的是为政府债券的有效发行与管理设立一套规则,既满足政府的融资需求,又确保中长期的政府债务处于最低水平,同时审慎控制风险,使得柬埔寨国家的债券市场稳健发展。

该法中所指的政府债券是由政府或代表政府的机构发行的、创造或确认债权的票据、债券或其他证券。这类证券包括但不限于以下范围:(1)期限在一年以内的短期国库券;(2)期限在一年以上的长期国库券;(3)收益与其他经济指标相关联的债券,如通货膨胀率或汇率;(4)不可转让的储蓄公债;(5)其他类的政府债券。政府债券法所涉及的债券不包括地方性政府债券或公共企业债券,也不包括未依据该法实施的政府借贷。[①]

(二)政府债券的发行与报价制度

政府债券的发行与报价必须遵守以下规则:1.(1)政府债券的发行权专属于经济与财政部部长,且发行必须依照本法第 7 条的规定,使用政府债券管理基金的资金。财政部部长可以于未清偿的政府债券到期时或之前购买、赎回、替换(用其他债券)该债券。政府为政府债的本金与利息提供无条件的担保。(2)财政部门或是部长下属的其他部门涉及政府债券都是违法的,除非财政部部长明确授权于其他政府机构。(3)除非其他法律有相关规定,根据 1996 年出台的柬埔寨国家《银行组织与运行法》第 23 条的规定,由柬埔寨国家银行在财政部部长的指导下进行有关政府债券技术与运作的具体事宜。国家银行行长应设立相关程序规则使该项功能独立于其履行的货币政策功能。2.依据另外的法律管理其他政府账户或基金的中央政府部门需要发行政府债券的,须由该部门负责人向财政部部长提出发行政府债券的申请。3.在没有获得财政部部长事前许可的情况下,地方政府、公共实体组织(包括大型国有企业)、其他政府机构等均不得发行公共债券。4.政府债券的发行以本国货币或外币为基础。

每一个财政年度的政府债券发行总量必须经过国会的批准。根据 1993 年的公共财政法,作为财政预算的一部分,每个财政年度发行的政府债券数量须由首相提交国会审议。

政府债券必须在公开市场上发行,并且保证以可行的方式,使得柬埔寨国民能够有平等的机会参与政府债券的认购。政府债券应在一级市场上以竞价的方式出售。在竞价程序结束之后,若还有一部分特殊发行的政府债券未经售出的,则由经济与财政部开立的政府账户以之前竞价过程中已形成的成交价格与条件购买该类债券。

(三)政府债券管理基金制度

为了有效地管理政府债券的发行与回购,以及处理其他相关事宜,政府应组织成立政府债券管理基金(Government Securities Management Fund),以

---

① 参见柬埔寨王国《政府债券法》第 2 条。

下简称为"GSMF"。

由经济与财政部部长负责该基金的管理与运行。必要的时候,经济与财政部部长可以就有关 GSMF 的运行与管理事务向中央银行行长授权。获得相关授权之后,央行行长应于下一个财政年度二月份的最后一天之前,向财政部部长提交 GSMF 的账户结算情况年度报告。该报告必须包含以下内容:(1)GSMF 总体情况及其分析报告;(2)资产负债表;(3)损益报表;(4)资金流报表以及相关原始凭证;(5)有关 GSMF 账户结算的其他文件材料。[①]

GSMF 的财务收入来自以下几个方面:政府债券发行的收益;账户储蓄金或其他基金的利息收入;年度结算盈余;政府出资;GSMF 的运营收入。GSMF 应行使以下职能:政府债券本金的赎回与利息的支付;账户与其他基金收益的储蓄;GSMF 管理活动中所累积必要花费的支付;使用其剩余资金购买政府债券或其他公债,以及将剩余资金投入金融机构进行短期储蓄或借贷,或是财政部长安排的其他用途。

(四)GSMF 中的审计与国家职能

针对经济与财政部部长根据政府债券法授权进行的事务,国家审计局可以就该类事务在经济与财政部和中央银行内行使审计职能。与此同时,经济与财政部和中央银行的内设审计部门应定期对负责政府债券事务的部门进行审计,并且分别向财政部部长和央行行长提交审计报告,以作参考建议之用。

为了实施一些重要政策来促使政府债券市场的发展,柬埔寨王室政府可以在财政部部长的请求下,建立政府债券市场发展联合委员会。该委员会应由经济与财政部部长、中央银行行长、其他中央政府部门的负责人,以及必要的私营经济领域的专家们组成。经济与财政部部长可以建立一个特别专家任务组,为促进政府债券的一级市场和二级市场的有效发展研究方法与路径,并提供必要的措施建议。

在经过内阁部长会议提前审议后,首相应向国会提交关于经济与财政部所有公债活动的年度报告。该报告应包括但不限于以下内容:公债总额,公债净额,到期利润,本金与利息支付明细表,公债持有人信息,GSMF 的运行情况,关于当前财政年度与未来 5 个财政年度的总体财政策略的说明。

---

① 　参见柬埔寨王国《政府债券法》第 8 条。

除非是法律有明确规定,否则政府不得质押任何公共财产或资源,或是在公共财产或资源上设置抵押权或担保权来保证政府债券的发行。并且政府的资产或收入均受法律保护,免于被没收、扣押、禁运等。依据政府债券对政府享有的债权请求权有一定的时效,本金的债权请求权于债券到期后 5 年之内有效,利息的债权请求权于债券到期后 2 年之内有效。[①]

(五)处罚机制

以任何形式伪造政府债券的,将根据现行法律予以惩处。涉及竞价过程或其他法定工作义务的个人或政府官员,如果没有履行法定的义务,将根据现行法律予以惩处。

二、非政府证券发行和交易法

(一)概述

1.法律的颁布

2007 年 9 月 12 日第三次立法机关特别会议通过了《非政府证券发行和交易法》,其整体内容与合法性于 2007 年 10 月 4 日经参议院召开的第二次特别立法会议通过。

2.立法的宗旨与目的

《非政府证券发行和交易法》旨在规范证券交易、证券结算机构、证券存管机构和其他在证券市场上进行交易或提供金融服务的主体,包括公众有限公司或注册发行证券的法人实体。本法旨在通过公众投资者或证券投资者的资金流动来促进社会经济发展,满足金融投资需要。

该法立法的目的在于:促进和维护柬埔寨王国公众投资者的信心,保护他们的合法权利,确保合理有序地出价、发行、购买、销售证券;提高柬埔寨王国证券市场的有效管理,促进其高效有序地发展;以购买证券和其他金融工具的方式促进各种储蓄手段的流通发展;促进外国投资者参与柬埔寨王国的证券市场;促进柬埔寨现有国有企业的私有化进程。

---

① 参见柬埔寨王国《政府债券法》第 15 条。

3.柬埔寨证券交易委员会

(1)证券交易委员会的成员与任期

根据本法成立柬埔寨证券交易委员会(以下简称"证交会"),由一名主席和 8 名委员组成,按照本法的二级法令的规定任命。证交会成员的任期为 5 年。成员在任期届满之前可以被免职或调职。经证交会主席请求,成员在任期届满之后也可以被继续任用。

证交会的主席为经济与财政部长。成员的组成如下:来自经济与财政部的成员 1 人;来自柬埔寨国家银行的成员 1 人;来自商务部的成员 1 人;来自司法部的成员 1 人;来自内阁的成员 1 人;证交会执行长 1 人;证券专家 2 人。这些成员在职位上须属于中立,由经济与财政部选择后进行提名。

证交会主席的候选资格由经济与财政部向柬埔寨王室政府提名推荐。证交会里的证券专家须具有研究生学历,有履行其工作义务的能力与资质,并且具有商业、公司管理、证券交易、法律、经济、会计或其他相关领域的工作经验。

(2)证券交易委员会的职能

证交会具有以下职能:规范监督柬埔寨王国境内的政府和非政府证券交易;执行证券市场相关的政策;为各类证券交易服务机构设置注册条件并颁发许可证,包括证券结算机构和证券托管机构;为证券公司和证券公司法人代表设置条件并颁发许可证;促进证券法的实施;作为监督与解决争议投诉的机构,主要针对注册法人实体所作决定会影响市场参与者和投资者利益的情形;为任何旨在发展柬埔寨王国证券交易市场的主体提供制定政策的咨询建议;履行二级法令中的其他义务。[①]

(3)证券交易委员会执行长的职责

证交会执行长主要有以下职责:1.监管证交会工作人员,为柬埔寨王国证券市场的发展、规范和监管提供行政支持。2.对柬埔寨王国证券市场的发展、规范和监管,包括提议修正法案和相关法规,向证交会主席和所有成员作定期报告和建议。3.审查公开发行证券的提案,按照柬埔寨证券法和证交会的其他法规通过提案。4.审查证交会关于提议发行非政府证券所公开的信息,确保符合本法和其他商业企业法,对满足要求的信息文件予以批准并注册。5.监管关于公众有限公司在证券市场上的金融和非金融性信息的持续公开情

[①] 参见柬埔寨《非政府证券发行和交易法》第 7 条。

况,允许获得许可的实体向公众投资者发行非政府证券。6.监督公众有限公司的活动,允许实体按照相关法律的要求向公众投资者发行非政府证券,在出现实质违法的情况下采取适当的强制性措施。7.关于证券交易市场、结算结构和证券托管机构以及证交会执行长应该:1)审查核准申请,对于申请人符合本法和证交会规定的其他法律法规要求的申请予以批准;2)对获得许可的市场交易主体机构或托管服务机构运行规则的修正案,进行审查与核准;3)监督获得许可的证券市场主体的行为是否符合法律法规和证交会的其他具体规定,这些主体包括市场交易、托管以及其他服务机构;4)调查获批成立的机构是否对核准成立的法定要求构成实际性违反,以及是否违反证券法的其他规定,并采取适当的强制措施,包括中止运营或撤销执照;5)在做出核准设立和撤销许可执照之前,证交会董事会应召开全体会议审议。8.针对证券公司和证券公司代表,证交会执行长应该履行以下职责:1)对于申请人符合本法和证交会制定的其他法律法规的,应审查申请并颁发许可执照;2)监督被许可人的营业活动是否符合营业许可条件,包括财务标准;3)监督是否符合该法的商业行为准则,是否符合商业企业法;4)审查证券交易商与投资咨询商成立自律性组织的申请,通过符合规定条件者的申请并予以授权;5)监督自律性组织的活动是否符所授权的范围;6)调查被许可人的许可证或授权书的获得是否存在实质违法,或违法本法的其他规定,应采取必要的强制措施包括中止或撤销许可证或授权书。9.根据本法的规定,采取所有合理措施审查打击在证券交易时非法的、有悖道德的或不当的行为。①

(4)证券交易委员会执行长的权力

除上述职责外,证交会执行长具有以下权力:1.在提前获得经济与财政部部长的同意后,可任命证交会的工作人员。2.如证交会执行长有理由认为存在违反证券法的行为,可指派工作人员对以下人员进行调查:(1)任何获得批准的人或被许可人;(2)以销售或认购的方式向公众提供证券的人;(3)证券在证券市场上市或开盘的公众有限公司或其他被许可的实体;(4)其他有关人员。3.从被调查的人那里搜集证据。4.将调查结果向证交会主席和其他成员报告,并提出采取具体强制措施的建议。5.针对涉嫌违法犯罪的行为,向公诉机关提交建议提起公诉的报告。6.监督被批准的证券市场交易。7.对违反证

---

① 参见柬埔寨《非政府证券发行和交易法》第8条。

券法或证交会法规的人员,公布其名字和违法行为。8.撤销或中止证交会授予的许可、批准或提供的注册登记。9.本法第45条规定的其他权力。

(5)有关证券交易委员会的其他规定

证交会的官员具有司法警察的权力,同时具有刑事诉讼法规定的司法警察的职责。由证券法的二级法令做出有关证交会组织和运行的具体规定。证交会应具有独立的预算。

(二)证券发行法律制度

1.证券的公开发行申请

没有经过证交会的批准,或没有按照证交会制定的规则和要求提出申请的,任何人不得发行和公开发售新证券。申请人需承担证券法规定的申请费。证交会执行长须按照本法第12条的规定,审查每一份提交的申请,并于收到申请之日的三个月内对该申请是否符合柬埔寨公共利益进行审议,并就此向申请人提出建议。如证交会批准了按照本法第12条提交的申请,申请人可按照该法申请规定继续实施公开发行证券的步骤。

2.证券的公开发行审核

为衡量发行申请是否符合柬埔寨的公众利益,证交会执行长须考虑以下因素:证券发行机构的管理能力和财务历史记录;柬埔寨证券市场和资本市场的需求,包括建立有活力市场的需求;申请公开发行的成功概率,包括已有的证券承销协议,或订立证券承销协议的方案能确保所有被申请认购或销售的证券全部发行或销售完毕;相关证券市场对上市证券的要求;根据证券法规定发布公开信息的要求;证交会执行长认为保护公众利益所需的其他事项。

满足以下条件的情况下可在柬埔寨境内公开发行证券:1.发行的证券即将或已经由在柬埔寨注册的公共有限公司发行或由现行法律法规允许的机构发行。2.除了证券法的二级法令规定的豁免证券,[①]符合本法或本法有关规定的证券条款和证券公开信息文件均要提前获得证交会执行长的批准,涉及到信息公开的,还须在证交会进行登记。[②]

---

① "豁免证券"源自美国,是一种根据美国《1933年证券法》(Securities Act of 1933)规定无须登记注册的证券。

② 参见柬埔寨《非政府证券发行和交易法》第16条。

(三)证券交易市场法律制度

1. 证券市场主体的准入申请

没有获得证交会的批准,或者不符合证券法规定或现行法律规定,任何人不得从事证券交易业务(包括证券互换)、清算、结算或证券托管业务。本条款不适用于从事清算、结算或证券托管的柬埔寨国家银行。

申请从事证券交易、清算与结算、证券托管业务的程序如下:

(1)从事证券交易、清算与结算、证券托管业务的申请人需按证交会提供的格式填写申请书并递交给证交会,并且支付申请手续费用。

(2)根据规定,证交会执行长收到申请书后,应将申请书的复印件提交证交会主席和成员会议,并于申请手续完结后尽快作出关于该申请的建议。

(3)如有必要,执行长可以要求申请人递交补充信息,且可以于补充信息递交之前中止申请的审批进程。

2. 证券业务资格的许可与牌照

许可从事证券交易、清算与结算或证券托管业务的申请应按照以下程序: 1. 根据证交会全体会议的决定,若申请符合本法规定,执行长应许可申请人从事证券交易、清算与结算或证券托管业务;2. 没有向申请人出具书面理由,或没有向申请人提供解释说明机会的情况下,证交会执行长不得直接拒绝许可申请;3. 在申请获准后的有效存续期间,根据证交会的决定,执行长有权针对申请提出附加条件,也可修改或撤销该附加条件。

除证券法二级法令中规定的豁免证券交易商和豁免证券交易之外,未经证交会执行长授予牌照,任何人不得从事证券业务或以证券公司的形式从事证券业务。

未经证交会执行长正式认证,任何人不得以授牌证券公司法定代表人的身份从事证券业务。申请许可证的程序如下:(1)申请从事证券交易或申请担任证券代表的人需按证交会规定的格式填写申请书,递交给证交会执行长,并支付规定的申请费用。(2)如有必要,证交会可要求申请人提供更多的信息,在此类信息没有提交前执行长可拒绝继续执行申请程序。颁布许可证的要求如下:

如证交会认为申请人符合证交会规定的要求,可批准同意其从事证券交易或担任证券代表。在许可证的有效期内,如证交会规定的条件变更,申请人须满足变更的条件;

（1）如没有提前向申请人出具书面理由，也没有给申请人提供解释机会，则证交会执行长不得拒绝颁发许可证；

（2）如证交会执行长按照本条第1款颁发许可证：

第一，颁发的许可证必须符合证交会规定的任何条款条件；

第二，许可证必须符合他认为合适的条件或限制，包括规定许可证持有人只能在获得的许可证范围内从事特定的营业活动；

第三，在许可证有效期内，经证交会决定，执行长可在许可证上增加附加条件，以及变更或撤回此种附加条件。

3.牌照的中止或撤销

证交会可对牌照持有人采取以下措施：（1）如果根据证券法授予牌照后，证交会执行长认为牌照持有人不满足获得牌照条件，或违反了证交会依法制定的规则，可采取以下措施：

第一，要求牌照持有人遵守规定或附加条款；

第二，对牌照加以限制；

第三，中止授予牌照直到持有人切实符合了法定条件或要求；

第四，撤销牌照。

（2）在没有给牌照持有人提供书面陈述和解释说明的机会的情况下，证交会执行长不得采取上述措施。

4.有关牌照的其他条件与规则

授予从事证券交易、清算与结算、证券托管业务的投资顾问、交易商和其他市场参与人牌照的具体规则由证交会制定。授予的牌照需在证交会执行长处登记，并且有关该牌照的必要信息应详细登记在册。

（四）证券监管法律制度

1.对证券清算、结算、托管业务的监管

证交会执行长有权对以下从事证券交易、清算与结算或证券托管业务者进行监管：如果根据证券法获得许可以后，证交会确定从事证券交易、清算与结算或证券托管业务者不符合获得许可的条件，或违反了证券法的规定，执行长可采取以下措施：

第一，监督被许可者遵守条件或法定要求。

第二，在该许可基础上设立新的条件或限制。

第三，中止许可直至被许可人证明其已经实际符合法定条件或要求。

第四,撤销许可。

未经证交会全体会议审议,也未给被许可人提供书面理由和解释说明的机会的情况下,执行长不得采取上述措施。

2.对公司与募股实体组织的监管

公众有限公司或其他依法成立的实体向柬埔寨王国公众发行或销售证券的,须严格遵守证交会对公众有限公司的管理要求,此类要求是为了维持证券市场的运行和保护公众投资者的利益。

为了对募股公司进行有效监管,证交会对公司的行为进行了以下规范:在公众有限责任公司或其他获得许可的实体组织公开发行有表决权的股票的情况下,可以通过持有法定数量的有表决权的股票获得该公司或实体的控制权。但是,证交会应制定规则,确保通过持股获得公司或实体的控制权是以公平、公开的方式进行,并确保对较大比重的股权持有人进行信息公开。该规则是为了保证公众有限公司或其他实体的公众持股人知道该公司和实体组织的控股股东的信息。

3.禁止行为

(1)内幕交易

公众有限公司或经批准募股的实体的内部知情人员包括:总经理、董事、管理人员和一般工作人员,持有公司或该实体百分之五已发行的有表决权资本的股东,以及任何已获知或有途径获取公司或实体内幕信息的人员;证交会主席、成员、执行长、其他执行人员和工作人员,政府相关官员,经证交会执行长批准许可的证券市场中介机构的工作人员,且此工作人员已获知或有途径获取公司活动的内幕信息。[①]

内幕信息是公众有限公司或经批准募股的实体已经发布或即将发布的所有信息,这些信息还未向公众披露,一经披露则有可能实质性影响证券价格或证券交易。

内部知情人员不得从事以下活动:直接或间接利用内幕信息在公众有限公司或经批准募股的实体的证券交易中赚取利益或避免损失;向其他个人或其他机构提供内幕信息,帮助其他个人或机构获利或避免损失。

(2)虚假交易和操纵市场

---

① 参见参见柬埔寨《非政府证券发行和交易法》第40条。

任何人不得明知或疏忽大意地从事以下活动：在柬埔寨证券市场上，以作为或不作为的方式引起证券交易活跃利好的假象，或是可能造成此类假象的行为；从事虚假的证券交易或与交易相关的准备活动，导致柬埔寨证券市场的证券价格维持、上涨或下跌，或引起证券价格的波动。

（3）虚假或误导性陈述

任何人不得作出以下陈述或散布以下信息：该陈述或信息具有明显的指向性或实质的误导性，具体的情形有：诱导公众认购、买卖证券；该陈述或信息导致市场证券价格上涨、下跌、维持或平稳；发布该陈述或信息时，发布者没有对陈述和信息的真伪尽到注意义务，以及发布时明知或应当知道该陈述和信息是虚假的或具有误导性的。

（五）争议解决、制裁与处罚制度

1.争议的调解

除刑事案件以外，任何由证券交易引起的争议问题，争议双方可在向法院提起诉讼前，将案件提交给证交会进行调解。

2.证交会的制裁与救济措施

如有违反证券法或有关证券法的其他规定的行为，证交会执行长可采取以下措施：对违法者予以书面警告；向违法者签发损失赔偿令，要求从违法所致损害事实发生之日起算，对受害者进行相应的损失赔付；请求有管辖权的法院签发执行令，要求违法者履行赔偿义务，赔偿额度由法院裁量；对违法者处以交易罚金或加以行政处罚，行政处罚的类型由证交会决定；对授牌公司或批准募股的实体组织的董事长、董事、管理人员或高级职员实行暂时停职处罚；派遣并授权资历合格的人员，对授牌的实体或获准募股的实体组织的商业活动或相关活动进行监督，该派遣人员应按照事先约定向执行长提交监督报告；根据具体情况限制或终止授牌法人实体或获准募股实体的特定或一般性活动，且无论这些活动是否符合证交会授牌或许可的要求。[①]

如证交会认为授牌的法人实体或获准募股的实体组织面临破产或财务困难，证交会执行长可指派或请求法院指派一名符合资历的人员作为该组织的临时管理人，根据《柬埔寨王国破产法》或证券法的二级法令的规定，对该法人

---

① 　参见参见柬埔寨《非政府证券发行和交易法》第 45 条。

组织进行重整或清算。如证券法和破产法有冲突,以证券法为准。

任何人对证交会决议或措施不服,均可向有管辖权的法院提起申诉,要求法院审查该决议或措施。

3.处罚制度

自然人或机构,若从事非法证券发行、销售;违反法定信息披露要求;进行违法证券市场操作,包括证券清算、结算与托管业务;无证经营证券;不遵守证交会规则;从事内幕交易、虚假交易、操纵市场或虚假陈述等禁止性行为的,可处以最高数额达 10 亿瑞尔的罚金,自然人构成犯罪的可被处以 1~10 年不等的监禁,未达监禁刑的可能处以禁止从业或没收财产的惩罚。对法人机构违法的,可处以终止法人资格或禁止从事特定业务活动的惩罚。

第二节　老挝证券法律制度

1986 年老挝实施革新开放,经济体制开始从高度集中的计划经济向党的领导和政府宏观管理下的社会主义市场经济转轨。随着国民经济的发展和企业规模的扩大,企业长期融资需求和银行短期贷款业务间的矛盾日益凸显,建立证券市场被提上六·五(2006—2010 年)规划日程。2004—2008 年,老挝年均经济增长达 7.65%。2008 年,老挝政府决定开设证券市场,为优质企业融资发展、做大做强创造条件。

2009 年 7 月,老挝成立证券管理委员会,当月,老挝央行与韩国证券公司签署合资成立证券市场协议,老方以土地和证券大楼出资,占股 51%;韩方提供系统软、硬件及人才培训,占股 49%。2010 年 5 月,老挝政府总理波松签发《关于证券和证券市场的政府令》。8 月,外贸银行与泰国 KT Zmico 证券合资成立首家证券公司——外贸银行恭泰证券。12 月,发展银行和越南 SACOM 银行合资的澜沧证券获批成立并实际开展业务。2010 年,有 30 家公司在证券市场备案,证券管理委员会最终将首批上市的公司锁定在大众发电、老挝航空、外贸银行、老挝电信和老挝啤酒等 5 家企业当中。9 月底,经过 16 个月的建设,证券大楼竣工交接,老挝基本具备开设证券市场的条件。

2010 年 10 月 10 日,老挝证券市场在万象举行挂牌仪式,2011 年 1 月 11 日正式开盘,首轮上市两只股票:外贸银行和大众发电。

老挝证券市场成立只有数年,新生的证券市场存在以下不足:

1.立法有待完善,老挝尚未出台《证券法》,仅以政府令和决定等行政法规的形式出台市场管理运营规则;2.国有企业股份制改革、民营及合资企业上市尚缺乏成熟的经验;3.从现有发行方式看,对外国投资者在老投资证券的开放程度有待进一步提高;4.尚不具备网络交易、第三方存管等成熟市场必备条件,硬件设施需进一步改善;5.证券从业人员队伍建设相对滞后,需培养或引进一批具备市场管理、金融投资和证券从业经验的专业人才队伍。

第三节　马来西亚证券法律制度

一、马来西亚证券法概述

(一)马来西亚证券市场概述

马来西亚是亚洲传统金融中心,其证券市场不管是在历史中还是当下,都在亚洲证券市场中占据重要地位。其发展历史最早可追溯至19世纪末的英国殖民时期,最初是作为英国橡胶和锡工业的扩展部分或附属产业而存在的,1930年马来西亚成立了第一家正式的证券组织——新加坡证券经纪人协会。1960年3月21日,马来西亚股票交易所成立,从而取代了原有的股票经纪人协会,正式的股票交易始于同年的1960年5月9日。1964年6月6日,马来西亚联邦股票交易所成立,1970年,马来西亚与新加坡的《货币互换协定》终止,此前的联合交易所也分成了吉隆坡交易所和新加坡交易所。到了20世纪90年代,马来西亚股票市场产生了重要变化——设立了第二交易板,至此,马来西亚证券市场已经十分成熟。①

(二)马来西亚证券法概述

马来西亚1965年颁布了《公司法》,1968年成立资本发行委员会(CIC)和

---

①　张辅萌:《马来西亚促进证券市场发展的新举措》,载《东南亚研究》1996年第5期,第9页。

公司注册局(ROC),1973 年颁布《证券法》(SIC),1974 年成立外国投资委员会(FIC),1983 年,废除旧的《证券法》,颁布新的《证券法》,1986 年,对《公司法》也加以修订补充,1987 年成立接收与合并委员会(PTOM),同时对 1983 年颁布的《证券法》加以修订补充。为了进一步提高市场效率,资本发行委员会(CIC)制定了一套更易于为公众所了解的指导准则,并于 1986 年 4 月公布了这套准则。准则用清楚的词句表明了公共公司必须遵守的标准和尺度。此后,CIC 进一步阐明和加强了这套指导准则。马来西亚接管和合并法案于1987 年 4 月 1 日开始实施,它为接管者和合并者提供了法律依据,以保证所有接管人的行为能按一种规范的方式进行,目的是保护少数持股人的利益。为了保证股票市场的合理发展,中央银行制定了《道德法案:股票交易指南》,此法案要求企业和商业银行遵守,特别要求银行遵守。因为商业银行特别了解有关公司的内部金融状况,而它们又是公司发行股票的顾问和保证人。这些法案的制定可以帮助阻止任何灰色市场和内线交易的出现。金融机构被要求或者接受中央银行的指导政策或者制定自己内部的管理规则。从 1989 年3 月开始,要求金融机构给中央银行提供所有与指导政策相背的违约情况和冲突行为的季度报告。[①] 此外,还有诸如《资本市场和服务法案》《证券委员会法案》等一系列的法律规范,这些构成了马来西亚的证券法体系。

二、马来西亚证券发行制度

证券发行是资金需求方步入证券市场的第一步骤,对证券发行的监管直接关系到融资的成败、规模、流向和成本乃至整体资源配置效率,一般有注册制和核准制两种方式。注册制,又称注册登记制,是反映市场的本质要求的强制性信息披露监管,指法律责成证券发行人将依法必须公开的与证券发行有关的所有资料准确、充分、及时地向证券监管机关汇报,制成文件并申请注册登记,内容不得有虚假和重大遗漏。有关监管部门仅审查申报资料本身的完整性和真实性,不对发行人进行价值评判,以免干扰投资者的投资意向。核准制则不然,它又称实质性审核制度,不仅要求发行人按法律规定公开披露种种

---

① 刘鸿儒、楼继伟、黄运成、霍恩全:《泰国、马来西亚资本市场考察报告》,载《经济研究参考》1993 年第 3 期,第 89 页。

信息,而且必须接受证券监管机构的实质性审核,后者有权否决不符合实质性条件的证券发行申请。注册制实质上反映了在强制性信息披露的前提下的市场本质要求,核准制反映了证券监管机构的意愿。

在马来西亚,证券的发行完全由政府的监管部门负责,马来西亚的资本发行委员会负责审查和批准新股的发行和定价,上市公司发行证券,需向证券监管委员会和证交所呈递招股说明书,由相关机构进行审核并由证交所将招股说明书公布在网站上。若审核通过,证券即可发行。

三、马来西亚交易制度

(一)马来西亚证券交易市场

1.马来西亚证券交易市场的组成

马来西亚的证券交易市场以吉隆坡交易所为主体,除了这一交易所外,还有一个本地民族证券交易所,该交易所成立于 1971 年,系根据马来西亚本地民族促进委员会颁布的法令而设立,其目的在于帮助当地马来人。吉隆坡证券交易所与本地民族证券交易所分别属于财政部与国家及乡村发展部管理。[1]

2.吉隆坡证券交易所

吉隆坡证券交易所的前身是成立于 1973 年的马来西亚证券交易所,该所是由会员经纪商组成的,设有一个九席委员会负责处理交易及行政管理事务。其中四席在政府指派,四席由会员中选举产生,一席为上市公司代表。

目前的吉隆坡证券交易所是亚洲最大的证券交易所之一,是马来西亚上市公司的股票、认股权、固定收入证券以及其他证券进行交易的场所,其成为近 1000 家国内外公司的上市选择。

3.马来西亚证券交易与自动报价有限公司(MESDAQ)

马来西亚证券交易与自动报价有限公司是专门为高成长与科技公司所设的股票交易所,它在 1997 年被核准为股票交易所,并在 1999 年 4 月开始运作。

---

[1]　参见吕凡:《马来西亚的证券市场》,载《亚太经济》1991 年第 1 期。

马来西亚证券交易与自动报价有限公司上市的条件有别于吉隆坡证券交易所,因此,新的科技创业与具有高成长潜能的新公司不必拥有成绩记录,只需证明有高利润潜能。

在此交易、报价的多为设立于多媒体超级走廊的公司,可申请其证券同时在美国自动报价交易所(NASDAQ)上市,并将其高达30%的股票以美国存票收据的方式在美国上市。[①]

4. 马来西亚衍生产品交易有限公司(MDEX)

马来西亚衍生产品交易有限公司是 KLSE 的附属公司,它是一间期货与期权交易所。由吉隆坡期权与金融期货交易所(KLOFFE)以及商品与货币交易所(COMMEX)合并成立,以迎合投资者对更有效的风险与组合投资的管理日益增长的需求。[②]

(二)马来西亚证券上市制度

吉隆坡交易所目前分为主板市场、二板市场和 MESDAQ 市场三大板块,其中主板市场是吉隆坡交易所主要的交易板,上市规则也最为严格。二板市场推出于 1988 年,所针对的是那些规模较小但同时有很强发展潜力的公司。而 MESDAQ 市场是一个与主板和二板相互独立的市场,专门为那些有着融资需求的科技类公司和拥有增长潜能的企业提供融资渠道。根据 MESDAQ 市场上市规则,并不要求科技类企业拥有营业记录,而其他的企业只需要经营一年就可以申请在这一市场上市,所有申请在该市场上市的企业都无须拥有盈利记录。二板和 MESDAQ 挂牌的公司都有机会转至主板。股票发行的股权制衡度依据国家发展政策规定,主板和二板上市的马来西亚本土企业中马来人的股权参与率至少应为 30%,MESDAQ 上市的马来西亚本土企业的马来人参股比率在上市五年内,或者公司利润往绩满足二板市场要求后的 1 年内,必须达到 30%。对于上市的外资公司则没有这方面的上市标准限制。此外还有一系列定量和定性的上市标准。

根据马来西亚证券业规则,主板上市的条件是:(1)盈利要求:过去连续 3

---

① 陈云东、米良主编:《东盟国家金融法律制度研究》,中国社会科学出版社 2008 年版,第 109 页。

② 陈云东、米良主编:《东盟国家金融法律制度研究》,中国社会科学出版社 2008 年版,第 109 页。

～5个财政年合计的税后盈利总额至少2千万林吉特;同时最近的完整财年税后盈利总额至少6百万林吉特 。(2)资本要求:市值至少5亿林吉特;以及至少拥有满1年的营运收入。(3)拥有在马来西亚或以外的国家建造和运营基础设施的权力:项目规模不得少于5亿林吉特,并且拥有马来西亚或以外的国家政府机构颁发的特许证书,特许或证书的剩余有效期不少于15年,如果有效期不足15年,但盈利能力满足条件1的申请也可能被接受。以上三个条件,满足其中一个,即可在主板上市。

如果是IPO上市,需要满足下列条件:(1)盈利要求:过去连续3～5个财政年合计的税后盈利总额至少2千万林吉特;同时最近的完整财年税后盈利总额至少6百万林吉特 。(2)最低公众股东1000人,每人持股至少100股,公众持股量为总股数的25%。(3)资本公积金至少4千万林吉特。此外,还有一些其他的上市要求,如IPO首发价不得低于0.50林吉特/股等。

除了上述上市条件,还有一些其他的要求,如公众持股不少于公司发行市值的25%,并且拥有至少1000位持股不少于100股的公众股东。50%以上税后利润来自马来西亚市场的公司需要将50%的公众持股份额分配给马来西亚土著居民。

马来西亚股票市场上市费用包括首次上市费用和年费,主板、二板和MESDAQ的首次上市费用均为股票发行市值的0.01%,主板和二板的年费均为股票发行市值的0.0025%,MESDAQ的年费以该年12月31日面值计算,费用均设有上限和下限。在交易费用方面,2008年1月2日生效的马来西亚交易成本不超过交易合同总值的0.7%,也可由客户商讨决定,取两种方式中较高者。

(三)证券交易制度

1.证券交易的相关规定

马来西亚证券交易时间为每周一至周五的9:00—12:30与14:30—17:00,交易的最低单位是100股。在单个交易日内,一只股票的最高价格可以较参考价高30%。如果参考价低于1林吉特,最高价应为三百个报价单位,相当于以30仙(1仙相当于0.01林吉特)进位到最低的报价。然而,新股第一天上市时的最高价格可以上涨500%,也就是5倍于IPO的价格。一只股票的单日最低价与最高价类似,可以较参考价低30%。如果参考价低于1林吉特,最低价应为三百个报价单位,相当于以30仙(1仙相当于0.01林吉特)进位到较高的报价。当新股第一天上市时,最低价可以是 0.5 仙,不管参考价是多少。[1]

2.闭锁期

马来西亚对于 IPO 的中内部人员所持股票进行了特殊规定,要求这些股票必须进行强制保管,待投资人进行的投资成立后经过一段时间,才可以办理赎回,马来西亚法律称此为"闭锁期"(Lock-up period)。根据马来西亚证券法的规定,公司创办人的所有股权,在允许企业上市后 6 个月才能出售。[2]

3.交易中断机制

马来西亚建立了证券交易中断机制,在波动期间使交易终止。当吉隆坡综合股价指数(KLCI)跌幅超过前一日市场收盘指数的 10%、15% 和 20% 时,暂停交易机制会启动,以此来稳定证券交易市场。具体情况可以参见表3-1:[3]

表 3-1　马来西亚证券交易中断机制

KLCI 指数下跌	9:00—11:15	11:15—14:30	14:30—15:45	15:45—17:00
KLCI 指数下跌在前一日收盘指数的 10% 至 15% 之间时	交易中止 1 小时	交易时段的剩余时间中止	交易中止 1 小时	交易时段的剩余时间中止
KLCI 指数下跌在前一日收盘指数的 15% 至 20% 之间时	交易中止 1 小时	交易时段的剩余时间中止	交易中止 1 小时	交易时段的剩余时间中止

---

[1]　叶茂青:《全球股市指引(二)》,载《科学与财富》2009 年第 1 期,第 41 页。

[2]　郭育良:《亚洲国家证券市场结构影响企业上市因素之研究——以香港、印尼、马来西亚、菲律宾和台湾为例》,淡江大学硕士论文,2008 年,第 25 页。

[3]　该表格源自马来西亚证券交易所网站:http//:www.bursamalaysia.com。

续表

KLCI 指数下跌	9:00— 11:15	11:15— 14:30	14:30— 15:45	15:45— 17:00
KLCI 指数下跌较前一日收盘指数超过 20%时	该交易时间段的剩余时间中止		该交易时间段的剩余时间中止	

4.交易产品的类型

马来西亚资本市场已经发展成为区域内最多元化和基础面最广泛的资本市场之一。

(1)马来西亚股票交易所是东盟区域中最大的交易所,而且是区域内拥有最多上市公司的交易所。

(2)马来西亚的债券市场规模可观,市场纵向深度长,以国民生产总值来计算,是亚洲第三大债券市场。

(3)马来西亚基金管理产业发展迅速,并拥有东盟区域内最大规模的单位信托产业(股票投资基金信托、房地产投资基金信托等)。

(4)期货市场:主要提供三种产品,原棕榈油期货、FKLI 指数期货、3 月期吉隆坡银行间市场同业拆借利率期货,其中最为重要的是原棕榈油期货。马来西亚自 1980 年以来就是世界上最大的棕榈油期货交易市场,其主要期货合约原棕榈油期货 FCPO 是世界棕榈油市场的定价基准,2010 年总成交量 410 万张合约,其中 25%的成交来自海外机构投资者。2009 年 9 月,马来西亚衍生品交易所与芝加哥商品交易所达成协议,将棕榈油期货推向全球。

(5)马来西亚拥有最大的伊斯兰资本市场,占全球苏古①发行量的 60%,同时也拥有全球最多数量的伊斯兰基金,拥有大量符合"莎利亚"条件的股票。拥有世界上第一个终端到终端的符合"莎利亚"条件的商品交易平台和伊斯兰银行界流动性管理的交易平台。

---

① subuk,为伊斯兰债券。

四、马来西亚证券监管制度

(一)马来西亚证券监管概述

马来西亚的证券管理是仿效英国和澳大利亚而制定,虽然设有全国证券管理委员会,但有四个机构分别管制证券业的各个方面:公司注册处是对交易商、投资咨询顾问及其代表颁发和更新许可证的主管机构,资本发行委员会负责审查和批准吉隆坡证券交易所上市的新证券发行,外国投资委员会负责外国投资的有关事宜,吉隆坡证券交易所负责其会员的证券交易行为和市场监督。吉隆坡证券交易所作为一个自律性组织,有自己的协会章程和备忘录,有一整套管理其会员及股票经纪公司证券交易行为的规则,对上市公司所须遵守的上市准则、信息披露要求都有详细规定。在马来西亚,除来自未分配盈利的红利股外,新股票发行都必须获得资本发行委员会(CIC)的批准,并由其定价。

(二)马来西亚的监管模式

马来西亚的监管是自律性监管模式,自律性管理体制是指政府除了某些必要的国家立法外,较少干预证券市场,对证券市场的管理主要由证券交易所及证券商协会等组织进行自律管理。自律组织通过其章程、规则引导制约其会员的行为,并有权拒绝接受某个证券商为会员,并对会员的违章行为实行制裁,甚至开除其会籍。自律管理的特点之一是通常没有制定直接的证券市场管理法规,而是通过一些间接的法规和自律组织的规章制度来制约证券市场活动;特点之二是没有全国性证券管理机构,主要靠证券市场及其参与者进行自我管理。①

(三)证券监管委员会

马来西亚证券监管委员会,在促进马来西亚证券与期货市场发展方面发挥了重要作用。马来西亚证券监管委员会是资金自给的法定机构,对财政部

---

① 张凌:《论东亚新兴证券市场的监管》,硕士论文,厦门大学,2001 年。

长负责,拥有调查权和实施权,管制证券与期货合约、公司的收购与合并,以及单位信托计划。

作为公司招股书的证明机关,也是公司债券发行的核准机关,虽然它监督一切领有执照的人士、交易所、清算所与中央存票所,但它鼓励自我管制,也采取措施以确保市场上的各机构与领有执照的人循规蹈矩。①

(四)信息披露制度

对于信息披露,马来西亚有以下基本要求:

1.上市公司必须立即、公开地将其在营业或财务方面所发生的任何重要变化通知交易所,除非交易所认为有必要保密,否则这类情况需向公众公开。

2.充分向公众披露。上市公司必须以能使公众最全面详尽获得信息的传播方式向公众公布重要的信息,包括各种新闻媒体。

3.谣言和传闻的澄清或查证。任何时候上市公司得悉一次谣言或传闻,不论其真实与否,只要其内容可能会影响或已经影响到该公司的证券交易,或者对投资者决策可能会有影响时,公司应尽快向公众澄清事实。

4.对异常及市场行为作出反应。上市公司股票无论何时发生异常的市场行为,该公司都必须进行调查,弄清是否有谣言或其他情况,需要采取纠正行动,并立即采取相应措施,如经调查后仍无法解释时,公司可向公众声明本公司未开展过此类业务。

5.严禁内幕交易。内幕人士的交易是违法的。所谓内幕人士,是指上市公司董事、经理、审计师或连同直系家属持有超过一家上市公司注册资本10%的证券持有者,以及政府官员、证券交易所董事、经理或高级职员。此类人均有可能掌握未经披露的信息,一旦交易都应处以罚款或监禁。

马来西亚上市公司应公布中期报告、决策报告、通函说明等文件,每个会计年度的头6个月期满的3个月内,在股票交易所挂牌上市的公司应向交易所递交中期报告,中期报告由公司董事会编制,内容包括公司的经济活动和盈利情况,必要时还要包括该时期内集团公司的经营情况。报告还应说明与上一年度同期盈利能力和销售额比较的百分比,以及造成这些百分比出现的主

---

① 陈云东、米良主编:《东盟国家金融法律制度研究》,中国社会科学出版社 2008 年版,第 108 页。

要原因。

第四节　菲律宾证券法律制度

一、菲律宾证券法律制度概述

菲律宾的证券交易有较早的历史。早在 1927 年,作为美国殖民地的菲律宾模仿纽约证券交易所的模式,建立了菲律宾第一家证券交易所——马尼拉证券交易所。开始时,菲律宾的证券市场是不受管制的。1936 年,菲律宾颁布了共和国法案 83 号(《菲律宾证券法》),并建立了证券交易委员会对证券市场进行管理。

1941 年之前,菲律宾是黄金的主要生产国,因此证券交易所的活动受黄金价格的影响很大。1963 年,菲律宾建立了第二个证券交易所——马卡蒂证券交易所。1973 年,菲律宾总统颁布的一项总统令规定在一家证券交易所上市的股票应自动在另一家证券交易所上市。为了促进菲律宾证券市场的发展,1992 年马尼拉证券交易所与马卡蒂证券交易所合并,即为现在的菲律宾证券交易所。

随着证券市场的发展,菲律宾于 1982 年 2 月 23 日通过了《证券法》(修正),确定了证券活动的基本规则。2000 年 7 月 19 日,菲律宾国会通过《证券管理法》[①],该法共 13 章 78 条,对菲律宾证券的登记、交易、证券机构等内容作了最新的规定,也是研究当代菲律宾证券法律制度最新的法律文本。[②]

---

① The Securities Regulation Code (Republic Act No. 8799).
② 陈云东主编:《菲律宾共和国经济贸易法律指南》,中国法制出版社 2006 年版,第 200 页。

二、证券发行法律制度

(一)证券的概念和范围

1.证券的概念

证券是参与公司、商业企业和其他以盈利为目的的企业的股份、投资或利益分配的凭证,该凭证可以是书面或电子形式的证明书、契约或其他文书。

2.证券的范围

根据菲律宾《证券管理法》第3.1条的规定,证券的范围包括:

(1)股票、债券、公司信用债券、负债的原始凭证、已经背书财产的证券;

(2)投资契约、盈利分享协议下的权益证书或参与证书;

(3)石油、煤气或其他矿产小额利息滚存权;

(4)分配证书、参与证书、股权信托证书或其他类似证书;

(5)证券交易委员会将来可能认可的其他证书。

(二)证券的注册

1.注册程序

菲律宾《证券管理法》第8条规定,未经证券交易委员会注册的证券不得在菲律宾境内出售或发行。已经注册的证券在出售前,购买人有权获得所有委员会规定的与证券相关的信息。

《证券管理法》第12条规定了注册的程序,大体如下:

(1)发行人应在证券交易委员会的主办事处提交一份经宣誓过的注册报表,其内容和形式必须符合委员会的规定。所有证券发行人提交的报表必须包括以下信息:证券发行对所有权和所有权组成尤其是对外国所有权和本国所有权组成的影响。注册申请书必须要有以下相关人员的签署:发行人的行政长官、经营主管人、首席财政官员、审计员、会计主管人和公司秘书长,并且要附一份发行公司董事会决议。

(2)注册报表的在审声明应立即由发行人在两种菲律宾公开发行的报纸上连续两周每周公告一次。

(3)证券交易委员会应在注册报表归档后的45天内作出核准或驳回决定,除非委员会允许申请人修改注册报表。

2.豁免注册的情形

菲律宾《证券管理法》规定了发行证券注册豁免制度。证券注册豁免主要包括两种情形,即豁免证券(*Exempt Securities*)[①]和豁免交易(*Exempt Transactions*)[②]。《证券管理法》第 9 条和第 10 条分别例举了豁免证券和豁免交易的具体种类和情形。

3.拒绝或撤销注册

菲律宾《证券管理法》第 13 条规定了证券交易委员会有权拒绝注册报表或撤销已经生效的注册。主要包括以下几种情形:

(1)发行人或注册人:无偿付能力或财产状况不佳;违反或不遵守本法规或依其制定的规划或委员会的任何命令;没有遵守委员会在证券注册前为公众利益或保护投资者之需而规定的任何可行的要求和条件;已从事过或正要或将要从事欺诈活动;有任何其他不忠实的行为或信誉不佳;不依法从业或从事非法或与规划条例相抵触的活动。

(2)注册报表在任何重要方面未完成或不准确或有关重要事实陈述不符,或对予以要求陈述或不至误导有必要陈述的重要事实没有陈述。

(3)发行人或其管理人员、董事被主管司法或行政机关裁定有罪,或者因其涉嫌道德问题或欺诈违反证券法或相关法律法规被委员会或其他主管机关给予限制处罚。

(4)拒绝委员会作出的检查决定,可成为拒绝或撤销证券注册的正当理由。

(5)注册报表可因发行人提出撤回请求并经委员会同意及依委员会制定的规则、条例,由委员会撤销。

4.注册报表的修正

根据菲律宾《证券管理法》第 14 条对注册报表的修正作了以下规定:

(1)如果注册报表的封面在任何重要方面不完整或不准确,委员会可向注

---

① 豁免证券是源于美国证券制度的特殊概念,我国台湾法也有类似的规定。所谓豁免证券,是指免除政府证券监管机构发行或上市交易审查、登记的特殊证券形态。政府证券是豁免证券的典型形式。

② 豁免交易与豁免证券不同,后者是以证券的性质为豁免的出发点,前者则以发行的性质为基础。豁免证券在发行和交易时均无须注册,而通过豁免交易发行的证券,在交易时仍需再次申请豁免,否则应注册。

册人发送修正注册报表的命令,修正后的注册报表根据本法第12条第6款的规定处理。

(2)在注册生效之前修改的注册报表,其生效期(45天)应重新计算,其中包含委员会注册的时间。

(3)如果注册报表中规定的任何事实发生变化,发行人应向委员会提交一份阐述该事实变更的修正案。

(4)在任何时候,如果委员会发现注册报表包含任何虚假陈述,或者对要求予以阐述或为不致引起误导有必要予以说明的任何重大事实不予说明,委员会可以进行一次调查,在发送通知和听证之后,可发出命令暂停注册表的生效。如果注册报表按要求修正,应取消暂停命令。

(5)委员会在进行上述第(4)项规定的调查时,委员会或其任何工作人员或其指定的工作人员可以宣誓并且应当有权查阅与调查相关的任何出版物、书籍、记录或文件。发行人、承销商或其他任何相关人员拒绝合作,阻碍或拒绝接受调查,委员会可因此而发布其注册报表暂停生效的命令。

5.注册的暂停

根据菲律宾《证券管理法》第15条的规定,在任何时候,如果注册报表中包含的信息已成为误导、不准确、不适当或不安全,或证券的销售可能引起或有助于引起欺诈,委员会可向申请人询问,依其判断能使委员会决定该证券的注册能否按本法特定的任何理由予以撤回的必要的更多信息。在调查期间,委员会可暂停该证券的销售权。在委员会规定的合理期间内拒绝提供委员会所要求的信息可成为发出该暂停令的正当理由。一旦发出该暂停令,在委员会宣布取消暂停令之前任何销售证券均是无效的。

委员会在发出暂停令后会马上举行有关当事人的听证会。在听证会上,委员会若决定,基于法定的任何特定原因,须取消该证券的注册,其必须作出必要的认定,并发出禁止销售该证券的最终命令。反之,若发现证券销售既不是欺诈,也不会导致欺诈,应立即命令解除暂停令,该证券恢复暂停令之前作为依法注册证券的地位。

三、证券交易法律制度

（一）交易制度

菲律宾证券市场的参与者以个人为主，但机构投资者和外国投资者也发挥着重要作用。菲律宾居民可以自由购买菲律宾公司的股份，但外国投资者拥有一家菲律宾公司的股份不能超过该公司股份总额的 40％。

在菲律宾，投资者可进行现金交易，也可进行保证金交易。在进行现金交易时，客户须在交割期内支付现金。在进行保证金交易时，经纪人可以按照保证金协议向客户提供贷款，客户可以存入相当于买入价 50％ 的现金。

证券交易所的交易必须通过证券经纪人进行，但有些银行也可以提供经纪服务。客户在发出买卖委托之前，须先在会员经纪人处开立一个账户。经纪人接到委托后，立即通知其场内代表进行交易。菲律宾的证券交易按双边竞价的方法进行交易。

证券商或经纪商可以投资或套利的形式从事股票交易。但涉及非本国居民的交易，证券商或经纪商须于交易日前三天向中央银行申请，经中央银行审批批准并发放注册证明后，方可进行交易。经注册的外国投资，包括股票和利润，扣除税金和费用后，均可汇出境外。

为保障证券发行公司企业、投资者及公众利益，《证券管理法》第七章规定了下列行为均属违法：操纵证券市场价格行为；交易所从业人员对证券的担保或保证行为；欺诈交易行为；内幕交易行为。

（二）证券交易所

证券交易所是提供证券集中交易的场所。证券交易所仅为买卖双方提供交易的场所和服务，并对证券交易进行管理。

1. 证券交易所的注册

菲律宾《证券管理法》第 32 条规定，任何证券经纪人、证券商、证券销售人员等使用未经证券交易委员会注册的证券交易所进行证券交易均属违法。

《证券管理法》第 33 条规定了证券交易所注册的程序和条件：

（1）证券交易所的注册应按委员会规定的内容和形式向委员会提交一份注册申请，其内容应包括：一份遵守《证券管理法》及其相关法律和证券交易所规则的承诺书;交易所的组织表、管理人员和从业人员的名册;证券交易所规则的副本;承诺当作为交易所成员的某一公司丧失偿付能力时,交易所将按照委员会的指令接管该公司的运行并立即进行公司债务的处理。

(2)证券交易委员会将按照以下原则审批证券交易所的注册申请:申请人是股份公司;申请人的业务仅限于证券经营;作为股份公司的证券交易所,其个人控制有表决权的股份不得超过 5%,单个工商集团控制的有表决权的股份不得超过 20%;拒绝欺诈性交易和操纵证券市场的行为,推行公平、公正交易原则,保护投资人和公众的利益;保障证券清算交割的透明性、快捷性和准确性。

2.证券交易所的暂停

根据《证券管理法》第 36 条的规定,为了保护投资人和公众的利益,证券交易委员会认为必要时可决定证券交易所暂停交易,但不得超过 30 天;在总统的批准下,委员会可决定 30 天以上 90 天以下的交易暂停。

(三)证券结算机构

根据《证券管理法》第 42 条,证券结算机构是为证券交易提供登记、托管、结算服务的机构。设立证券结算机构一般须经证券交易委员会的批准。证券结算机构的注册应按委员会规定的内容和形式向委员会提交一份注册申请,其内容应包括:一份遵守《证券管理法》及其相关法律和证券结算机构规则的承诺书;交易所的组织表、管理人员和从业人员的名册;证券结算机构规则的副本。

四、证券监管法律制度

(一)证券交易委员会

菲律宾证券市场监管实行集中与立法管理模式[①]。证券交易委员会是对菲律宾证券市场进行监管的法定机构,所有在菲律宾境内发行和出售的证券都必须向证券交易委员会注册,证券的发行、交易等活动都受证券交易委员会

---

① 参见:熊志海:《新编证券法》,中共中央党校出版社 2000 版,第 262 页。

的监管,以保证证券市场的健康有序发展。

1.证券交易委员会的构成

根据《证券管理法》第 4 条的规定,菲律宾证券交易委员会由总统任命的一名主席和 4 名委员组成,每届任期 7 年。委员和主席都必须是出生在菲律宾的公民。委员会定期会议至少每周一次,必要时主席可以召集至少 3 名委员召开特别会议。

2.证券交易委员会的职权

根据《证券管理法》第 5.1 条的规定,证券交易委员会享有以下职权:制定政策指导管理证券市场,就证券市场相关事宜向国会和其他政府机构提供咨询或立法建议;批准、拒绝、暂停或撤销证券注册申请;监督、管理、暂停、接管证券交易所、证券结算机构和其他自律性证券机构的活动;法律法规赋予的其他职权。

(二)信息披露制度

1.发行人的信息披露义务

根据《证券管理法》第 17 条的规定,在证券交易委员会注册交易或在证券交易所登记上市交易的证券发行人应于规定的期限内向证券交易委员会、证券交易所和股东提交发行公司的信息。具体规定如下:

(1)发行人应在其每一财政年度结束之日起 135 天内,向证券交易委员会提交一份年度报告,内容应包括:资产负债表、收益和亏损情况和资金流转情况等,并附有一份独立公共注册会计师的证明。

(2)委员会为及时了解发行人的经营状况和财政状况,必要时可要求发行人提供阶段报告和重大发展情况的临时报告。

(3)证券交易所登记上市的发行人向委员会提交的以上所有报告都应向证券交易所提交一份副本。

(4)每一年度股东大会之前,发行人应按委员会规定的期限和内容向所有有表决权的股东提交一份年度报告。

2.股票持有人的报告义务

《证券管理法》第 18 条规定了直接或间接持有发行人超过 5% 股份的股东或者股东持有股份每增加 5%,应当在取得该股份 10 日内,或者在委员会规定的合理期限内,向证券发行人、交易所和委员会提交一份宣誓声明,以保护公共利益和投资者权益。第 18 条第 1 款例举了该声明的主要内容。

(三)对证券市场专业人员①的监管

1. 经纪商、交易商及有关人员的注册

《证券管理法》第 28 条规定,任何人未经注册不得作为经纪商、交易商或业务人员或经纪商和销售商的有关人员从事证券买卖业务。任何经注册的经纪商或交易商以及发行人均不得雇佣未按本法规定注册的业务人员。

出于维护公共利益和保护投资者的权益,委员会可以通过规则或命令有条件或无条件地豁免经纪商、交易商、业务人员及以上有关人员的注册。

委员会应当制定规则对各个类别申请人的注册作出规定。经纪商或交易商申请注册登记,应当向委员会提交书面申请,申请书的形式和内容应符合委员会规则的规定。在收到注册申请 30 日内,委员会应当通过发布命令的方式,作出同意注册或拒绝注册的决定。

根据《证券管理法》第 29 条的规定,以上有关人员的注册申请可能会被委员会拒绝,同时如果委员会在通知和听证之后认为注册申请或者注册人有以下情形时可撤销、暂停注册或对注册予以限制:

(1)曾故意违反本法的任何条款、任何规则、规章或委员会作出的命令,或者已经注册的经纪商、交易商或有关人员未能对防止其他人违反以上规定尽到监督义务;

(2)曾在注册申请或向委员会或自律组织提交的备案报告中故意作出或导致了重大虚假或误导性陈述,或者故意遗漏了本法规定的应当说明的任何重大事实;

(3)未满足本法第 28 条和委员会依据本法制定的规则所规定的条件和要求;

(4)因涉嫌道德问题、诈骗、贪污、伪造、挪用公款、贿赂、作伪证等被司法机关定罪,或因违反证券法、商品法、银行法、房地产法和保险法等法律而被行政机关处罚;

(5)被主管司法或行政机关禁止或限制从事证券、商品、银行、房地产和保险等活动,或违反以上有关法律;

---

①　此处所称的"证券市场专业人员"是广义,既包括经纪商、交易商等中介服务机构,也包括证券市场从业人员。

（6）收到主管司法或行政机关作出的拒绝、撤销或暂停本法和委员会依据本法制定的规则和条例及委员会管理之下任何其他法律设置的任何注册、牌照或其他许可的命令；

（7）被自律组织暂停或开除会籍，或者取消其成为会员的资格；

（8）被主管司法或行政机关发现曾经故意违反证券法、商品法、银行法、房地产法或保险法的任何规定，或者曾故意怂恿、帮助、劝告、命令、诱发或促使此类违规行为的发生；

（9）已被宣布司法破产。

2.对会员、经纪商和交易商职能的分离和限制

交易所的任何会员经纪商不得为了自己账户、关联人的账户或由经纪商或其关联人投资的享有酌处权的账户对任何交易施加影响，但以下情形不构成违法：（1）会员经纪商发挥做市商职能的交易；（2）为了进行大宗交易而为的合理必要的交易；（3）为了抵消一项错误交易而为的任何交易；（4）可能被委员会定义为类似性质的其他交易。

当会员经纪商为了自己账户、关联人账户或由经纪商或其关联人投资的享有酌处权的账户对影响交易时，应当在交易时或交易完成前向客户披露，同时这一事实应当反映在订单和确认单上。

3.对会员、经纪商和交易商借款的限制

根据《证券管理法》第49条，任何注册经纪商、交易商或交易所会员直接或间接从事下列活动均属违法：

（1）作为经纪商或交易商，在日常业务活动中允许其对所有人的债务，包括客户的贷款余额（但不包括用于证券免于担保的债务），超过委员会以规则规章为保护公共利益和投资者利益而规定的必须在业务中使用的净资产百分比，但无论如何不得超过2000%。

（2）代客户的账户办理如下证券的担保、抵押或安排担保、抵押：①未经其书面同意，允许其证券与任何客户的证券混同；②允许该证券与善意客户外的任何客户的证券混同；③允许该证券为超过该客户有关该证券总债务的部分设立的担保、抵押。

（3）未经客户书面许可或者违反委员会制定的规则规章，代其客户办理证券出借或安排出借。

(四)自律性组织

除委员会监管之外,自律性组织也对证券市场各主体的行为发挥着重要的作用。菲律宾《证券法》和《证券管理法》都规定,经委员会注册,可成立证券经纪商、交易商及其他证券组织协会,委员会根据公共利益需要和保护投资者而制定必要的规则和制度管理此类协会。《证券管理法》第39条及第40条详细规定了自律协会注册的条件、程序以及职权。

五、证券法律责任

《证券管理法》第13章"总则"部分规定了各类证券违法行为的法律责任,包含有民事责任、行政责任和刑事责任。

(一)民事责任

1.虚假注册报表的民事责任

如果某证券的注册报表或其中部分存在重大事实的虚假陈述或者遗漏了要求陈述的重大事实或为不致引人误解而需要陈述的事实,遭受损失的任何证券取得人,可以起诉并向以下列举的人请求赔偿,除非能够证明他在购买该证券时已经知晓该不实陈述或遗漏:

(1)发行人及注册报表的所有签名人;

(2)所有被认定负有责任的发行人的董事或承担类似职责的人员、合伙人,该发行人包括提交注册报表、补充报表及修正报表时的发行人;

(3)所有在注册报表中登记即将担任发行人董事或类似职务的人员、合伙人的人,并且与注册报表同时提交了其书面同意书;

(4)所有被陈述为已经对注册报表和招股说明书中财务陈述作出认证的审计员和审计事务所;

(5)所有被陈述为参与了注册报表任一部分的编写或认证,或者参与了在注册报表中被使用的任何报告或评估的编写或认证的人,并且与注册报表一同提交了书面同意书,而该报表、报告或评估看起来是由其编写或认证的;

(6)所有促成或认定注册报表中某一部分的准确性的售股股东,而注册报表的该部分声称是由其促成的;

(7)该证券的所有承销商。

如果证券取得人索赔是在发行人向其证券持有人披露其损益报表自注册生效起至少 12 个月之后,则该权利行使的条件是证明证券持有人取得该证券是基于注册报表的虚假陈述或对注册报表的信赖,并且不知晓其损益报表,但此种信赖在没有证据证明其阅读了注册报表时也可能成立。

2. 与招股说明书、公告和报告相关的民事责任

任何人违反《证券管理法》第三章关于注册的规定销售证券,或者无论其是否得到注册豁免,在销售证券时发布的招股说明书或其他书面或口头的公告包含不实陈述或遗漏了需要陈述的重大事实,并且其未能举证证明其不知道或者已经尽到合理注意仍然不知道该不实陈述或遗漏,应当对购买该证券的人承担赔偿价款及利息或损失的责任。

3. 证券交易中欺诈的民事责任

任何人违反《证券管理法》第 19.2 条、第 20 条或第 26 条或者委员会制定的任何规则规章的规定从事任何行为或交易,应当对购买或出售任何证券、委托或拒绝委托代理、同意或授权、接受或拒绝某一证券招标邀请并因该行为或交易遭受损失的人承担责任。

4. 操纵证券价格的民事责任

任何故意参与《证券管理法》第 24 条规定的操纵证券价格行为或交易的人,应当对以该(受到该违法行为或交易影响的)价格购买或出售任何证券的人承担责任,该投资者可以起诉要求赔偿因该行为或交易所遭受的损失。

5. 与商品期货合约和前期需求计划①相关的民事责任

《证券管理法》第 11 条和第 16 条是对商品期货合约和前期需求计划的规定,表明委员会旨在禁止前期需求计划在发售过程中的欺诈,以及禁止与商品期货合约相关的欺诈、操纵、虚假交易、不当炒作及其他不当行为,任何人违反以上规定应当向因该行为或交易遭受损失的其他人承担责任。

6. 内部人交易的民事责任

《证券管理法》第 27 条规定了内部人交易的披露义务,任何违反该法第 27.1 条的内部人或在要约收购时违反第 27.4(a)条以及该法规定的其他规则的任何人在掌握不为公众所知的重大信息而购买或出售某一证券时,在诉讼中应对同时购买或出售同一类证券的其他投资者承担责任,除非能够证明其

---

① 原文为"Pre-need plan",笔者将其译为"前期需求计划",仅供参考。

他投资者知晓该重大信息或者无论是否向其披露该信息都会以相同的价格购买或出售该证券。同时,内部人或收购要约中的任何人在披露非公开的重大信息时违反第27.3条、第27.4(a)条规定的,也应与以上的责任人一同对披露的相对人承担同等程度的连带责任。

(二)行政责任

如果在告知和听证之后,委员会认定:(1)有违反《证券管理法》或委员会规则、命令的行为;(2)任何注册经纪商、交易商及关联人员未尽到防止其他人违法的监督义务;(3)任何注册人或其他人在向委员会提交的注册报表或法律规则要求的其他报告、申请、账目、记录或文件存在任何重大事实的虚假陈述、遗漏了任何需要陈述或者为不致引人误解需要陈述的重大事实,或者,在承销的情形下,未能尽到合理的尽职调查以确保注册报表在各重大方面的准确性和完整性;(4)任何人拒绝委员会对其事务进行合法的调查,委员会可根据事实和情况在自由裁量权内对其处以下处罚:

(1)暂停或撤销证券发行的注册;

(2)处以10000比索以上1000000比索以下、持续违法期间每天不超过20000比索的罚款;

(3)在违反本法第19.2条、第20条、第24条、第26条和第27条的情况下,取消其成为本法第17条或其他任何委员会施行的法案、规则或规章规定要求向委员会提交报告的发行人的官员、董事会成员或其他履行类似职能的人员的资格;

(4)在违反本法第34条的情况下,处以因本条规定的交易而获得的利润或避免的损失数额不超过3倍的罚款;

(5)委员会权力范围内的其他处罚。

(三)刑事责任

任何人在权力范围之内无正当理由未能遵守或者拒绝遵守委员会根据《证券管理法》第52.2条、第52.3条或第64条发出的任何合法命令、决定或传讯,在经过通知和听证之后,可能被定为对委员会的蔑视。此行为人将被处以委员会认定为合理数额的罚款,而当其违反或拒绝已经构成对委员会命令、决定或传票的明确公开的挑战时,委员会应颁布逮捕令将其拘留,直到该命令、决定或传讯被遵守。

第五节　新加坡证券法律制度

一、新加坡证券法概述

（一）新加坡证券业概述

新加坡证券业具有悠久的历史,尽管新加坡在 1973 年 6 月才成立自己的交易所,但是作为英国的殖民地,早在 19 世纪末,新加坡便有了证券交易活动。1930 年 6 月,为避免证券经纪人之间的无序竞争,保护公众的利益,规范交易活动,15 家证券经纪商联合起来,建立了新加坡证券经纪人协会,在此基础上,1960 年马来西亚证券交易所正式建立,并在新加坡和吉隆坡各设立一个交易所,用直线电话把两个营业厅连接起来。1973 年 5 月,由于马来西亚政府中止了两国之间的货币兑换,导致了联合交易所的分裂,新加坡证券市场正式与马来西亚证券市场分割,并成立了新加坡证券交易所,并于 1973 年 6 月 4 日正式开张营业。[①] 新加坡证券交易所采用了国际标准的披露标准和公司治理政策,为本地和海外投资者提供了管理良好的投资环境,经过几十年的发展,新加坡证券市场已经成为亚洲主要的证券市场。

（二）新加坡证券法律概况

目前,规范新加坡证券市场的法律法规主要有《新加坡公司法》、1986 年《证券业规则》《新加坡证交所规则》《政府证券法》以及《新加坡证券与期货法》,其中,《新加坡证券与期货法》将《证券业法》《期货交易法》《交易所法》以及《公司法》中有关证券市场的规定全部统一于一部法中,因此,该法已经成为目前新加坡证券市场最为主要的法规。《新加坡证券与期货法》颁布于 2001 年,由新加坡金融监管局提出,新加坡国会通过,全文共计 15 章 343 条,主要

---

① 杨运财:《境内企业香港、新加坡上市分析及对策研究》,西北工业大学硕士论文,2007 年,第 31 页。

内容有前言、市场部分、结算设施、控股公司、资本市场服务执照及代表执照、顾客资产与检查程序、商业行为、利益揭露、证券投资咨询及公开收购、监督与调查、协助外国主管机关事项、投资人赔偿计划、市场行为规范、投资商品的提供、诉讼审议、其他事项等。

二、新加坡证券发行制度

(一)发行制度概述

证券发行市场在证券市场体系中,处于同证券交易市场同等重要的位置。一个完善、成熟和有序的证券发行市场,对于调整证券市场的供求关系、促进其健康发展和日趋成熟,有着毋庸置疑的重要作用。证券发行市场,没有完善的法律法规的保障,是难以健康发展的。就新加坡的证券发行市场而言,其有着一套完整的法律法规体系。新加坡的金融主管部门充分汲取了证券市场创建之初"国民争购、秩序混乱"的教训,制定并实施了一系列的法律和法规。这之中既包括针对上市公司的《公司法》《证券法》以及相应的会计、审计方面的法规,也有针对公众的关于购买证券办法的具体法令,形成了保障证券发行市场秩序的完整的法律体系。[①] 鉴于新加坡证券发行市场最重要的是股票的公开发行制度,因此下文主要对该制度加以介绍。

(二)股票公开发行程序

新加坡股票的发行审核和上市审核分离,由监管机构和交易所各自负责。其中,作为法定的监管机构,新加坡金融监管局负责审核招股说明书是否符合法定披露要求,监督新交所履行其职责。发行人公开发行股票,必须符合法律有关资金、盈利等方面要求,并出具招股说明书,招股说明书必须在金融监管局备案,并在金融监管局网站上公布招股说明书征求公众意见。金融监管局对招股说明书进行注册审查,一般来说,注册通常可在 21 天内完成。注册前,金融监管局要对招股说明书进行审查。审查的重点是影响投资者决策的重要信息,包括风险因素、筹款用途、关联交易、潜在利益冲突、财务信息、管理层讨

---

① 郑刚:《略谈新加坡的证券发行市场》,载《当代亚太》1993 年第 3 期,第 33 页。

论与分析、合规经营情况等。如发现发行人存在不遵守披露规定、虚假记载或误导性陈述、重大遗漏、不符合公众利益等情形,金管局有权拒绝注册或发出中止令。此前,发行人有申诉权利。而完成注册的发行人,有权进行股票的发行。

(三)招股说明书与募集说明书

1. 招股说明书

首次公开发售股票的招股说明书必须包括《证券与期货(要约与投资/股份与债券)条例 2002》附表 5 中所规定的文件及信息。该条例的内容在很大程度上与国际证券委员会组织(IOSCO)的《关于外国发行人跨境招股与首次上市的国际披露资料标准文件》一致。《证券与期货法》第 243 条还规定发行者及其顾问必须披露投资者及其专业顾问为对有关证券进行充分估价所合理需要的所有信息。如果公司在股票交易市场上寻求上市,招股说明书还必遵守上市规则。

2. 募集说明书

(1)募集说明书概述

对于所有公开发行的证券而言,除非被排除或者豁免的证券,其他均需提供募集说明书。另外,当公司发行集合投资计划或商业信托的单位时,也必须发行招股说明书。所谓募集说明书,是向投资公众说明该公司业务、资产和基本情况的文件,旨在使投资者能够在获取充分信息后作出决定是否认购或购买该证券。公司发行的所有招股说明书在公布以前都必须在新加坡金融监管局登记。

募集说明书必须由所有董事或拟任董事(或其授权代理人)签署。募集说明书必须注明日期,该说明书签署 6 个月之后不得再发售任何以此为基础的股票或债券。任何人不得订立合同排除《证券与期货法》的规定。然而,如果遵守该法对募集说明书的形式或内容的要求过于繁重,金融监管局可以免除此要求。

(2)发布误导性募集说明书的后果

如募集说明书含有不实陈述或未能披露重大事实,准备该说明书的人员将面对由此引起的检控,并承担由此产生的民事和刑事责任。[①]

(3)募集说明书要求的豁免

如果遵守义务过于艰难,金融监管局可以豁免某人在遵守募集说明书的内容或形式方面的任何义务。对于发售要约或要约邀请,或者该要约或要约邀请所属的一组要约或要约邀请,金融监管局也有权力完全放弃发行募集说明书的要求。

三、新加坡证券交易制度

(一)新加坡证券交易市场

1.新加坡证券交易市场的组织架构

目前的新加坡证券交易市场,主要以新加坡交易所为主体,以新加坡金融监管局作为其政府监督机构,同时,新加坡证券业协会作为新加坡交易所的指导性机构,也发挥着重要作用。新加坡交易所目前由五个子公司构成,分别是新加坡证券交易所,中央托收私人有限公司、新加坡衍生商品交易所、新加坡衍生商品结算所、科技服务私人有限公司。(参照图1)

2.新加坡交易所

(1)新加坡交易所概况

新加坡交易所的前身是1973年成立的新加坡证券交易所,成立之初,新加坡证券交易所由公司注册局进行管理,1984年转由新加坡金融监管局进行管理,新加坡金融监管局负责监督证券市场的运作并参与整体市场政策的制定,但不能干涉新加坡证券交易所的日常提议与运作。也就是说,新加坡证券交易所是在新加坡金融监管局以及证券业协会的协助下运行的。1984年,新加坡国际金融交易所成立,该市场主要用于交易国际市场利率、股票及能源等衍生性金融商品。1999年,新加坡证券交易所与新加坡国际金融交易所合并成立了新加坡交易所,并于2001年挂牌上市。[②] 新加坡交易所既是新加坡证券市场交易和结算的一线监管机构,同时还是一家上市机构,该机构除了承担

---

① 具体参见《证券与期货法》第254条。

② 参见新加坡交易所网站:www.sgx.com

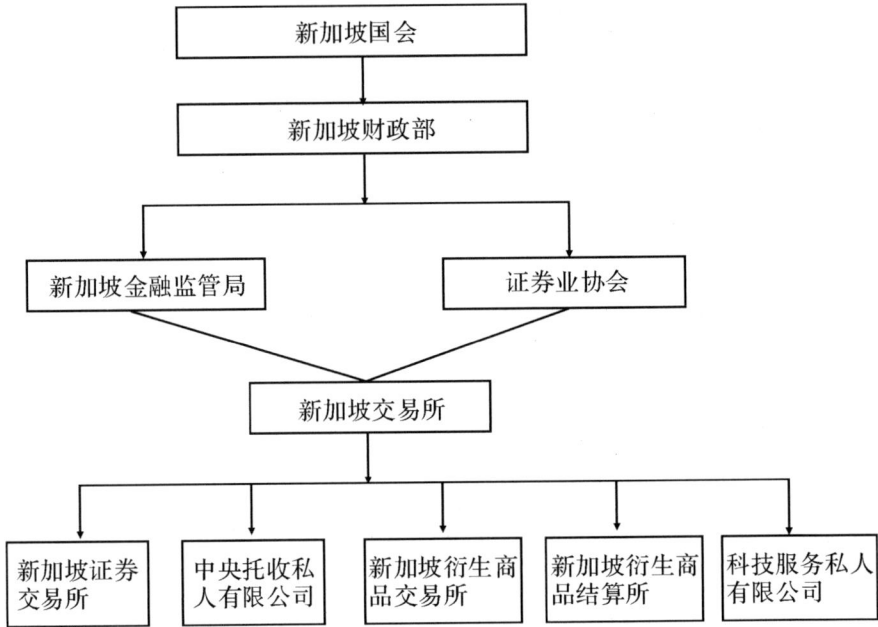

图 1

监管职责之外,还具有商业属性,这是新加坡交易所的特殊之处。

（2）新加坡交易所的组织结构

新加坡交易所由首席执行官办公室和五个业务组组成,其中,首席执行官办公室是新加坡交易所的领导机关,负责总领新加坡交易所的一切活动,其由一名首席执行官及若干分管执行官组成。在首席执行官的领导下,分管执行官分别负责新加坡交易所的人事、内部审查、营销、法律等各个方面的事务。

首席执行官办公室下的五个业务组分别是市场组、市场服务组、运营及科技组、企业服务组以及风险管理及法律组。其中,市场组负责上市的操作以及市场的开发,市场服务组负责交易所商品和上市企业的管理,运营及科技组负责运营及科技的相关事务,企业服务组负责企业的发展、财务和投资人的关系,风险管理及法律组负责法规的执行、市场的检查与风险的防范。

（3）新加坡交易所的职责与权限

新加坡交易所的主要职责,是为证券交易提供一个公平有序和透明的交易市场。

(二)新加坡证券公司

新加坡曾是英国的殖民地,其法律制度与英国法律制度有着十分深厚的渊源,因此,其证券公司制度与英国有很多的相似之处,现根据《证券与期货法》第六章的相关规定,对证券公司制度予以介绍。

1.证券公司与证券业务代表人资格的获得

(1)执照的申请

在新加坡进行证券业务,首先要获取新加坡券商执照,除非其是《证券期货法》规定的豁免对象,而要成为证券业务代表人,就必须取得证券代表人执照。要获取上述两类执照,申请人需要填写申请书,缴纳申请费,向新加坡金融监管局提出申请。[①]

(2)核发执照的条件

根据《证券期货法》的规定,证券公司必须符合下列条件,才能获得券商执照:a.满足最低资本额的要求,成为证券交易所会员不得低于 100 万新币,成为结算机构会员不得低于 500 万新币,同时成为结算机构与衍生性交易结算机构会员不得低于 800 万新币。b.符合新加坡金融监管局所颁布最低财务要求,该财务要求也可以由新交所提出,但必须经金融监管局核准。[②]

证券业务代表人资格的核发,根据《证券与期货法》第 87 条的规定,除非金融监管局认为申请人不能够有效、诚实、公平地履行其业务,负责必须给申请人发放执照。

(3)有关执照的其他规定

根据《证券与期货法》的规定,金融监管局为了核发执照有权查询证券公司与证券交易代表人的交易记录,同时,可以在核发执照时对执照附加条件或限制并有权对其进行修改。[③] 证券公司执照的有效期为三年,若未对执照进行更新,则三年届满执照失效。

2.证券公司运营的相关规定

(1)营业规则

证券公司的营业规则主要有以下几条:a.持照人不能以明示或者暗示的

---

① 《证券与期货法》第 82 条、第 99 条、第 83 条。

② 具体数额可参照新加坡《证券业规则》第 6 条。

③ 《证券与期货法》第 88 条。

方式以执照证明其资格或者能力;b.对交易记录制作的特殊要求;c.对其所获证券投资利益进行揭露;d.以本人名义从事证券交易行为;e.不得以直接或则间接的方式放款给员工等。

(2)账目规则

除了营业规则,证券公司还应当遵守以下账目规则:a.对账目进行妥善保存;b.会员证券公司应按月准备财务报表并向新交所申报;c.非会员证券公司应每隔6个月准备一次财务报表并向金融监管局申报;d.建立一个以上信托账户来保存客户的资金;e.除特殊规定,不能从信托账户取款等。

3.证券公司风险管理相关规定

根据规定,证券公司需设立法定准备金、坏账准备金与投资价值下降准备金,通过这些准备金,来增加证券公司抵抗各种风险的能力。同时,法律还对证券公司财务资源计算与风险计算进行了严格规定,以对证券公司的风险进行准确的管理。

(三)新加坡交易所公司会员制度

1.交易所公司会员的条件

要成为交易所的会员,首先要符合下列条件:

(1)是在新加坡进行运营的公司;

(2)具有结算会员的管理;

(3)满足有关财务及资本的法律要求;

(4)有具备证券业务代表人从业资格的人员;

(5)依法制定一名执行董事且该执行董事获当局授权;

(6)有足够的设备与人员。

2.公司会员的否定条件

当有以下情况时,交易所有权拒绝会员申请:

(1)申请人提供的资料有误;

(2)申请人或其大股东有不好的声誉;

(3)财务状况不佳;

(4)运营状况不佳;

(5)申请人的主管、大股东涉嫌虚假欺诈;

(6)申请人的主管、大股东曾因违反《证券与期货法》而承担过刑事责任;

(7)申请人主管的资历、教育背景、经验与过去的表现不符;

（8）交易所认为申请人主管或职员不能有效、忠实地完成职责；

（9）申请人主管、大股东被清算；

（10）申请人主管、大股东有未完全履行的债务；

（11）交易所认为申请人无法实现客户的最大利益或者其违反公众利益；

（12）申请人主管、大股东与债权人的合约协商未完成；

（13）申请人主管、大股东在其他债务中承担连带责任。

3.公司会员的权利、义务与责任

（1）会员的权利

会员的主要权利就是在证交所进行交易的权利，其可以通过交易所进行市场营运，为客户、私人账户及私人账户的相关公司提供股票或者期货业务服务。

（2）会员的义务

会员首先要遵循法律及交易所的规则，并持续保持入会时的标准。

（3）会员对交易所的责任

会员对交易所董事、主管、交易代表、职员或经纪人都应负责，并对其董事、主管、交易代表、职员或经纪人的疏忽承担责任。

（四）新加坡证券上市制度

新交所目前有两个交易板，即第一股市（"主板"）及凯利板（"副板"）。其中凯利板的前身是1987年开始运行的自动报价系统，该系统建立的宗旨是向具有发展潜力的中小企业提供到资本市场筹集资金的渠道，使具有良好发展前景的中小企业能够顺利筹资以拓展业务。自动报价系统设立之初，只向在新加坡注册的公司开放，自1997年3月起，自动报价系统也向外国公司开放，且在该市场引进美国的做市商制度。其后的2007年，新加坡交易所将自动报价系统转换成为一保证人监督的上市平台，即现在的凯利板，转换后的凯利板专门为快速成长的公司提供筹资平台。凯利板的主要特色是：无数量化的上市标准，由保证人决定其是否适合申请上市；凯利板的上市公司必须在其保证人的指导下，持续遵循咨询披露、上市后资金募集、公司间的来往交易、公司治理、定期报告等相关规定，以维持其上市资格；所有的投资人皆可使用原有的交易和证券账户，通过新加坡交易所的会员，进行凯利板上市公司股票的买卖与交易。

1. 主板上市制度[①]

(1)上市的条件

a. 最低公众持股数量和业务记录：

(a)至少1000名股东持有公司股份的25％，如果市值大于3亿新币，股东的持股比例可以降低至10％。

(b)可选择三年的业务记录或无业务记录。

b. 最低市值：8000万新币或无最低市值要求。

c. 盈利要求：(a)过去三年的税前利润累计750万新币，每年至少100万新币。

(b)或过去一至二年的税前利润累计1000万新币。

(c)或三年中任何一年税前利润不少于2000万新币且有形资产价值不少于5000万新币。

(d)或无盈利要求。

d. 上市企业类型：吸引国内外优质公司上市，寻找国际伙伴，开放市场引入国外券商。

e. 采用会计准则：新加坡或国际或美国公认的会计原则。

f. 公司注册和业务地点：自由选择注册地点，无须在新加坡有实质的业务运营。

g. 公司经营业务信息披露规定：如果公司计划向公众募股，该公司必须向社会公布招股说明书；

如果公司已经拥有足够的合适股东，并且有足够的资本，无须向公众募集股份，该公司必须准备一份与招股说明书类似的通告交给交易所，备公众查询。

(2)上市的程序

a. 申请成为上市公司，首先需要雇用承销商、律师、会计师等，进行上市前的相关准备。

b. 完成相关的准备工作后，向交易所提交上市申请的材料，交易所收到申请材料后，交由上市部审查，而同时金融监管局也会对材料进行审查，双方均可就材料中的问题向承销商询问，承销商对问题需如实回答。

---

① 根据新交所《证券上市手册（主板）》整理。

c.上市部对所提交材料完成审查后,将审查意见送至上市委员会讨论,该委员会作出决议后,再送金融监管局审议,由金融监管作出最终决议。

d.如果申请材料获得通过,承销商需将公开说明书及其他补充文件交给交易所,并开始公开承销等工作。

e.如果申请材料没有通过,申请人有权向审议委员会提出申诉,请金融监管局重新审议,金融监管局根据申请人提出的申诉理由,重新进行审议并作出最终决定。

2.凯利板上市制度[①]

(1)上市的条件

a.无须最低注册资本;

b.有三年或以上连续、活跃的经营纪录,并不要求一定有盈利,但会计师报告不能有重大保留意见,有效期为 6 个月;

c.公众持股至少为 50 万股或发行缴足股本的 15％(以高者为准),至少500 个公众股东;

d.所持业务在新加坡的公司,须有两名独立董事;业务不在新加坡的控股公司,须有两名常住新加坡的独立董事,一位全职在新加坡的执行董事,并且每季开一次会议。

(2)凯利板上市的程序

在凯利板申请上市的公司,无须经新交所审核,招股说明书亦无须交给金融监管局,而仅交给新交所即可,其在上市的时间上也远远快于主板。

(五)新加坡证券承销制度

1.承销的类别

新加坡的证券承销根据时间的不同,可以分为上市前的承销以及上市后的现金增资承销,而上市前的承销又可以分为现股承销、发售新股承销、发售新股与现股出售相结合承销与特定人认购的承销。

2.承销的方式

虽然新交所并未要求承销必须是包销,但其要求主承销商必须在上市核准后一个月内正式挂牌,若无法按时完成挂牌可以向新交所申请延后半个月

---

① 　根据新交所《证券上市手册(凯利板)》整理。

挂牌,也就是说承销商必须在45天内完成承销,使至少25％已发行和缴足股本的股票是由新加坡当地超过1000人以上股东所持有,以此来达到股权分数的标准,所以实务中基本上都是采取联合包销的形式。

主承销商负责保证承销的顺利完成,其可以邀请其他合格证券经纪商或者豁免交易者联合办理股票的承销与配售,也可以邀请海外金融机构负责海外的股票承销,以保证承销的成功。

3. 承销的程序

主承销商与申请上市公司签订上市代理协议后,对申请上市公司进行上市前的辅导工作,辅导时间根据申请公司自身的条件而定,在此期间,主承销商负责准备申请上市的必备文件,待文件准备齐全后即向交易所递交。若收到交易所批准上市的通知,主承销商需在一个月内将股票进行挂牌交易,在此期间,主承销商将协调律师、会计师、发行公司等,安排上市说明会。在认购开始前,发行公司和主承销商共同商定每股认购价格,并签订承销协议。[①] 认购期为时两周或十个交易日,在认购期内主承销商还将举办业绩发表会,推销供认购的股票。

(六)证券交易制度

1. 交易方式

新加坡证券交易,既可以进行场内交易,也可以进行场外交易。

2. 交易主体

参与证券交易的主体主要包括交易所会员、证券经纪会员与交易代表。

3. 交易时间

新加坡的证券交易时间为周一至周五9:00—17:00,此外,开市前常规时段为8:30—9:00,收盘前常规时段为17:00—17:06。新加坡公众假期不交易。如假日适逢星期日,下一个星期一为公众假日。圣诞节、新年及农历新年前夕的交易时段为9:00—12:30。开市前常规时段为8:30—9:00,收盘前常规时段为12:30—12:36。

---

① 新加坡证交所认可的定价方式有三种,分别是固定价格方式、竞价拍卖方式和询价方式,至于到底采用哪种方式,完全由上市公司自己决定,证交所不加干涉。

4. 整手

股票交易单位主要为 1000 股整手。但是,也允许零手交易。2003 年 4 月 14 日起,"单位股市场"取代"零手市场",现货市场中,可以进行小于整手、任何数量的相关股票的零手交易。例如,对于 1060 股 ABC 股票的买进订单而言,1000 股将在现货市场操作,而其余 60 股将在单位股市场操作。现货市场与单位股市场之间的交易合并是可能的,在两个市场操作的同一个相关股票的交易可以合并于一个单一合同中。

5. 交易产品类型

在新加坡交易所进行交易的产品主要有证券、固定收益产品、衍生产品、商品。其中,证券包括股票、商业信托全球存托凭证等,固定收益产品有国债等,衍生产品有股指、外汇等,商品有橡胶、能源等。

四、新加坡证券监管制度

(一)新加坡证券监管概况

1. 证券监管历史

对新加坡证券交易所的立法管制始于 1973 年《证券行业法》的颁行。然而,绝大多数情况下,新加坡证券交易所当时还是自我管理的,这种情况在 1985 年发生了巨大的改变。1985 年 12 月,Pan-Electric Industries 公司的崩溃导致新加坡证券交易所和吉隆坡证券交易所停业三天。Pan-Electric Industries 危机促成了对证券监管制度进行彻底检查。1973 年《证券行业法》被废止并为 1986 年《证券行业法》所取代。从那时起直到 1997 年亚洲金融危机,总体上证券监管都被加强了。此后,证券市场监管的重心几经变化,这些变化最终都体现在 2001 年颁行的《证券与期货法》中,该法于 2002 年分阶段开始实施。

2. 现行监管架构

在现在的监管体制下,监督管理证券行业的责任仍继续由新加坡金融监管局来担当,但是随着《证券与期货法 2005 年修改案》的通过,金融监管局对交易所的处罚程序和规则日渐减少关注,日常的市场监管由新加坡交易所来负责。新加坡交易所的内部管理由它的公司备忘录及章程来规定,证券交易由《新加坡交易所交易规则》来规定,而上市标准和上市公司的义务由《新加坡交易所上市手册》来规定。

(二)监管模式

由于新加坡的金融监管实施的是混业经营和合业监管的体制,这使得新加坡的证券监管也具有自己的特点。

首先,新加坡在证券发展上实行集中型监管模式,政府通过各种政策、措施推动新加坡向地区性、国际性证券交易中心迈进。新加坡交易所就是一个区域性的证券交易所。新加坡金融监管局作为新加坡的中央银行,对新加坡的金融市场实施统一监管。

其次,在监管体系方面充分发挥行业协会的作用,对证券机构的日常性监管交由相关的证券行业协会负责。形成"政府监管—市场约束—行业自律"三位一体的运作机制。

最后,严格的市场准入及严厉的处罚措施。在新加坡,任何公司或企业的证券要在交易所上市必须得到证券行业委员会的许可,同时对上市公司必须具备的条件作出严格的限制;《新加坡证券业法》对违反该法规的行为制定了更为严格的处罚措施,除采用罚金制外,对严重违法违规的行为最高可判处两年以下有期徒刑,并可采用并罚制。[①]

(三)监管主体

1.新加坡金融监管局

新加坡金融监管局是根据《新加坡金融监管局法》所建立的,是新加坡事实上的中央银行。除了监管证券与期货市场之外,新加坡金融监管局还负责监管银行和保险业。

新加坡金管局是对资金市场服务资格持有者颁发许可的机构。被许可的业者可以从事受到管制的业务,包括证券交易,期货合同交易,杠杆式外汇交易,基金管理,公司融资咨询,证券融资和/或为证券托管服务。新加坡金融监管局也为这些人的个人代表发放许可。

如事关一个被调查的事项,金管局有权力要求被批准的证券交易所,资本

---

① 参见王玉、李伟、李欣亮:《越南与新加坡证券监管体制分析》,载《合作经纪与科技》2010 年 8 月号下,第 399 期,第 45 页。

市场服务资格持有者及其代表，以及甚至任何人提供财务账目和信息。金管局可以要求资本市场服务资格持有者和任何享受豁免的人披露任何收购或处分证券或期货交易幕后的人的名字。金管局也可以要求该人披露就收购或处分证券所给予的指示的性质。

除了有权从证券交易所和被许可个人处获得信息，金管局还可以要求已经购买、持有或处分证券的个人披露他是否是以信托受托人或他人代理人的身份来从事前述业务，如果是的话，还需要披露委托人的身份及委托的具体指示。在必须禁止证券交易时，金管局有权要求上市公司的高职人员披露有关信息。必要的话，为确定是否存在违法情事，或为根据本法令履行其职责，或为确保监管对象合规，金管局皆可以要求命令进行调查。

为确保市场公平有序，为保障市场的完整性及对市场系统风险的适当管理，以及为公共利益的需要，新加坡金融监管局可以向证券交易所发布指示。金管局有权为了保护买卖证券的个人或为社会公共利益而禁止某些特定证券的交易。金管局还有权根据《证券与期货法》第 201 条制定法例专门规定哪些方案是欺诈性的或是操纵性的。金管局被授权执行民事强制执行措施，其范围最初从《证券行业法》（2000 年修订案）规定的内幕交易开始，后来在《证券与期货法》里被扩展为涵盖所有形式的市场上的不当行为，违法的人可能付出三倍的损害赔偿金。

2. 证券行业委员会

证券行业委员会是根据 1973 年《证券行业法》第三节建立的，现在按照《证券与期货法》第 138 节规定的组成形式继续存在，其功能是向财政部长就有关证券行业的问题提供建议，主要目的是监督新加坡《收购与兼并守则》的实施情况。证券行业委员会由来自商业界、政府和金融监管局的代表组成，由财政部长任命。当收购与兼并发生时，证券行业委员会负责执行《收购与兼并守则》，发布解释该法的细则，并且提供由并购各方遵循的操作实务。

3. 新加坡交易所

新加坡交易所是新加坡证券的一线监管机构，但由于其同时还是一家上市公司，因此新交所对自己实施着自我监管，并且为了克服商业性与公众利益性之间的冲突，新交所实施了一条自我机关冲突管理办法，以应对其在监管中可能产生的问题。

为了更好地实现监管职能,新交所设立了8个部门[1],由8个部门分工协作,共同实现监管职能,同时,还针对主板、凯利板、会员、市场等不同监管对象制定了不同的监管办法,以确保监管得到有效的实施。

(四)信息披露制度

1.持续披露要求

一旦一家公司上市,它即进入新加坡证券交易所的管辖范围。及时披露价格敏感信息是新交所监管政策的基石。为保证此类信息能向市场及时传达,上市公司有义务遵守新交所的公司披露政策。[2]

上市公司应当向股东和新交所披露任何关于该公司活动的重大信息以避免建立其他证券的虚假市场,或者任何价格敏感的信息。同时新交所还规定了一个非穷尽性的需要公布的事项清单:

(1)合营、合并或收购;

(2)宣布派息或不派息,或宣布盈利额;

(3)近期盈利前景将显著改善或恶化的可靠证据;

(4)股票分拆或以股代息;

(5)取得或失去重要合约;

(6)购买或出售重大资产;

(7)开发了重要新产品或者有了新的重大发现;

(8)公开或私下脱售数量较大的发行人增发证券;

(9)实际控制权发生变更或者管理层组成发生重大变更;

(10)行使证券赎回权;

(11)借入较大数额资金;

(12)发生了融资或销售协议项下的违约事件;

(13)重大诉讼;

(14)资本投资计划的重大变更;

(15)与分包商、客户或供应商,或与任何当事人之间产生重大纠纷;

(16)出价收购其他公司证券;

---

① 8个监管部门分别是发行人监管部、凯利板监管部、会员监督部、市场监控部、执法部、风险管理部、结算风险管理部、监管政策部。

② 参见《新交所上市手册》第7章。

（17）对实物资产中能影响财务状况和/或经营业绩的部分进行了价值评估。

2002 年的《证券与期货法》明确规定了持续披露制度,如果上市公司违反了持续披露的义务,将视其主观意图承担民事或刑事责任。

2.重大持股情况的披露

上市公司必须维持一个大股东清单,该名录在记载公司的大股东名称之外,还需包括这些股东在公司的股份权益的细节。大股东是持有公司 5％以上有投票权股份权益的人,包括自然人(公民或非公民)以及拟制的人(即法人),即使他们不是新加坡公民或在新加坡开展商业活动。存在于股份或证券的"权益"概念并不仅限于被列名为股东,它还包括通过代理人或信托的形式行使的受益人所有权。对投票权或股份处置权的控制同样可以成为依法应予报告的权益。

未能如实报告某人因购买股票而成为大股东或者该人在重大持股方面的变动是《公司法》规定的犯罪行为。此外,法院应财政部的申请可以限制违法的股东交易他具有权益的证券,或限制其投票权、分息权、或出售涉案股份的权利。

此外,根据《证券与期货法》第 137 条,任何重大持股或重大持股的变动应在发生之日起两个工作日内向新交所报告以向公众发布。第 203 条规定了违反这条规定的民事和刑事责任。

3.董事持股的清单

《公司法》要求所有公司(不仅仅是上市公司)的董事披露他们在公司股份和债券方面的权益。所有的公司都必须维持董事持股情况的清单,向公众开放查阅,且必须在每一年度股东大会上提供。董事权益的变化必须在两日之内通报。《公司法》第 166 条还要求上市公司的董事以及子公司在购买或处置公司证券的两日之内向新交所通报。

4.承销中的信息披露

（1）公开说明书

公开说明书中应予以披露的事项有:

a.公开说明书摘要。

b.承销计划说明。

c.上市日程。

d.重要财务资料。

e. 最近五年简明财务资料。

f. 公司买回自身股票情形。

g. 并购事项。

h. 公司概况：

（a）资本及股份；

（b）董事及大股东持股变动情形；

（c）集团持股关系；

（d）公司沿革；

（e）公司营运状况；

（f）产业现状；

（g）影响未来发展因素；

（h）可能产生利益冲突的说明；

（i）公司组织及高阶主管；

（j）重要契约；

（k）不动产投资情形；

（l）转投资事业；

（m）营运成长状况；

（n）长期负债；

（o）股利政策；

（p）未来展望与计划；

（q）募集资金的运用计划。

（2）定期报告

a. 财务报表

发行人需要在会计结算期满三个月内向新交所提交财务报表。

b. 年度报告

会计年度结束三个月内，上市公司需要向股东和证交所提供年度报告，在年度报告的致股函里对上市公司的业绩和未来作出清晰的总结。

c. 董事交易

在公开宣布对发行证券价格有敏感影响的重大事项之前，董事不得对公司的证券进行交易；另外，在会计年度或半年度结束之前的一个月至公司发表年度或半年度业绩或派发或批准股息期间，董事亦不得对公司的债权进行交易。

d.重大交易

上市后,凡交易的价值达股票总值20％或占公司资产20％者,必须获得股东的认可。

e.关系人交易

上市公司与子公司及其关系企业所达成交易,无论该交易是否在一般营业过程中达成,只要涉及关系人,或以往董事,或以往大股东以及其有关系者的利益,都须向股东寄出传阅文件揭露该信息。

(五)收购活动的监管[①]

1.概述

收购是指一个公司或个人获得另一个公司的实际控制权的行为。在新加坡,收购行为由《证券与期货交易法》第139条和第140条以及一个非议会制定法性质的准则《新加坡收购与合并守则》(以下简称《购并守则》)来规制。

《购并守则》系根据英国的《收购与合并城市准则》为蓝本制定,由证券行业委员会负责监督执行。此外,如果目标公司的股票在新交所主板或凯利板报价,则新交所《上市手册》第11章关于收购的规定也必须予以遵守。

2.收购公告

对上市公司做出标购的个人或公司必须在报纸上进行公开宣告。如果有关收购的信息已经进入公开市场或者收购人已经实现对被收购公司的有效控制,公告要说明收购要约的条件、收购人的身份。当一个人或公司(与其关联公司一起)获得了被收购公司30％以上有投票权股份,则认为有效控制已经实现。作为另一种选择,在收购人接触被收购公司并表达收购后者的切实意愿时,被收购公司的董事会可以就此作出公告。

3.强制收购

在决定30％强制收购持股点是否达到时,一致行动的各方的持股额必须一并考虑。一致行动人包括根据一项协议或谅解进行合作以获得或合并持有一家公司的控制权的个人或公司,无论该种合作是正式的还是非正式的。除非有相反证据,某些当事方的行动被推定为一致行动,例如一家公司与其关联公司,一家公司与其董事及其亲属,财务顾问与其客户。当一致行动人持有一

---

① 参见《证券与期货法》及《新加坡收购与合并守则》。

家上市公司有投票权股票的 30％～50％,如果任何一致行动人在六个月之内继续增持公司 1％有投票权股票时,即可触动强制收购义务。

4.收购程序

收购人在不早于发出收购公告 14 日之前不迟于 21 日之后必须提交收购文件。收购人提交收购文件 14 日之内,被收购公司必须就《购并守则》规则 24 所含事项向收购计划所涉及的股票的持有者通告说明。被收购人董事会的通告必须说明该董事会和独立财务顾问是否建议股东接受收购要约,还需披露董事在被收购公司的权益。收购要约有效期为收购文件提交后至少 28 天,这给予股东在收到被收购公司董事会通告之后至少 14 天去决定是否接受收购要约。

收购人可以改变收购条件,增加股票收购价格或者延长收购要约有效期。如对收购条件作出变动,在变动之前已经同意出售股票的股东有权要求得到同等待遇享受改变后的有利条件。

五、证券检查与违法行为处理

(一)证券检查

新加坡的证券检查主体是多样的,其中包括金融监管局、新加坡交易所与新加坡证券委员会。其中,金融监管局是证券检查的主体,其有权对一切证券行为进行审查与处理。而新加坡交易所负责对交易所内的一切证券行为进行检查,如有问题,协同金融监管局进行处理。新加坡证券委员会主要负责对收购行为的检查。

(二)相关违法行为及处理

根据《证券与期货法》及其他证券法规的规定,严禁一切内幕交易、证券欺诈与市场操纵行为。并对该类行为设定了严厉的刑事与行政与民事责任。

其中,对于上述的违法行为,在刑事责任上,《证券与期货法》对自然人和公司分别规定处罚。自然人可能被处以最高额为 250000 新元的罚款,或最长 7 年的监禁。公司可被处以最高额为 500000 新元的罚款。此外,如果一家公司或非公司组织犯有《证券与期货法》之下的罪行,该公司或组织的董事、执行管理人员、秘书或类似管理人员,如蓄意参与或成为犯罪的一方,也应被认定为有罪。[1]

在行政责任上,可对违法人要求所获利润或所避免的损失的三倍数额的罚款。如果利润或所避免的损失不能被数量化,或者如果没有任何利润或损失,可以处以 50000 新元以上两百万新元以下的民事罚款。[2]

最后,在民事责任上,因在同时段与违法者作对手交易而受到损失的人可以请求法院判处违法人赔偿其行为所造成的损失。因在同时段与违法者作对手交易而受到损失的人可在 6 年之内以独立的诉讼理由索赔。在这项责任中,违法人的赔偿数额限于所获得的利润或避免的损失。[3]

第六节 泰国证券法律制度

一、泰国法律制度概述

1962 年至 1974 年,私人企业家在完全不受政府控制的情况下,创设并经营曼谷证交所。该证交所当时被政府没收,并由泰国证交所(SET)取代。1975 年 SET 作为一个小而不稳定的交易所开始运营,有 30 个成员及 14 只上市证券。由 MOF(财政部)监管,并由 SET 自律管理。2007 年 10 月,已有大约 538 名成员和 633 只上市证券在 SET 和另类投资市场(MAI)登记。MAI 是注册资本超过 2000 万泰铢但不满 3 亿泰铢的中型企业的替代市场,其成员和上市证券的数目在不断发生变化。

近年来亚洲各国证券市场在国际资金热潮的追捧下,表现普遍大幅优于欧美日等发达国家。放眼新兴亚洲股市中,泰国股市 2007 年 10 月涨幅达 7.31%,在东南亚联盟五国中仅次于印尼,另外泰国证券市场又兼具股利率最高、本益比最低的特色,且近来股市表现不错,致其投资价值受到市场的广泛关注。

---

[1] 《证券与期货法》第 204 条。

[2] 《证券与期货法》第 232 条。

[3] 《证券与期货法》第 234 条。

泰国证券交易所主要有两个市场,分别为 SET 与 MAI。SET 于 1975 年正式开始交易,分为泰国本地板块、外资板块和无投票权存托凭证(NVDR)三种。外资板块是泰交所为非泰国国籍的投资者设立的交易板,在交易时可享有税赋上的优惠,只限外资进行买卖,这是泰国股市的特色之一;截至 2010 年泰国股市共有包括银行、电子、运输及通讯等 27 种类股、445 只股票。其中,市值最大的企业集中在能源、基础设施建设和银行业。泰国普通股的涨跌幅限制为 30%,但在外资板块交易的普通股无涨跌幅限制。截至 2012 年,在泰国股市的投资者结构中,从日均交易额来看,外国投资者占交易量的 25%,国内个人投资者占 55%,国内机构投资者占 10%,其他则是证券经纪商。目前泰国证监会关于外国企业赴泰上市还有限制,因此直接上市短期内可能不可行,但随着泰国股市的开放,相信未来将看到国外企业在泰挂牌上市。

1992 年,政府实施《1992 证券及交易所法》(SEC 法)对 SET 进行整改。主要的泰国证券体系进一步包括:证券交易监管主体唯一:SEC。区分一级和二级市场,SEC 监管一级市场而交易所监管二级市场。认可各种新型金融工具,包括可转债和认股权证。证券相关组织的设立,包括泰国证券存款有限公司、债权电子交易所、另类投资市场、Settrade.com 有限公司,以及 NVDR 有限公司。许可非证券公司(特别是商业银行)从事证券业务相关的有限活动。新增内幕交易、操纵股票、个人大宗买卖交易、托管规则以及披露标准的监管。

现行泰国《证券及交易法》颁布于 2008 年(泰历 2551 年),更新的立法中对证券法的三个重要领域进行了修改:1. SEC 的结构变更。新设资本市场监管部门,即资本市场监管局(CMS)。CMS 在 SEC 法下制定法规和公告,管理日常经营事务。2. 立法为证券法的有效执行新增辅助机制。3. 与投资者保护和透明度相关的存续机制在新法下被加强。

二、泰国证券发行制度

(一)发行条件

申请普通股上市的公司必须具备以下条件:

1. 申请人必须是大众有限公司或依照特别法律成立的公司。

2. 公开发行股票后普通股的实收资本数额大于等于 2 亿泰铢。股份持有者应大于 600 人。实收资本总额高于 100 亿泰铢的大公司,其发行时间可以延长至上市发行开始后 1 年。

3. 股票发行必须获得证券委员会的批准,通过证券承销机构发行。股票销售应符合以下标准:实收资本少于 50 亿铢的,相当于实收资本 15% 以上的股票要销售出。实收资本高于 50 亿铢的,相当于其实收资本 10% 以上或 7.5 亿铢以上(两者以高为准)的股票要销售出。

4. 公司业绩及市场资本总额要求:公司的经营时间不少于 3 年,申请上市前至少一年内由同一家公司进行管理,且符合以下条件之一:上年税后净利润不少于三千万泰铢;或上年销售收入不少于 20 亿泰铢;或整个市场资本总额不少于 15 亿泰铢(市场资本总额的计算方法:所有普通股的数量乘以首次发行股票的价格)。

5. 公司财务状况和资产折现能力:必须具有稳定良好的财务状况和充足的营运资金:至少应持有 2 亿泰铢的所有者权益。

6. 公司治理和内部控制:公司管理者的资格应符合证券交易委员会的要求。根据证券交易委员会的规定,公司应证明具有良好的公司治理记录和称职的审计委员会,保持有效的审计和内部控制系统,且不存在潜在的利益冲突。公司应保证其本身及子公司的章程符合证券交易委员会的规定,财务报表依照证券交易委员会的法规编制,审计师业经证券交易委员会认可。自其申请上市之日起,必须建立雇员保险基金。

(二)发行程序

股票在泰国证交所上市,准备工作一般来说需要半年多时间,主要分为以下几个步骤:

上市申请前 3～6 个月:

1. 研究相关的法律法规,如大众有限公司法,证券交易委员会有关股票发行和交易方面的法规、规章,以及证券交易所上市的有关规定。

2. 委托一家顾问咨询公司,并挑选一名证券交易委员会认可的财务顾问协助办理上市准备工作。

3. 与财务顾问商讨公司有关信息,以审核申请者的资格,并根据有关需要做适当的调整。

4. 制定时间表,做出信息准备计划。

5. 重组拟上市公司及其关联企业的股份,减少现有的或潜在的利益冲突,建立良好的公司治理机制。

6.准备符合公认会计准则的财务报表和其他会计报告。

7.建立一个审计委员会(在 MAI 上市的任命一名独立董事)。

上市申请前 2～5 个月:

1.转型为大众有限公司。

2.准备首次发行股票申请(IPO)及相关文件。

3.研究计划股票的定价和销售问题。

4.准备公共关系计划书。

上市申请前 1～2 个月:

1.设立风险基金;

2.任命股份登记人;

3.向证券交易委员会提交公开发行募集申请;

4.准备接受证券交易委员会到公司进行的审查;

5.准备上市申请及相关文件。

提交上市申请(证券交易所将在 30 天内决定是否核准)

1.向证券交易所提交上市申请;

2.准备接受证券交易所到公司进行的审查(对于途径二的平等申请情况,证券交易委员会和证券交易所将在同一时间到公司进行审查);

3.销售股票;

4.向证券交易所提交股票销售报告及其他相关文件;

5.上述文件提交后两日可上市交易。

根据实收资本的不同,普通股上市费用也存在区别,具体规定如下:申请费用为 5 万铢。初始费用为实收资本的 0.05%(最低数额 10 万铢,最高数额 300 万铢),年费根据实收资本金额大小按不同比例缴纳:

实收资本小于 2 亿铢的 0.035%;

实收资本在 2 亿到 10 亿之间的 0.03%;

实收资本在 10 亿至 50 亿之间的 0.025%;

实收资本在 50 亿至 100 亿之间的 0.02%;

实收资本在 100 亿之上的 0.01%(最低限额 5 万铢,最高限额 300 万铢)。

三、泰国证券交易制度

根据泰国证券及交易法,下列业务为证券业务:证券经纪、证券买卖、投资咨询服务、证券包销、共同基金、私人基金。在某些特定条件下,只要没有利益冲突,证券公司可以同时取得几张经营许可证。这样,多种类型的证券业务既可以给外国投资者提供更多的投资渠道,又可以借此巩固与加强泰国的金融体系,使其达到亚洲其他金融中心同样的水准。

1974 年 5 月,建立泰国证券交易所的立法程序获得了通过,年末又修订了税则,允许居民储蓄进入资本市场。1975 年,基本的立法框架正式成形,4 月 30 日,泰国证券交易所(The Securities Exchange of Thailand)正式开始运营。1991 年 1 月,正式更名为泰国证券交易所(The Stock Exchange of Thailand)。

泰国证券交易所是具有高流动性的二级股票市场,主要有以下功能:为上市证券进行交易提供必要的证券交易系统;从事与证券交易有关的业务,如票据交换所,证券保管中心,证券登记员及其他服务等;从事证券委员会批准的其他业务。

泰国证券交易所主要通过以下方法和措施来保证实现上述功能:

1.扩大投资者的基础,重视各类投资者,并培养投资文化;

2.提供各种高品质的证券以募集资金;

3.通过采用符合国际标准的先进技术,提供安全可靠的交易系统;

4.提供及时、准确、完全的信息公开和广泛的投资知识教育;

5.证券交易所各部门、机构都高效运转,提供及时、高质量的服务,以降低成本,防范风险。

6.接受司法监督,严格遵守法律法规和执业道德准则。

证券交易所为客户提供 5 个板块进行交易,大部分普通股和优先股通过主板块进行交易,此外还有针对外国投资实体和私人的外资板块、面向交易额超过 3 百万铢或交易数量超过 1 百万股的大交易板块、针对低于单位交易额的零星交易板块,以及专用于政府或国有企业证券交易的特殊板块。

交易方法分为自动撮合交易(AOM)及交叉盘交易(PT)。AOM 是按照价格、时间、优先程序、并且无须人工干预来执行配对价盘过程。经纪人从他的事务所里将买卖价盘电子传送至 SET 电脑主机之后,ARMS 系统将百队列里这些盘价,根据"先价格后时间"的次序排列。这也就是说次序是事先根据价格排列,其最优惠的价格为优先考虑。关于配对程序,存在两种方式:持续对盘和放款市场对盘。持续对盘程序在正常交易时段操作。ARMS 继续配对队列里的买卖首价盘,以及同时通过交易成员(经纪人)的终端机确认每一项执行交易。放款市场对盘是用于在市场开始与结束时计算证券在开盘前和交易结束的价格。这种方式允许经纪人输入他们的价盘以列队以在指定时间配对单一价格以促成最大的股票交易量。交叉盘交易(PT)也允许经纪人公告他们购入或出售标的购买或卖出价格。无论是代表客户或是自己,成员可以直接交易。价格有可能在协商中进行调整,因此,有效的执行价格不一定与原来的公告相同以及不一定依据价差规则。协商结束后,经纪人必须将详细结果传送至 ARMS 以作记录。

SET 交易时间如表 3-2 所示:

表 3-2　泰国 SET 交易时间

交易时间:资料来源:泰国证券交易所

	交易时间	交易方法	备　　注
上午盘盘前交易	09:30～T1	Call Market	1.时差:GMT＋7;台湾－1。
上午盘	T1～12:30	AOM,PT	2.正常交易日自周一至周五,休市日为周六及周日与证交所公布之休市日。
盘间休息	12:30～14:00	—	3.T1:在 09:55～10:00 之间计算早盘开盘。
下午盘盘前交易	14:00～T2	Call Market	4.T2:在 14:25～14:30 之间计逢下午盘开盘价。
下午盘	T2～16:30	AOM,PT	5.T3:在 16:35～16:40 之间计算收盘价。在 T3 之前可以挂单做最后一盘的撮合交易。
	16:30～T3	Call Market,PT	6.盘后交易仅能使用 PT 交易方法。
盘后交易	T3～17:00	PT	

普通股的涨跌幅限制为 30％,但在外资板交易的普通股不受此限。新股上市第一天也没有涨跌幅限制,停止交易后重新交易的股票第一天也无涨跌幅限制。交易单位原则上为 100 股为一个交易单位,但若该股股价连续六个月以上大于或等于 500 泰铢,则以 50 股为一个交易单位。泰铢(BAHT)是其

买卖单位,面值不固定,每家上市公司都有面值,大多数上市公司的面值为 1 泰铢,其次为面值 10 泰铢。证券交割日为 T+3。为了稳定市场,泰国证券市场采取交易断路措施,当交易市场出现大幅动荡时使用,第一阶段为:当 SET 指数跌幅达前一日收盘价的 10%,则暂停市场交易 30 分钟;第二阶段:当 SET 指数跌幅达前一日收盘价的 20%,则暂停市场交易 1 小时[1]。

SET 的主要交易价盘种类是"限价盘",也就是在特定的价格进行购买或售出。此外,为了给个别的投资者提供服务,交易所已推出了以下几种主板交易的不同类型价盘。

1.无限制定价盘,其又可以分为:市场价盘(MP),在目前最优惠的价格购买或出售证券;开市盘价盘(ATO):在开盘价买卖证券的价盘;收市价盘(ATC):在收市盘价进行买卖证卷的价盘(自 2006 年 7 月开始,ATO 及 ATC 价盘拥有比限价盘优先的第一配对次序。)

2.条件性价盘,其又可以分为即时或取消价盘(IOC):立即在一个特定价格购买或出售股票,条件为(若)有任何剩余不被配对的交易量,这些剩余的交易量将被撤销;全额或取消价盘(FOK):在一个特定的价格购买或出售全部价盘量。若不能够满足这个条件,此价盘将被撤销。

3.发布价盘:购买或售出至少 10 手(大多是 1000 股)定购量,同时也指定在 ARMS 刊登相同的订购量。当定购量已被刊登之后,剩余部分将放置在队列中,直到全部定购量已经执行。

4.篮子价盘:同时购买或出售一组证券的价盘。一篮子价盘将分离每个证券以依据正常秩序归入列队才执行。篮子价盘的个别组织要求也有所不同:被交易的证券必须在 SET 50 指数列表或 FTSE SET 大型股指数以内;至少每篮子有 10 家证券;至少每篮子有 1 千 500 万泰铢;篮子里的价盘必须是购买或售出;篮子价盘是单一客户的交易;每个篮子内的价盘必须在最后执行价的±3%价格内。然而,ATO 和 ATC 可以在开盘前及关盘前的时段发送;交易板:主板及外交板;交易方式:自动对盘(AOM);交易时间:一篮子价盘可以在每个市场时段发送[2]。

---

① 资料来源:TEJ 资料库,http://www.tej.com.tw/twsite/Default.aspx? TabId=218。

② 资料来源:OSK188,http://www.osk188.co.th/ch/index.php? option=com_zoo&view=item&Itemid=91。

四、泰国证券市场监管

为监督、指导和调控国家资本市场的发展,泰国成立了证券交易委员会,为了使该委员会更好地开展工作,又设立了资本市场管理局。证券交易委员会的主要职能是制定设计资本市场运作的一系列法律与政策,包括证券公募、证券业务等,以及与证券业务有关的操作规则。就证券交易而言,证券交易委员会的主要职能仅限于制定总体政策,不干预日常业务。

(一)证券交易委员会

证券交易委员会由以下人员组成:财政部推荐、内阁任命的主席,泰国银行行长,财政部长期秘书,商务部长期秘书,根据本法第 31 条第 7 款任命的委员会成员(4~6 人,至少 1 名法律专家、1 名会计专家和 1 名金融专家),常务秘书长应该是委员会成员[①]。

其中,《泰国证券及交易法》还对以上人员的任职资格作出了明确规定。证券交易委员会主席和委员都应具有泰国国籍,并且不具有以下禁止情形:1.无行为能力人或类似人群;2.破产的;3.受过刑罚的,无论是否缓刑,但过失犯罪和轻微犯罪除外;4.曾为政党工作的,但工作时间不满 1 年的除外;5.正在为政府机关工作的;6.当前对证券业务、证券交易、场外交易、衍生品交易市场、衍生品监管市场等受证券交易委员会、资本市场监管局监管的对象能施加重要影响的人员;当出现第 5 种或第 6 种情形时,有关人员应当在辞职 30 日内完成其职务交接,若不能在该固定期间内完成的,将不再有资格担任证券交易委员会主席或委员[②]。

证券交易委员会主席和委员的任期为 4 年,可以连任,但不能连任超过 2 届。任期届满时,新主席或委员应在 60 日之内确定,在此期间如果新主席或委员未能确定,卸任主席或委员应继续担任其职务,直至新主席或委员接任。除因任期届满卸任的,证券交易委员会主席或委员身份会因下列原因丧失:1.死亡;2.辞职;3.年满 70 周岁;4.出现本法第 9 条规定的情形;5.内阁决议

---

① 参见《泰国证券及交易法》第 8 条。
② 参见《泰国证券及交易法》第 9 条。

终止资格,或证券交易委员 2/3 以上成员同意终止其资格,但都需要说明理由。证券交易委员会主席或委员席位空缺时,内阁应指定其他人员接任主席,或财政部部长指定其他人员接任委员。接任的主席或委员应担任到该职位本届任期届满。

证券交易委员会下设的审计委员会应由 3～5 人组成,其中至少 2 名证券交易委员会委员。审计委员会应指定一名成员担任委员会秘书。审计委员会职权如下:1.对证券交易委员会内部管理系统进行再检测并提出意见;2.审核财务报表和政府财政信息;3.与泰国银行审计办公室进行合作审核财务报表;4.进行合规审查;5.对国内审计单位进行监管;6.证券交易委员会分配的其他任务。审计委员会履行上述职权时,对证券交易委员会负责,并向其报告。[①]

(二)资本市场管理局

资本市场管理局由以下成员组成:常务秘书长(主席),常务秘书长指派的副秘书长,两名秘书长助理和四名以内的专家(至少 2 人曾管理过上市公司,且该公司在证券交易委员会或证券公司名单中)。常务秘书长应指派一名成员担任资本市场管理局秘书,负责日常工作。

泰国证券及交易法对资本市场管理局成员的任职资格也作出了严格限制。委员会成员应具有泰国国籍,并且不存在本法第 9 条规定的禁止情形。当出现前款或本法第 9 条规定的禁止情形时,有关人员应当在辞职 30 日内完成其职务交接,若不能在该固定期间内完成的,将不再有资格担任资本市场管理局主席或成员。

上述人员每届任期为 4 年,任期届满可以连任,但连续连任不能超过 2 届。任期届满前 2 年,半数委员会成员通过抽签方式轮换,该轮换可视为任职期限届满退休。轮换或辞退资本市场监管局成员,应由证券监管委员会主席连同资本市场管理局主席在 60 日内共同推选出专家名单组成选举委员会,在此期间,轮换或辞退的成员应继续履行其职责直到新人员接任。

除因任期届满退休外,资本市场管理局成员也因下列原因被辞退:1.死亡;2.辞职;3.年满 70 周岁;4.证券交易委员 2/3 以上成员同意终止其资格,由财政部部长作出决定,但需要说明理由;5.产生本法第 16 条第 2 款规定的

---

① 参见《泰国证券及交易法》第 14 条。

禁止情形。财政部部长应指定其他人员接任该空缺职位,接任的人员应担任到该职位本届任期届满。

资本市场管理局的职权包括:1.制定有关证券市场、证券发行、证券交易、证券存管中心、票据交换所、证券登记结算机构及任何有关证券交易市场和证券获得、托管的条例、法规、通知、指令或指导;2.根据证券交易委员会的指令向其单独报告某企业的经营业绩;3.其他证券交易委员会指派的活动或有利于实现本法目标的活动。资本市场管理局有权下设其他部门来完成特定工作。资本市场管理局成员及其下设部门应按照证券管理委员会的规定获得酬劳。支付的酬劳应列为办公室运营费用。

办公室是资本市场管理局下设的一个重要部门,其权力和职责包括:1.执行证券交易委员会的决议;2.监督法律实施,追究违反本法的行为;3.确定申请登记费用、年登记费用或其他申请费用;4.收取申请费;5.实施本法或其他法律规定的行为。为了保护社会公益和投资者利益,资本市场管理局办公室及其书面任命的人员有权公开与证券发行、公司债券发行、证券公司、证券交易、场外交易市场、证券交易组织有关的信息,或与之有关的主体违法、被处罚的信息。

办公室应该在每个会计年度结束后 120 日内向财政部部长提交一份关于金融形势和商业运行状况的报告。办公室应向财政部部长提交"三年计划"下具体的运营计划和方案①。

(三)选举委员会

当证券交易委员会或资本市场管理局职位空缺需要补充人员时,财政部部长应指定 7 名委员会成员组成选举委员会进行提名或推荐。提名或推荐的人员应从下列人员中挑选:金融部常务秘书,商务秘书长或成员。选举委员会成员不得为政客、众议院成员、参议院成员,且按照本法履行职务时与所涉事务没有利害关系。另外,选举委员会应推选出一名主席。选举委员会成员应按办公室规定获得报酬,这部分费用列为办公室支出。

选举委员会应在接到选举任务后 30 日内制定规则规范提名权、考核程序、任命权。这些规则应至少包括专家提出的对该选举职位有利的知识与履

---

① 参见《泰国证券及交易法》第 31 条。

历要求,且要求提供的信息能充分帮助选举工作顺利进行。制定的规则须经财政部部长批准,批准后长期有效,即使选举委员会完成其职责解散后也继续产生效力。选举委员会制定的规则要修改或废止须经选举委员会总成员 2/3以上决议通过,并经财政部部长批准生效。选举委员会制定的规则应满足公共的需要。

选举办法为:在选举过程中,证券交易委员会主席、资本市场管理局秘书长或法律规定的其他人员应联合向选举委员会提出一个人数为选举职位人数2倍的候选人名单。在选举委员会考虑候选人任职资格后,再向财政部部长提交最后推荐人名单。选举委员会认为提出的候选人名单不满足目标职位的需要时,有权要求重新获得一份候选人名单。

选举委员会在选举任务结束后、证券交易委员会或资本市场管理局新成员产生后解散。

(四)对上市公司及证券公司的监管

根据泰国《证券及交易法》第 89 条的规定,"公司"指:1. 经批准公开发行股票的股份有限公司,但资本市场管理局另有规定的除外;2. 发行的股份列明在证券交易委员会名单中或在场外交易市场进行交易的股份有限公司。"子公司"指:1. 在某公司控制之下的有限责任公司或股份有限公司;2. 在第一项中某公司的子公司控制下的有限责任公司或股份有限公司;3. 在第二项中的某公司控制链下的有限责任公司或股份有限公司。

证券公司或其他公司不得因下列原因对职员、雇员或其他受雇人员有不平等对待,包括改变其职位、改变其职责、改变其工作地点、暂停职务、虐待、骚扰、解雇或其他;职员、雇员或其他受雇人员有合理理由相信证券公司或其他公司有违反本法的行为,而向证券交易委员会、资本市场管理局或办公室以任何方式提供信息、合作或帮助;职员、雇员或其他受雇人员有合理理由相信证券公司或其他公司有违反本法的行为,而向证券交易委员会、资本市场管理局或办公室以任何方式提供说明、文件、证据或其他形式的帮助,无论该帮助是否依照证券交易委员会等机构的命令。

股份有限公司董事须满足一定任职条件且没有法律规定的禁止情形,还须具备股东认为的任职适当性,并符合证券交易委员会的规定。根据股份有限公司关于董事免职的规定,公司董事出现任何可能丧失其任职适当性情况,都应免职或不再担任董事职务。董事或董事聘用人员代表公司进行的业务不因随后发现其董事资格瑕疵而无效。

董事和经理在管理公司的过程中,应具备责任感与忠诚度,遵守法律的宗旨与规定、公司章程、董事会决议和股东大会决议。董事和经理在履行职责过程中,有下列情形出现,可以视为其已经尽到职责和忠诚义务:1.为公司利益忠诚地在合理范围内作出决策;2.根据可靠且充分的信息作出决策;3.作出的决策与其没有直接或间接的利害关系。在考虑董事和经理是否尽职履行其职责时,应考虑下列因素:1.为公司工作的年限;2.该董事和经理根据法律或董事会决议所拥有的职权大小;3.资质、知识、能力、经验、任职目的。为了体现对公司的忠诚,董事和经理应:第一,真诚地为公司利益工作;第二,以合理的追求工作;第三,不做与公司利益有矛盾的工作。

董事、经理或其他相关人员有下列有损公司利益的行为,或因该行为而受益超过其正常所得的,应视为该行为损害了公司利益:1.参与了公司、子公司、相关利害关系人的业务,违反本法规定的;2.使用了超出社会公众所知的信息的;3.使用了公司的商业机会,而该行为违反了资本市场管理局的规定。董事、经理或其他相关人员须经股东大会批准才可介入某项公司或子公司的交易,但符合下列情形的除外:1.交易约定的条款规定无利害关系的交易相对方进行基本的商事磋商,但该交易与董事、经理或其他相关人员无利害关系。如欲进行进一步的谈判,以上人员的介入行为须经董事会批准。2.与公司职员或雇员福利有关的贷款交易。3.交易相对方或双方的交易满足下列条件:a.公司控股不低于90%股份的子公司或子公司附属公司;b.由董事、经理或其他相关人员直接或间接控股的子公司或子公司附属公司,其持股比例超过了资本市场管理局的规定。4.特别情况下的交易或交易价值不符合资本市场管理局规定的数目或比例。5.为保证以上第3项和第42项的实施,资本市场管理局应规定公司须经董事会批准的业务类型。

鉴于董事、经理或其他相关人员代表公司进行交易时其行为可能对公司造成的巨大影响,所以授权资本市场管理局对以下事项进行审核:1.向投资者披露董事、经理或其他相关人员介入交易的信息,或向公司提请召开董事会会议或股东大会;2.股东大会决议批准以上人员可以介入该交易的投票权数目;3.监管股东大会的规则,包括股东投票权、股东大会监事及其他无投票权的股东权益保护。董事、经理或其他相关人员应按资本市场管理局的规定,向公司报告其所涉交易与自身利益关联的情况①。

董事会应设立一个公司秘书处代表公司管理以下事项：1.准备、保管以下文件：董事登记名册，董事会会议记录，公司年度报表，股东大会记录；2.董事及经理财务状况报表；3.执行资本市场管理局的其他规定。公司秘书处人员离职或无法继续履行其职务时，董事会应在90日内指定他人接替，空缺期间，董事会有权指定任意董事暂代其职务。资本市场管理局主席应在14日内通知办公室该公司秘书处负责人变更的事项。公司秘书处应向资本市场管理局主席和审计委员会提供本法规定的所涉利益的审计报告。公司应设计实施一套规章制度保证文件资料的安全保存及依法披露，保证其准确性和有效性，并保留公司5年内的审计报告。该安全系统可以通过电子系统或其他形式，但要保证文件资料能无损恢复。

董事、经理或其他相关人员因违反本法规定所得的不当收入，公司可以要求所涉人员向公司上交该不当收入。公司超过5％投票权的股东以书面形式通知公司对前款所涉不当收入采取措施，而公司在1个月内没有采取有效措施的，该股东可以代表公司对该不当收入进行收归公司的行动。股东进行前款行动时，如法院认为股东行为确系为公司利益所为，则法院可以命令公司对该股东因该行为所发生的费用进行补偿，数额由法院确定，并可以公司为该股东的相对方进行诉讼。公司董事、经理应对向股东披露任何信息造成的损失负责，除非其能证明，披露的信息不存在虚假情形或董事、经理没有理由知道的其他虚假情形：1.为解决股东会问题而提供的信息；2.依照本法第56条、第57条、第58条、第199条应该披露有关公司财务状况的文件、报表等；3.为他人投标购买股东股票出具的意见；4.根据资本市场管理局规定，向股东或公众披露的任何与经营有关的信息或报告。前款所述损失的诉讼时效为当事人知道损害发生之日起2年或该损害发生之日起5年。公司的董事或经理因不符合公司利益的目的所做的行为，造成公司利益受损的，股东大会或董事会在其责任结清前不得批准或允许其离职。

公司董事或经理的行为包括以下情形：1.因提供虚假信息给董事会或股东大会造成其形成错误的决议，而后董事或经理根据该错误决议而做的行为；2.为个人利益，侵占公司资产的行为；3.为个人利益，滥用公司资产的行为。

---

① 参见泰国《证券及交易法》第89条。

董事或经理的惩罚措施会根据具体情况适用于以下人员：1. 代经理、策划、策划实施者，破产清算中的代策划实施者。如果以上人员为法人，则应包括法人的董事和经理。2. 破产清算人。

根据会计准则对证券公司或其他公司进行审计时，如果审计公司发现该公司有任何违反法律的行为，审计公司应立即通知证券公司审计委员会并在30日内组织办公室人员进行初步调查。如果审计委员会无法进行调查的，审计公司应上报办公室进行调查。该可疑情况应及时通知资本市场管理局。

股东大会上，任何股东名册上有登记的股东都享有投票权。无论其权利在本次股东大会上是否改变，都享有投票权。向公司董事会提议召开股东大会应至少提前2个月，董事会决定召开股东大会后，股东大会的召开时间不得再发生改变。拥有超过总投票权5％的股东可以向董事会提交书面申请委托他人在股东大会上代为行使投票权。但具体授权的范围应由资本市场管理局规定，且该股东要根据不同情况将授权权限载明于提交的书面申请中。董事会应该将前款股东的投票权列入即将召开股东大会的出席股东总投票权数，但以下情况除外：1. 该书面申请不符合前款规定；2. 该申请涉及公司日常运营，但无合理理由解释该股东行为可能引起的公司运营不正常；3. 该申请超越了公司的权限及经营范围；4. 在先前的12个月内已经提交过类似申请且获得了不超过10％的投票权，除非情形发生重大变化；5. 资本市场管理局规定的其他情形。如果公司董事会拒绝股东提交的代理投票权申请，须在股东大会上申明并告知拒绝理由。如果股东大会通过了一项决议，且股东委托代理的投票权占总投票权的大多数，则董事会应要求下次股东大会也须将这部分投票权纳入总投票权内。

根据资本市场管理局的规定，以下对公司影响重大的交易要获得股东大会批准：1. 购买或出售公司、子公司固定资产；2. 任何人员可能有损公司利益的轮岗或离职，无论该利益是否涉及公司或子公司的固定资产；3. 公司或子公司订立、修改、解除与公司交易或资产有关的合同行为；4. 公司或子公司委托他人进行交易的行为；5. 可能影响公司治理结构的与他人合伙或合作行为；6. 与公司利益无关、不在公司章程内规定的借贷、担保、增加公司费用的行为，向缺乏偿债能力的第三人提供经济援助或其他任何形式的补贴；7. 资本市场管理局规定的其他情形。资本市场管理局有权对公司的运营行为作出补充规定：1. 向投资者披露有关前款公司运营的信息、召开董事会和股东大会的信息；2. 批准某项交易所需的股东投票权比例。

　　股东大会上,如果股东书面要求召开股东大会或投票遭到反对或无法实行,拥有投票权超过总数 5% 的股东可以向法院书面申请撤销该次股东大会决议。委托、授权他人以自己名义在股东大会上进行投票的,须遵守资本市场管理局的规定。根据资本市场管理局规定,股东大会召开可以使用一间以上的会议室,但必须保证会议室之间的意见沟通没有障碍。

　　证券公司购买、出售、交换股票应遵守资本市场管理局的规定。证券公司因为法院判决成为债务人、破产管理人或其他有权机构依法认定业务存在违规情况的,债权人可以视情况适用衍生品法(B. E 2546),该存疑资产视为债权人所有。在此情况下,证券公司根据资本市场管理局通知列举出的这些项目及资产数量,如无反例证明,视为正确无误。

　　证券公司在收取佣金进行业务时,应符合资本市场管理局的规定。如果有证据表明证券交易所的规定有可能损害公共利益或投资者信心,证券交易委员会有权指令证券交易所出台补充规定或撤销、修改已有规定。购买或出售证券时,与交易证券种类、样式、数量相同的证券可以用作替代品。

　　如果证券持有者进行某交易时,允许证券公司将其持有的证券作为抵押以获得贷款,证券公司应该:(1)根据证券交易所规定对该股票进行完整、准确的记录;(2)始终保持对(1)中记录的追踪,证券交易所董事会另有规定的除外,并应在证券所有人将贷款还清时立刻将股票退还。证券持有者根据第 195 条的规定将其持有证券进行抵押以获得贷款时,贷款发放人应书面通知该证券持有者在合理期限内还清贷款,否则贷款发放人有权根据证券交易所的规定出售或拍卖其抵押的证券。证券交易协议的相对方或替代方根据结算中心或抵押中心的要求被赋予某项义务,如果该要求经资本市场管理局批准,则该要求具有和法律同等的效力。

　　如果结算中心作为相对方或替代方介入某证券交易,则结算中心也因提供保管和寄送服务而具有证券交易双方的权利与义务,该权利和义务不因结算中心未用其资产参与证券交易而被剥夺。结算中心可以因抵押、保管、寄送服务而占有其会员的资产,但必须保持忠诚与勤勉义务,并根据具体情况适用衍生品法(B. E. 2546)对该资产进行管理与处分。结算中心因为法院判决成为债务人、破产管理人或其他有权机构依法认定业务存在违规情况的,为了保护其会员和客户的资产及结算系统,应根据具体情况适用衍生品法(B. E. 2546)对该资产进行处分。如果证券结算中心、抵押中心、登记中心为证券交易所进行服务,则不需要从证券交易委员会获得许可。此时证券交易所的业

215

务须遵守资本市场管理局董事会第 223 条规定的条款、情形和程序。

证券押金的使用应符合本法第 195 条的规定,当使用证券押金与出单公司或第三方进行交易时,应遵守证券交易所的规定,并获得资本市场管理局的批准。证券押金使用时,债权人可以书面要求债务人或担保人在合理期限内清偿债务。如债务人或担保人无法在该期间清偿债务,则债权人有权根据证券交易所的规定,对债务人或担保人在证券交易所的股票进行拍卖。

债权人接受债务人以股票作为抵押的,对该股票有优先受偿权。如果结算中心、股票储存中心、股票登记中心的业务被泰国银行接管,则泰国银行董事会有权对这些业务制定规则、类型和程序。证券公司股东个人或与他人累计买卖超过投票权 5％的股份时,须根据资本市场管理局规定的规则、情形和程序向其办公室报告。任何个人或与他人积累要购买公司超过 25％股权时,即视为想要取得公司控制权。则该购买行为的投标规定、情形、程序等资本市场管理局有权作出规定。资本市场管理局对该投标行为作出的通知,在办公室处备案,自到达之日起生效,即该投标行为如不符合资本市场管理局作出的规定,则该行为无效。

民法或商法中关于抵押的部分与本法有冲突的,适用本法。

第七节　越南证券法律制度

一、越南证券法概述

(一)越南证券市场和越南证券法

1986 年,越南实行"改革开放",1991 年越南开始进行国有企业股份化的试点改革,1995 年,越南进行股份化试点总结,6 月越南政府颁布关于成立"证券市场组织筹备委员会"的决定。1996 年,越南政府关于国有企业股份制改革的第 28 号决议提出了解决股份化改革试点各种问题的具体方法。1997 年越南国家证券委员会正式成立。1998 年越南国家证券委员会建立的证券交易试验系统开始运行进行模拟试验。2002 年胡志明市证券交易所成立。

2004 年,政府将国家证券委员会迁入财政部管理。2005 年河内交易所挂牌运营。[①]

越南证券法于 2006 年 6 月 29 日颁布,共 11 章 136 条,规定了证券的公共发行,上市公司,证券交易市场,证券登记,注册,证券公司,证券投资基金,证券投资公司等。2011 年,证券法修订案颁布,本次证券法修订案共 21 条,对证券发行、证券公司的业务范围、证券定义、公共基金的限制性规定、信息披露等进行了修改。

越南证券法调整证券发行、证券上市、证券交易、证券投资、证券市场和证券服务等活动。对参与证券投资和市场活动的国内外组织和个人以及其他参与证券活动和证券市场的组织和个人都有效。

越南证券法中规定的证券指证明资产所有者的合法权利和利益的凭证,包括股票、债券、基金凭证、购买股票权利[②]、认股凭证、看涨和看跌期权、期货、注册资本出资合同[③],以及其他财政部规定的证券。

(二)越南证券法的基本原则

证券法的基本原则,是贯穿于证券法始终的、对全部证券法律规范起统率作用的基本准则。集中体现了证券法的本质特征和根本价值具有抽象性、宏观指导性和基础性的特征,包括证券交易自由原则、公开透明公正原则、保护投资者合法权益原则、风险问责原则、守法原则。[④]

1. 证券交易自由原则

证券交易自由原则是指证券投资者根据自己的意愿进行证券交易,包括交易的自由、选择交易对象的自由、与交易对象订立契约的自由,国家尊重组织和个人证券买卖、交易、提供证券服务的自由。

2. 公开透明公正原则

公开透明是实现证券市场机制的有效手段,是证券法的精髓所在,公开包

[①]　赵克、卢真菊:《越南证券市场研究》,中国人民大学出版社 2014 年版,第 1~5 页。

[②]　购买股票的权利指股份公司根据规定的条件发行的只能由现有持有股票者购买新股票的权利。

[③]　注册资本出资合同指发行机构和投资者签订的关于以现金或者资产出资的合同以获取利润或者转换为其他证券。

[④]　参见《越南证券法》第 4 条。

括国家证券监管机关应当依法保证证券发行人的资格及其基本经营情况、证券的性质及发行量、上市证券的各种详细信息以及各类证券得以发行的条件能够完全地公之于众、使得广大投资者能够充分地掌握不同发行者发行的不同证券的所有能够公开的市场信息,证券监管部门应该保证证券市场各种信息的真实性。透明则指证券活动应该透明,证券发行、交易、证券监管等应该实行透明化。

公正是对证券市场的监管者和执法者而言的,是对证券监管者、执法者权力或职责的赋予与约束。包括监管者在履行职权时,必须根据法律赋予的职权进行,不能超越权限,也不能懈怠职责,否则证券市场就可能由于监管者的不正当行为丧失公正;监管者对于所有的被监管者给予公正待遇,在适用法律上一律平等。同时,公正原则要求对监管者的权力进行约束,防止其滥用。

3. 保护投资者合法权益原则

保护投资者合法权益原则是证券法的实质内容和任务,投资者的投资行为是证券市场形成和存续的前提条件,其目的是为了获取经济利益,如果获取经济利益的机会被侵害甚至剥夺,投资者就会失去投资的动力,证券市场势必走向衰落。同时,中小投资者处于一种天然的弱势地位,需要特别加以保护,中小投资者缺少必要的资金,没有证券投资经验,证券法应当甄别中小投资者的弱势主体地位,给予特别保护。

4. 风险问责原则

风险问责原则指法律赋予行政机关的职权,实际上是赋予行政机关的义务和责任,行政机关必须采取积极的措施和行动依法履行其职责,擅自放弃、不履行其法定职责或违法、不当行使其职权,要承担相应的法律责任。

5. 守法原则

守法原则是证券法的基本原则,要求证券发行、交易、证券活动、信息披露等都应该依法进行,这里的法包括宪法、法律、法规、规章等。

(三)越南证券市场发展战略

根据越南证券市场的发展状况,政府应当制定政策鼓励和为所有经济部门的组织和个人以及社会各阶层的证券投资、证券市场创造有利的条件,以调动长期和中期的社会资源来发展投资。

政府应当制定政策管理和监督证券市场,以保证其公正、公开、透明、安全和有效运转。

政府应当制定政策为证券市场运营投资现代化的基础设施,发展证券市场人力资源,传播和普及证券和证券市场知识。

二、越南证券发行制度

证券发行是指符合条件的公司或政府以筹集资金为直接目的,向社会公众或特定投资者以同一条件销售股票或者债券的行为。[1] 证券的公开发行指通过大众传播媒体(包括互联网)向 100 名以上不特定投资者(包括专业投资者)发行证券。公开发行证券的方式包括首次公开发行证券、增发证券、公开购买股份的权利以及其他方式。[2]

(一)证券公开发行

1. 证券公开发行的条件[3]

越南证券法对公开发行股票、债券、基金凭证作了不同的规定,国家应当为在基础设施、高新技术领域的国有企业、外资企业转变为新的股份公司等的证券发行提供有利条件。

(1)股票公开发行的条件

公开发行股票的形式包括首次公开发售证券、公开发售股份或股份购买权和其他形式。股票公开发行公司按照账面价值计算,企业在注册发售时所筹集的并体现在会计账簿上的资本需在 100 亿越南盾以上,注册发售前几年的经营活动必须是盈利的,同时至注册发售年无累计亏损。

(2)债券公开发行的条件

债券公开发行公司按照账面价值计算,企业在注册发售时所筹集的并体现在会计账簿上的资本需在 100 亿越南盾以上,注册发售前的几年经营活动必须是盈利的,同时至注册发售年无累计亏损,无一年以上逾期贷款,须有董事会或董事会成员或公司所有者通过的发行方案已募集股资的使用和偿还方案,承诺实现发行机构对投资者关于发行、付款的义务,保障投资者的合法权益以及其他条件的适用。

---

[1]　汪鑫:《金融法学》,中国政法大学出版社 2004 年版,第 165 页。

[2]　参见《越南证券法》第 11 条。

[3]　参见《越南证券法》第 12 条。

（3）公开发行基金券的条件

注册发行的基金券的总价值不得低于 500 亿越南盾，同时有符合法律规定的发行方案和发售基金券所募集资本的投资方案，政府具体规定国有企业、外商投资企业改造的股份制公司、新成立的所属基础设施领域或高科技领域的企业公开发售证券，以及向海外发售证券和其他形式的条件。

2.证券公开发行注册

发行机构公开发行证券必须在国家证券委员会注册。但是对于政府发行的债券、经政府同意国际金融机构发行的债券、国有企业转变为股份公司公开发行的债券、基于法院判决而出售的股票、在破产或解散时出售管理者的股票这五种情形是免于注册的。

公开发行证券注册应具备的登记材料包括：公开发售股票登记表、招股说明书、发行机构章程、股东大会通过的发行方案和公开发售股票募集股资使用方案的决定。

公开发行债券注册登记材料包括：公开发售债券登记表，招股说明书、发行机构的章程、董事会或董事会成员或公司所有者通过的发行方案和公开发售债券所募集资金的使用和偿还方案的决定，承诺实现发行机构对投资者关于发行、付款的义务，保障投资者的合法权益以及其他条件，承销承诺。

公开发行基金券注册登记材料包括：公开发售基金券登记表、招股说明书、证券投资基金章程、银行监管机构和证券投资基金管理公司之间的委托监管合同。

3.招股说明书[①]

招股说明书是供社会公众了解发起人和将要设立公司的情况，说明公司股份发行的有关事宜，指导公众购买公司股份的规范性文件。公司首次公开发行股票，必须制作招股说明书。公开发行的证券，招股说明书上应当有董事会主席、委员会成员、总经理或副总经理、财务经理等的签名。

公开发行的债券、股票，招股说明书应当包括以下内容：

（1）发行机构的简明信息。包括组织机构，业务运行，资产、财务状况，董事会、委员会的成员，董事、总经理、副主任或副总经理和股东的结构；

（2）信息提供和债券提供，包括发行条件、风险、股票发行后每年的利润和

---

① 参见《越南证券法》第 15 条、第 16 条。

股票的初步计划等；

（3）发行机构依据本法第 16 条规定提供最近两年的财务状况；

（4）其他信息。

公开发行基金券，招股说明书包含以下内容：

（1）证券投资基金的规范和类型；

（2）证券投资基金的目标、策略、方式、过程、限制以及风险；

（3）概括证券投资基金的宪章草案的主要内容；

（4）发行基金证书的计划以及引导投资者投资证券投资基金的信息；

（5）其他信息。

4.公开发行证券档案

在证券公开发行注册时对于不同类型的证券应提交的档案作出了详细规定，主要包括公开发行证券的书面申请，招股说明书，发行机构章程，股东会、成员大会的发行决定等。

在检查公开发行的证券登记档案时，如果发现信息不准确或者重要信息被忽略，或者发现解释可能出现误解的问题是必要的，发行机构应当修改或补充该档案。

在检查公开发行的证券登记档案时，国家证券委员会可以要求证券发行机构修改或补充档案，以确保信息准确、真实、完整以及能够保护投资者的法律权利和利益。

在国家证券委员会授予公开发行证券证明后，如果发现任何与公开发行的证券有关的重要信息被修改，证券发行机构应当在 7 天内依照有关规定披露该项信息并且立即修改档案。提交给国家证券委员会的修改或补充的书面材料应该有公开发行证券档案的人或有相同职位的人签章。

在检查公开发行的证券档案时，国家证券委员会、发行机构、发行承保机构以及有关机构和个人，只能使用提交给国家证券委员会的以准确、真实的方式做市场调查而作出招股说明书，并且应清楚地阐明证券发行价格信息是非官方的，市场调查不得在大众媒体上进行。

在收到档案后 30 天内，国家证券委员会应该授予公开发行证券的证明，如果拒绝，国家证券委员会应该以书面形式清楚地阐明拒绝的理由。国家证券委员会授予的公开发行证券的书面证明，表明公开发行的证券登记档案符合法律规定的程序和条件。在公开发行证券证明生效后 6 天内，发行机构应该以电子或报纸的方式公布发行声明。

（2）证券非公开发行

非公开发行证券包括政府债券的发行、发行越南政府承认的国际财政机构的债券，公开发售由国有企业改制而成的股份公司股票，出售法院判决、裁决的证券或出售在破产、无力支付情况下的管理人或其财产人的证券。非公开发行证券的条件如下：由股东大会或者董事会通过发行非公开发行证券的决议，转让的股票，非公开发行的可转换债券从完成发行起一年内限制转让，但根据公司员工选择的非公开发行证券、专业证券投资者间的转移或者依据法院判决专业证券投资者间证券转移和证券继承不受一年的限制。[①]

（3）证券分销

证券分销只有在发行机构确定股票购买者阅读公开的招股说明书后进行。发行机构、发行承销机构、发行代理机构应当以公开、公平的方式分销证券，并且确保投资者至少有 20 天的时间来登记购买证券，并且在这段时间必须发行公告。如果出售的登记证券超过应当发行的数量，发行机构、承销机构应当按照在他们的注册量的证券比例分销证券。证券出售的收入应当转入冻结的银行账户，直到公开发行完成并且向国家证券委员会报告。

发行机构应当在公开发行证券证明生效后 90 天内完成证券分销，如果在这段时间内不能完成，国家证券委员会考虑同意延长时间，但不能超过 30 天。如果公开发行证券注册分期进行，两次公开发行证券的时间间隔不能超过两个月。发行机构或者发行承销机构应该在完成公开发行 10 天内，向国家证券委员会提交结果报告，并且有一份银行从公开发行冻结账户的书面证明。发行机构、承销机构和发行代理机构应该在完成发行后 30 天内向证券所有者或购买者提供证明。

（四）公开发行证券的中止和取消

1.公开发行证券的中止

当公开发行证券的档案包含不真实信息或者缺乏重要信息，并可能影响投资者决定或者对投资者造成损害的、分销证券失败的，国家证券委员会应该对公开发行的证券在 60 天内中止。

在发行证券中止后 7 天内，证券发行机构应该依照本法规定的方式公告

---

① 参见《证券法修正案》第 6 条。

并且告知发行机构。在导致公开发行证券中止事件解决后,国家证券委员会应当发布书面的中止取消通知,证券发行重新开始。在中止取消通知发布后7天以内,发行机构需要按照在本法规定所规定的具体方法发布中止停牌的通知。[①]

2.公开发行证券的取消

在规定的证券停牌期间,如果导致中止的事由没有解决,国家证券委员会应当取消公开发行或者禁止出售证券。

在公开发行证券取消后7天内,证券发行机构应当依照本法规定公布取消发行的证券的通知,并在15天内,召回发行的证券同时退还投资者钱。超过时间限制,发行机构应该依照合同约定赔偿投资者损失。

三、越南证券交易制度

证券交易,即证券买卖,是指证券所有人依照证券交易规则,将依法持有的证券转让给他人的行为。证券交易是证券权利转移的方式之一。

(一)上市公司

上市公司是股份制公司,已经公开发行股票。股票在证券交易所或者证券交易中心上市,上市公司除了专业投资者外还有至少一百个投资者,并且拥有至少10亿越南盾的注册资金。

上市公司档案包括公司资本、公司业务登记证书复印件;公司业务类型、组织结构、股东组成等介绍、最近一年的财务报表等材料。

国家证券委员会在收到材料后7天内,应该在其媒体上公布上市公司的名称、业务活动以及其他相关信息。

上市公司除了享有法律规定的权利外,还应当履行信息披露、证券登记注册、公司治理等义务。

1.控股股东的所有权报告制度

成为上市公司控股股东的组织和个人应当向上市公司报告他们所有的股票,国家证券委员会、证券交易中心应当在他们成为公司控股股东后7天内

---

① 参见《越南证券法》第22条。

登记。

就控股股东是组织的,其所有权报告应当应当包含其姓名、地址、业务;是个人的,应当包含其姓名、年龄、国籍、住所地和职业;控股组织和个人拥有的股票数量和比例。

《越南证券法》第 2 条规定的信息材料或者是控股股东的股票有超过已发行股票百分之一的变动的,控股股东应当在改变后 7 天内,向上市公司、证券交易所等提交修订报告等信息,并向国家证券委员会报告。[①]

2. 上市公司股票的回购制度

当上市公司没有股票在证券交易所或证券交易中心上市,股票回购应该遵守《公司法》第 90 条、第 91 条、第 92 条规定。

当上市公司的股票在证券交易所或证券交易中心上市,应该在股票回购前 7 天内披露信息,披露的信息包括:回购的目的、回购的数量、回购的资金来源、回购时间。回购股票应当遵守财政部的规定。[②]

(二)证券交易市场

1. 越南证券交易组织框架

越南证券交易所设立是由于中央集权的经济转型为市场经济的政策改革,是积极推动国有企业转向公私化、股份化发展的必然结果。为实行多种经济成分,有效推动国内资金、劳动力和优化资源,凑集长期资金发展国家经济建设,越南开始有计划地建立本国的资本市场体系。越南现在有两家证券交易所,一是胡志明市证券交易所,另一为河内证券交易所,越南证券交易组织结构如图 3-1 所示。

(三)证券交易所

证券交易所和证券交易中心是根据《证券法》规定成立的有限公司或股份公司。政府总理应当根据财政部部长的建议建立、解散、变更证券交易机构的组织结构或所有权结构。

---

① 参见《越南证券法》第 29 条。
② 参见《越南证券法》第 30 条。

1.越南证券交易所概况

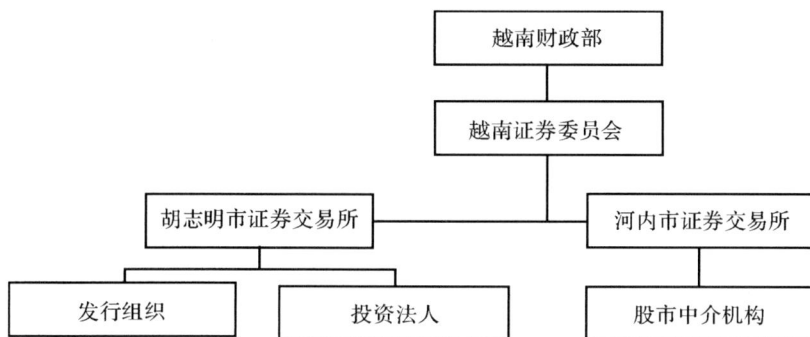

```
          ┌─────────────┐
          │  越南财政部  │
          └──────┬──────┘
                 │
          ┌──────┴──────┐
          │ 越南证券委员会 │
          └──────┬──────┘
       ┌─────────┴─────────┐
┌───────────────┐   ┌───────────────┐
│ 胡志明市证券交易所 │───│ 河内市证券交易所 │
└───────┬───────┘   └───────┬───────┘
   ┌────┴────┐              │
┌────────┐ ┌────────┐  ┌─────────────┐
│ 发行组织 │ │ 投资法人 │  │ 股市中介机构 │
└────────┘ └────────┘  └─────────────┘
```

图 3-1 越南证券交易组织结构

胡志明市证券交易所前身为胡志明市证券交易中心,位于胡志明市中心第一郡,是属于国家所有、依照有限责任公司组织形式、按照证券交易法及其他相关法律运营的越南第一家证券交易所,也是越南股市的主板市场。胡志明市证券交易所于 2000 年 7 月 20 日举行开业典礼,并于 7 月 28 日开始首个交易日,股票指数由 100 点开始起步。2007 年 5 月 11 日,越南总理签署 599 号行政令,将胡志明证券交易中心更名为胡志明市证券交易所。2007 年 8 月 8 日,胡志明市证券交易所正式挂牌。

胡志明市证券交易所上市公司的注册资本最少要 100 亿越南盾,最近两年连续盈利记录,至少要有 20% 的股权,且由不少于 50 名公众持有,且上市三年内,公司原始股东不能超过总持有股份的一半,胡志明市证券交易所实行会员制,投资者通过中介人的证券公司完成证券交易。

河内证券交易所前身为河内证券交易中心,总部位于越南河内市,成立于 2005 年 3 月,2009 年由河内证券交易中心更名为河内证券交易所。其定位为中小企业股票交易市场,主要投资品种为股票和债券。在河内证券交易所上市的公司规模相对较小,注册资本金要求为 50 亿越南盾。它是越南证券市场发展的又一里程碑。河内证券交易所的开业为推进越南证券市场发展的又一里程碑。河内证券交易所的开业为越南国企改制及中小企业融资提供了更为便利的条件。2005 年 7 月,河内证券交易所又创立了二板市场。同期,越南国家财政部将所有政府债券拍卖业务集中于河内证券交易所进行,并开放中小企业股票在河内证券交易所登记交易。因此,河内证券交易所成为具有相当规模的证券交易市场。[①]

2.证券交易所的组织结构

证券交易所应当有董事会、董事、副董事、监事。董事会主席和证券交易中心董事由财政部获得国家证券委员会关于主席和董事的任命建议后同意任命。

证券交易所章程是在获得国家证券委员会建议后由董事会提议,财政部同意通过。证券交易所章程包含姓名、地址、经营目标、注册资本,以及注册资本的增加、减少、变更等信息。

3.证券交易所的职责和权限

证券交易所应该确保证券交易在市场上公开、公平、透明和高效的运行,按照相关法律规定完成会计、审计、统计和金融服务工作,根据证券法规定进行信息披露和规范文件资料,根据信息并与其他机构协调,检查和预防证券交易及证券市场的违法违纪行为,进行国有资本分配,管理资本,提高资产的使用效率,配合完成宣传工作,向投资者普及证券和证券市场知识。

证券交易所的权限主要为颁布证券上市规则,对证券上市、交易、信息披露进行监管,执行经过国家证券委员会批准的其他规定,在必要情况下按照证券交易所、证券交易所的证券交易规章暂停、停止或取消、监督其成员在证券买卖交易的交易活动,监测交易成员的交易信息,组织上市公布,提供市场信息和上市证券的其他有关资料,成员在交易中出现纠纷时,对相关证券交易活动进行调解,收取国家财政部规定的相关费用,有针对性地开发技术基础设施,以有效信息服务股市,针对投资者投诉,咨询相关机构,组织澄清问题,执行法律规定的其他权利,以实现交易的操作目标。[②]

(四)越南的 OTC 市场

越南整个股票市场,除了胡志明市证券交易所挂牌的主板市场股票及河内证券交易所挂牌的二板市场股票外,场外交易或柜台交易(Over The Counter,OTC)市场亦同样重要。越南场外交易市场的规模较主板、二板上市股票交易规模更大。

---

① 赵克.卢真菊:《越南证券市场研究》,中国人民大学出版社 2014 年版,第 14～16 页。

② 参见《越南证券法》第 27 条、第 38 条。

在越南,随着政府加速向市场经济转型,有三千六百多家国有企业进行了股份制改造,很多员工及管理层获得了公司股份。但是很多经过改造且符合上市条件的越南国企并未上市。它们的股票除了在河内证券交易所的柜台交易外,也往往通过网站、茶室、咖啡馆等渠道进行交易,更有戏称指越南的OTC 代表的是 Over The Café-table 而不是 Over The Counter。

此外,越南的新股发行机制亦造就了柜台交易市场的热火朝天。与国人熟悉的形式不同,越南的新股上市是通过拍卖来进行的,大客户投资新股往往在胡志明市交易所集中进行,散户投资新股则通过河内证券交易所的柜台交易市场进行。

柜台市场交易是越南证券市场的一大特色,未上市的大型国企招股后也往往会经过一段柜台交易的时期,然后才正式上市。以胡志明市证券交易所第二大指数成分股 Vinamilk 为例,上主板前便一直在柜台交易市场买卖。而当前也有不少优质的国企股票在柜台市场交易。柜台交易本身并无问题,问题是一直没有适当的监管,使该市场成为黑市集资的途径,对投资者缺乏保障,继而对整个资本市场的发展带来负面影响。

而越南政府也已经看到了监管柜台交易的迫切性,陆续出台了一系列措施强化对柜台交易市场的管理,目的是将柜台交易规范化,与往往在咖啡室做的黑市交易相区别。根据相关规定当符合已公开向大众出售股份的公司,已经在交易所交易的股份公司,不包括法人股东,股东人数已达 100 人,资本额达 1 亿越南盾以上三个条件的才能被视为公开交易公司,而被视为公开交易的公司都要向证监会登记注册。[①]

(五)交易会员

交易会员是经证券交易中心同意在证券交易所交易的证券公司。成为交易会员的条件和程序由特定的规定交易所会员的法律规定。交易会员具有以下权利:

(1)使用证券交易所提供的系统和服务的权利;

(2)从证券交易所获得证券交易市场信息的权利;

---

① 赵克、卢真菊:《越南证券市场研究》,中国人民大学出版社 2014 年版,第 18~19页。

（3）要求证券交易中心作为调解中介解决证券交易中纠纷的权利；

（4）对有关证券交易中心运营提出问题和建议的权利；

（5）其他法律规定的权利；

交易会员具有以下义务：

（1）证券法规定的证券公司的职责；

（2）接受证券交易所监管的义务；

（3）缴纳会员费、交易费，以及其他财政部规定的服务费的义务；

（4）依法进行信息披露的义务；

（5）在必要时，在证券交易中心的要求下协助其他交易会员的义务；

（6）其他证券交易中心关于交易会员法律规定的义务。

（六）证券公司

证券公司和证券投资基金管理公司以股份有限公司和有限责任公司的形式设立，国家证券委员会授予证券公司和证券投资基金管理公司设立和运营执照，该执照作为业务登记证书。

证券公司可以从事证券经纪业务、证券交易、证券发行承销、证券投资咨询等业务，但证券公司只有在证券交易的条件下才能进行证券发行承销。

1. 证券公司的设立条件

证券公司的设立有开展证券交易活动所需的办公场所、设施、设备，但对于证券发行承销和证券投资咨询业务，设施、设备等不是必需的。拥有国家规定的注册资本；董事、执行董事以及从事证券业务活动的员工应该具有证券从业资格证书。

2. 营运执照

国家证券委员会应当在收到有效材料后70天内授予营运执照，如果不授予执照，国家证券委员会应该以书面的形式回复并清楚地阐明原因。当需要证券公司阐明与申请营运执照相关的材料时，国家证券委员会可以要求创始股东和申请执照的董事、执行董事以书面或口头的方式解释该问题。

在被授予营运执照后7天内，证券公司应当在国家证券委员会媒介或者网上报纸、刊发报纸上公布。公布的信息包括，证券公司的名称、总部及分支机构、办事处的地址，颁布时间，经营范围和法定代表人。

如果增加经营范围，证券公司应该书面申请修订营运执照，并且有股东大会或成员大会通过的公司章程以及股东大会、董事会或者成员大会的决定。

在收到修订材料后20天,国家证券委员会应该颁布营运执照。如果不予颁布,则应该以书面形式回复并且清楚阐明理由;重新授予营运执照的,证券公司应当在国家证券委员会媒介或者网上报纸、刊发报纸上公布。①

如果申请授予或者变更营运执照的申请材料有不真实信息,在警示期限届满后不能改变警示的情况并且累计丧失50%的注册资本或者不再符合章程规定的证券活动的条件,用于不正当目地或者不符合营运执照的内容,或者不符合证券授予的条件时应该暂停营运。在被授予营运执照后12个月内没有开展业务的,在6个月内没有解决警示情形的,在暂停营运后六天内没有纠正的,解散或者破产的应该撤销营运执照。国家证券委员会应该指定其他证券公司完成被撤销的证券公司的交易活动或合同。这两个公司间自动形成代理关系。②

外国投资证券公司以合资企业、股份公司或外商独资公司形式存在,从事证券活动,应当获得国家证券委员会授予营运执照。授予营运执照满足上述规定,具体程序和条件由政府规定。

外国证券公司在国家证券委员会注册后可以在越南设立代办处。注册需要的材料有:书面注册申请,外国证券公司的营运执照复印件;外国证券公司章程复印件;越南代办处负责人和员工简历。在收到申请材料后7天,国家证券委员会应该授予注册证明,如果拒绝则应该以书面的形式做出答复并清楚地说明理由。

代办处的营业范围主要是市场调查;制定在越南证券市场的合作程序;督促和监督外国证券公司和越南经济组织间合同的履行;督促和监督外国证券公司项目的执行;代办处不能从事证券活动,并接受国家证券委员会的监督。③

3. 证券公司的合并、分立、变更和解散

证券公司的合并、分立、变更和解散需要国家证券委员会同意,国家证券委员会在收到材料后30天内作出决定,如果不同意变更,应以书面形式给予答复,并且清楚地说明理由。证券公司的合并、分立、变更和解散需要符合财

---

① 参见《越南证券法》第66条及第67条。
② 参见《越南证券法》第70条。
③ 参见《越南证券法》第78条。

政部的规定和公司法的规定。新成立的公司应该重新申请营运执照。①

设立或取消分支机构、代办处和交易办公室；改变名称、搬迁办公场所、分支机构、代办处或者交易办公室；除在证券交易所和证券交易中心上市的证券，交易 10％以上注册资本的应该取得国家证券委员会的书面同意。除不可抗力外造成暂停营运的；改变的程序和所需材料由财政部规定，国家证券委员会在收到材料后 15 天内同意，如果不同意变更，则应该以书面答复并且清楚地阐明理由。

证券公司的解散应该遵守公司法的规定，如果在公司存续期限届满前解散，需要经国家证券委员会同意。证券公司的破产，应当遵守银行或金融企业破产的规定。

(七)证券上市和证券交易

证券上市是指公开发行的有价证券，依据法定条件和程序，在证券交易所或其他依法设立的交易市场公开挂牌交易的过程。在证券交易所上市的股票，发行机构应当符合资本、经营活动、股东数量等规定。

发行机构应当对其提交的上市档案的真实、完整、准确性负责。上市咨询机构、为上市档案署名的组织及个人在其职权范围内对上市档案负责。②

证券交易可以分为在证券交易所交易和在证券交易中心交易。在证券交易所进行证券交易，证券交易所以集中订单匹配或者证券交易法规规定的其他方式组织证券交易，在证券交易所上市的证券不能在证券交易所外交易，除非提供证券交易所的证券交易条例规定。

在证券交易中心进行证券交易，证券交易中心以合同或者证券交易法规规定的其他方式组织证券交易，在证券交易中心上市的证券在证券公司交易，该证券公司是根据证券交易法规规定的证券交易中心会员。

当证券交易所或者证券交易中心准备交易新型证券，新型证券交易方式或者推出新的证券交易系统时应当经过国家证券委员会的批准。③

---

① 参见《越南证券法》第 69 条。
② 参见《越南证券法》第 40 条。
③ 参见《越南证券法》第 41 条。

(八)证券登记和注册

根据越南证券法的规定,证券上市、交易等应该在证券登记中心进行登记。

1.证券登记中心

证券登记中心以依法成立的,以股份有限公司或有限责任公司的形式建立和运营的法人。政府总理在财政部的建议下决定证券登记中心的组织形式和所有权结构的建立、解散和变更。证券登记中心有权组织和监督证券注册、登记、交换和支付,但应当接受国家证券委员会的管理和监督。

证券交易中心有董事会、董事、副董事和控制委员会等组织机构,董事会主席和证券交易中心董事由国家证券委员会提出关于董事会主席和证券交易委员会董事人员建议后董事会提议,财政部批准。董事会、董事、副董事和控制委员会的权利和义务由证券交易中心章程规定。

证券交易中心章程在得到国家证券委员会主席的建议下由董事会提议经财政部批准通过。

证券交易中心章程包含以下基本内容:总部和分支机构的名称和地址;注册资本和注册资本的增加、减少和变更的方式;原始股东和贡献资本成员的姓名、地址;法定代表人;原始股东的权利和义务;董事会、董事、副董事和控制委员会的权利和义务;章程的修改;建立基金的机制和机构用途、使用利润的原则;损失以及其他财务处理制度。

证券登记中心具有经国家证券委员会批准,颁布关于证券注册、登记、交换和支付的法令;同意或者撤销国家登记成员,监督成员行为;经客户要求,提供证券注册、登记、交换和支付相关的服务。

根据财政部规定,收取费用等权利。

具有为证券注册、登记、交换和支付活动提供物理和技术支持;制定运行程序和进行风险管理;对客户资产进行分别管理;除不可抗力外,因没有履行义务造成客户合法利益遭受损失的,给予赔偿。

保证证券所有者的利益;根据会计和统计法保护证券注册、登记、交换和支付数据和原始凭证;设立对冲基金补偿在操作过程中因技术故障或员工错误造成的客户损失。经上市公司和发行机构要求,提供与客户所有权相关的信息。观察会计、审计和统计制度,完成法律规定的金融义务,根据财政部法规规定报告证券登记活动等义务。

2.证券登记、注册

证券注册是用于登记所有者的权利和义务的行为,上市公司的证券必须在证券登记中心集中注册;授予证券登记中心作为他们转让代理的其他发行机构的证券,必须在这些证券登记中心注册。

在交易前,上市公司的证券必须以集中方式在在证券登记中心做总登记,证券所有者按照其证券登记的比例共有证券总登记。在所有者的要求下,证券登记中心应当考虑单独的证券登记或其他资产。

商业银行,证券登记注册的条件:有在越南建立和运营的执照;逾期债务不超过总债务的 5%;有营业场所、设施、设备服务于证券注册、登记、交易、支付活动。证券公司,证券登记注册的条件为:有建立和开展证券经济业务的执照;有营业场所、设施、设备服务于证券注册、登记、交易、支付活动。

国家证券委员会应当在收到有效的档案后 50 天内授予证券登记证书,如果拒绝,则应当以书面形式清楚地说明理由。商业银行或证券公司在被授予证券登记证书后 12 个月内,完成证券交易所和证券交易中心会员登记注册。①

如果经常违反证券登记中心规定的登记会员的义务或者因为其错误,给客户带来巨大损失的,登记会员应该被暂停证券登记注册运营活动最多持续 90 天。

如果在最大暂停期限届满后,无法弥补相关规定的,在被授予证券登记注册证书后 12 个月内不能开始证券登记业务的,设立和运营执照被撤销的,合并、分立、变更、解散、破产的,在征得国家证券委员会同意后,自愿终止证券登记运营的,登记会员应该被撤销证券登记注册证书,当证券登记注册证书被撤销后,登记会员依据证券登记中心规定完成证券登记账户。②

(九)证券转移和结算

在证券登记注册之后变更证券所有权的,应该通过证券登记中心进行;在证券登记中心变更证券所有权的生效:如果证券已经在证券登记中心以集中的方式进行登记,在证券登记账户上背书证券所有权变更的生效;如果证券没

---

① 参见《越南证券法》第 50 条。
② 参见《越南证券法》第 51 条。

有在证券登记中心以集中的方式进行登记,则在证券登记中心的登记簿上记录为证券所有权变更的生效日期。[①]

证券交易通过证券登记中心支付,证券交易资金通过银行付款的支付与证券交易是同时进行的货币支付量的原则。

四、证券投资基金和证券投资公司

(一)证券投资基金

证券投资基金是指投资者以从证券投资或者其他类型的证券资产类型获取利润为目的,但投资者没有日常控制基金投资决定的权利。

1.投资者权利

投资者参与证券投资基金享用按照其投资比例从证券投资基金获得收益;从证券投资基金清算资产获取收益资产的权利。要求基金管理公司和监管银行赎回开放基金凭证;对基金管理公司监管银行和相关组织侵犯投资者利益的行为提起诉讼;通过投资者大会行使其权利;根据证券投资基金章程交易基金证书,以及其他证券投资基金中规定的权利。[②]

2.投资者大会

证券投资基金投资者大会由投资者组成,是证券投资基金的最高决策机构,分为年度大会和临时大会,拥有以下权利和义务:选举、解雇证券投资基金代表委员会的主席和成员;证券投资基金代表委员会的报酬和运营支出;改变支付给基金管理公司和监管银行的收费利率。检查和处理基金管理公司、监管银行和基金代表委员会成员损害证券投资基金的行为。决定修订证券投资基金章程和监管合同,决定封闭基金的上市;决定改变证券投资基本政策、利益分配计划和投资目标、解散证券投资基金;决定改变基金管理公司和监管银行;要求证券投资管理公司或监管银行在投资者大会上展示合同或交易合同;审议证券投资基金的年度财务状况、资产和运营情况;批准认可的审计机构审计的证券投资基金的年度财务报表;证券投资基金章程规定的其他权利和

---

① 参见《越南证券法》第 54 条。
② 参见《越南证券法》第 84 条。

义务。①

3.证券投资基金章程

证券投资基金章程应该由证券投资基金管理中心起草经投资委员会通过。章程应当包含证券投资基金名称、基金管理公司和监管银行；证券投资基金的设立时间，证券投资基金的运营目标、投资领域、运营时间；资本构成和资本增加方式；基金管理公司和监管银行的权利和义务，改变基金管理公司和监管银行的情形，授权基金管理公司与监管银行签订监管合同；证券投资基金代表大会和成员大会的规定；证券投资基金的投资限制；基金所有权证书的注册和投资者基金注册的实现；监管银行的选择以及代理机构的选择和变更；开放基金的变更、分配和赎回，封闭基金的上市；证券投资基金的各种费用和收入，基金管理公司和监管银行的费率和红利；投资者分配证券投资基金收入的方式和条件；决定证券资产的方式；利益冲突的解决方式；报告制度；证券投资基金的解释；基金管理公司和监管银行对证券投资基金和投资者应尽义务和遵守证券投资基金章程的承诺；修改证券投资章程的方式等内容。

4．证券投资基金的解散

发生下列事项证券投资基金解散：

(1)章程规定的营运期限届满或者在投资期限届满前投资者大会决定解散。

(2)在计划解散前三个月，基金代表委员会应该召开投资者大会通过证券投资基金解散方案。

(3)基金管理公司和监管银行应该完成投资者大会通过的基金资产清算计划。

证券投资基金清算过程和解散后剩余资产按以下顺序处理：

首先完成国家的财政任务，接着支付基金管理公司和监管银行费用和解散证券投资基金的其他费用，最后按投资比例分配给投资者。在证券投资基金解散后 5 天内，基金管理公司和监管银行应当向国家证券委员会报告解散的结果。

证券投资基金净资产应该由基金管理公司管理和监管银行证明。在证券交易中心和证券交易所上市的证券，其价格按照收盘价或者交易当天的平均价格决定。对于其他证券，必须按照证券投资基金章程中规定的资产价值评

---

① 参见《越南证券法》第85条。

估方式和程序进行,程序和方式需要经过基金投资委员会代表或者投资委员会通过,进行净资产评估的机构应该独立于基金管理管理公司和监管银行。货币资产包括按照票面价值计算的股息和红利。[1]

(二)公共基金和成员基金

证券投资基金包括公共基金和成员基金,公共基金包括开放基金和封闭基金。公共基金指控制公开发行的基金的证券投资基金,成员基金为最多30名投资者出资构成的法人,开放基金指在投资者要求下应该被赎回的基金,封闭基金指在投资者要求下不会被赎回的基金。基金管理公司负责公共基金的发行和管理,并且应该在国家证券委员会注册。基金管理公司负责成员基金的管理,并且应该在国家证券委员会报告。

1.公共基金

在基金发行证明生效后90天内,开放基金的调动由基金管理公司管理,开放基金由至少100个投资者,并且购买的基金价值至少为5亿越南盾。投资者投资的所有资本必须冻结在监管银行控制的独立账户上,在资本调动完成前不能使用。基金管理公司应该在资本调动完成后10天内向国家证券委员会报告拥有监管银行证明的资本调动结果。

开放基金代表委员会代表投资者利益,由投资者大会选择产生。开放基金代表委员会的权利和义务应当在证券投资基金章程中规定。代表委员会的决定应该在其大会上投票,大会应该听取每位代表的书面意见或者以证券投资基金章程规定的其他方式收集代表意见。每位代表都拥有一个投票权。开放基金代表委员会由3~11名成员组成,并且至少有三分之二的成员独立于基金管理公司和监管银行。[2]

基金管理公司不能用证券投资基金资本和资产从事以下活动:

(1)用于投资本次开放基金或者其他投资基金。

(2)投资一个发行机构发行在外总价值超过百分之十五的证券。

(3)投资总资产价值的百分之二十以上的已发行证券的发行机构,投资总资产价值超过百分之十的封闭基金。

---

[1]　参见《越南证券法》第87条、第88条。

[2]　参见《越南证券法》第91条。

（4）投资总资产价值超过百分之十五的属于同一公司的基金；提供贷款或者为贷款提供担保。

（5）基金管理公司不能向开放基金借款用于金融活动，除非是用于支付开放基金的必要支出的短期借款，同时，借款总额不能超过净资产的百分之五，最长借款期限不能超过三天。基金管理公司应当向国家证券委员会报告，并对禁止性行为进行信息披露，在禁止性行为发生三个月内，基金管理公司应该调整投资组合确保符合投资限制的规定。[1]

2. 开放基金

在基金管理公司和监管银行最大资本内的赎回、转售或者增发开放基金，不需要投资委员会的决定。赎回开放基金的时间和次数应该受基金章程规定。当因为不可抗力不能赎回基金；在确定开放基金赎回价格当天基金的资产净值因为证券交易所或证券交易中心已经停止证券交易，基金管理公司不能赎回基金。如果在不能赎回时赎回基金，基金管理公司应该在该事件发生后24小时内向国家证券委员会报告。[2]

3. 封闭基金

当封闭基金章程规定了基金的增发、前一年基金盈利、基金管理公司前两年没有因证券活动受到行政处罚、证券市场在前两年资本增长并且经国家证券委员会同意可以增发封闭基金，增发封闭基金的计划由投资委员会通过。向已有投资者发行封闭基金只能通过分配购买交易权利的方式进行。[3]

4. 成员基金

成员基金由出资成员依据出资合同和基金章程设立，基金的最少资本应该为50亿越南盾，成员最多有30名法人。该基金由基金管理公司管理，基金资产存放于监管银行并且独立于基金管理公司。

五、越南证券市场监管

越南的证券监管体制采用集中管理体制，以独立监管机构——越南国家证券委员会（SSC）为主体。2007年1月1日，越南颁布的《证券法》正式生效，

---

① 参见《越南证券法》第92。条
② 参见《越南证券法》第93条。
③ 参见《越南证券法》第94条。

这标志着越南证券市场法律监管体制日趋成熟,其发展也越来越多地受到国际关注。

(一)越南证券管理制度发展概况

1997 年,越南国家证券委员会成立,国家证券委员会是国家对证券市场实施管理职能的政府机构,具有法人资格和独立账户,由国家财政部拨给经费。它负责起草有关证券和证券市场的法律法规,主持并协调有关部门使用各种必要手段保护证券市场有效、合法地运行,检查、监督证券交易所和各种证券发行、经营及服务机构的活动等职能及权限。

(二)监管模式

越南证券市场的监管模式为集中型监管模式。国家证券委员会及证券交易所主要从发行机构对证券的发行、上市和信息披露,证券经营服务机构的财务状况和经营活动,证券交易所的各种交易活动者三个方面对证券市场进行集中监管。证券监管委员会对证券发行机构的申请材料进行审查分析,要求发行机构履行报告义务并履行信息披露,且对其活动进行全程监管,以确保证券发行符合法定条件后方可颁布经营许可证,并要求证券服务机构定时报告其财务状况、经营状况及重大事项,若有违反则有权收回已颁发的经营许可证。证券交易所对证券市场日常交易活动的监管则是对证券交易及股票价格的涨跌情况进行分析,对外国投资者的持股比例等进行监控,对证券市场发生的违法违规行为,由国家证券委员会的监察专员和主管进行行政处罚,需要追究刑事责任的,由监管主席上报国家证券委员会,并将案件移送所属地司法机关处理。①

(三)监管银行

监管银行是中央银行,有权进行注册登记,监管公共基金管理和证券投资公司。监管银行应该遵守法规的义务,如:保持证券投资公司和公共基金的资产,管理其自身资产独立于证券投资公司和公共基金资产,在基金管理公司或

---

①　赵克、卢真菊:《越南证券市场研究》,中国人民大学出版社 2014 年版,第 13～14 页。

者证券投资公司董事、副董事的合法请求下,管理与公共基金和证券投资基金有关的收支活动。证明基金管理公司、公共基金证券投资公司作出的报告等。

《证券法》对监管银行行为进行了严格的限制,作出了禁止性规定,监管银行、监管银行董事会成员、总经理、监管公共资产的监管银行员工不能附属于基金管理公司和证券投资公司,不能购买、出售与其相关的基金。[①]

(四)信息披露制度

发行机构、上市组织、上市公司、证券公司、基金管理公司、证券投资公司、证券交易所和证券交易中心有义务及时、准确、充分地进行信息披露。当进行信息披露时,披露主体应该同时向国家证券委员会报告披露内容。信息披露应该由董事、副董事或其代理人员进行。在大众传媒、出版社或证券交易所和证券交易中心的通信媒介上进行。

1.上市公司的信息披露

年度财务报表审计后 10 天内,上市公司应当定期披露年度财务报表信息。

(1)在发生下列事情后 24 小时内,上市公司应该进行披露:

银行账户被冻结或者冻结期限届满后予以解除恢复;经营业务的暂停;业务登记证明,营运执照被撤销的;董事会决定赎回或转售其股票的;决定起诉董事、经理、副经理的,有关营运的法院判决或规定的,税务机构认定上市公司违反税法的规定的。

(2)发生下列事情后 72 小时内,上市公司应该进行信息披露:

借贷款或者分红超过其总共资产的百分之三十;董事会的发展策略、中期发展计划和年度营业计划的决定,改变计价方式的决定;法院同意商业破产程序的通知。

(3)发生下列事件,上市公司在国家证券委员会的要求下,应该进行信息披露:

当有严重影响投资者合法利益的信息出现时,当有将严重影响证券价格并且需要证实的信息的时候。[②]

---

① 参见《越南证券法》第 98 条。
② 参见《越南证券法》第 101 条。

2.公开发行证券的发行机构的信息披露

公开发行证券的发行机构应该定期进行信息披露；公开发行证券的发行机构发现上市公司在规定时间内进行信息披露的事件时，应该在72小时内进行信息披露。

3.上市机构的信息披露

除了遵守上市公司信息披露的规定外，上市机构应当在资产损失超过其资产的10％时于24小时内进行信息披露，完成季度财务报表后5天内进行信息披露；根据证券交易所和证券交易中心规定进行信息披露。

当进行信息披露时，上市机构应该同时向证券交易所或者证券交易中心报告信息披露内容。①

4.证券公司、基金管理公司的信息披露

年度财务审计报告后10天，证券公司、基金管理公司应该进行定期信息披露；决定起诉董事会、成员大会成员、总经理、副总经理的；股东大会、成员大会通过与其他公司合并的决定的；公司改变董事会、成员大会、总经理、副总经理成员的；任命或者解雇证券投资基金执行机构的；公司经营业务的重要改变；当国家证券委员会要求，证券公司或者基金管理公司应该对严重影响投资者合法权利的信息进行披露。证券公司和基金管理公司应该向证券交易所和证券交易中心报告，以便其进行信息披露。②

5.公共基金的信息披露

基金管理公司应该在年度财务审计报告出来后十天内进行定期披露。基金管理公司发生以下事情应当定期进行信息披露：公共基金的年度、季度、月度、周度净资产变化的；通过投资者大会的决议；发布公共基金证明的决定；改变公共基金投资资本的决定；撤销、中止公开发行的公共基金凭证。基金管理公司应该于24小时内向证券交易所或者证券交易中心报告以便其进行信息披露。

如果有影响公共基金发行和价格的传闻，公共基金价格和成交量的异常变动，经国家证券委员会要求，基金管理公司应当进行信息披露。③

6.证券投资公司的信息披露

---

① 参见《越南证券法》第103条。

② 参见《越南证券法》第104条。

③ 参见《越南证券法》第105条。

公开发行证券的证券投资公司应该依据上市公司、公共基金信息披露的规定进行信息披露;在证券交易所或者证券交易中心上市股票的证券投资公司应该根据上市机构信息披露的规定进行信息披露。[①]

7.证券交易所和证券交易中心的信息披露

证券交易所和证券交易中心的证券交易信息;证券交易所和证券交易中心上市的机构的信息;已经证券公司、基金管理公司和证券投资基金和证券投资基金公司的信息等进行信息披露。[②]

六、证券检查和违法行为处理

(一)证券检查

证券稽查大队是在证券和证券市场内的特殊检查员,由检查长、副检查长和检查员组成。证券稽查大队应当接受财政部依据证券法设立的检查部门的领导。

公开发行证券的组织、上市公司、证券上市组织、证券交易所和证券交易中心、证券登记中心、证券公司、基金管理公司、证券投资公司、监管银行、分支机构、参与证券投资和管理证券投资市场的组织和个人就证券公开发行、证券上市、证券交易、证券业务、证券市场服务、信息披露,以及其他与证券和证券市场相关的活动等接受检查。

检查的过程和计划应该取得国家证券委员会主席的同意。特别检查程序是根据投诉或者国家证券委员会的要求对有违反证券和证券市场法的组织和个人参与证券投资和管理证券市场的活动进行检查。

一个检查从作出检查决定之前到作出检查结论的时间不能超过三天。特殊情况下,可以超过。

检查主体享有解释与检查相关的问题,以书面报告的形式保留其意见、具体提供属于国家机密或者与检查无关的文件,当认为决定违法时,提起诉讼或者作为稽查大队的领导或者成员。检查主体有权谴责违反承诺的检察长、稽

---

① 参见《越南证券法》第106条。
② 参见《越南证券法》第107条。

查大队领导和成员并依法获得赔偿等权利。

监管主体应当承担遵守监管决定,在检查员的要求下及时、完整、准确地提供与监管内容相关信息、文件和电子数据,并对其负责;满足要求,遵守监管决定,在监管记录上签字等义务。[1]

作为监督决定的发布者则享有指导和监督稽查大队作出的监管决定内容的执行,要求检查主体提供与检查有关的信息、文件和电子数据,并要求对其解释;要求对检查内容有关的问题进行评估;当需要迅速制止违法行为或者需要保存作为作出决定证据的依据时,要求有能力的个人密封或者临时查封与违反证券和证券市场法相关的文件、凭证、证券和电子数据;当发现行为将严重损坏国家利益、参与证券市场的个人和组织的合法权利和利益的时候,中止或者要求有能力的人中止其行为;根据其权限作出处理决定,检查和督促处理决定的执行;处理与检查长、稽查大队领导和成员责任有关的投诉,对检查内容作出决定等权利。

在收到检查结果报告后 15 天,检查结论发布者应该以书面形式发布检查决定。在检查过程中,检查结论发布者应当要求稽查大队的领导或者成员报告,要求检查主体解释或者进一步说明以便作出检查结论,检查结论应该报送国家证券委员会主席和检查主体,如果检查结论是国家证券委员会主席作出的,应该报送财政部。在检查长检查结论作出后 15 天,国家证券委员会主席应该检查检查结论。[2]

(二)违法行为处理

违反证券和证券市场法或者其他法律规定的机构和个人,根据其行为的性质和违法程度给予处罚,包括行政处罚和刑事处罚,对于造成损失的,还应当承担赔偿责任。行政处罚的方式为警告和罚款,以及暂停营业、撤销营运执照等。同时,证券和证券市场法对行政处罚机构的权限作出规定。对违反上市公司、证券交易所、证券交易活动、证券注册、登记、监管银行规定、报告规定等的行为都进行了处罚规定。

对于争议解决方式有通过协商解决、仲裁或者诉讼等方式。对于个人可

---

[1]　参见《越南证券法》第 114 条。

[2]　参见《越南证券法》第 117 条。

以通过投诉、控告或者法律诉讼等方式解决证券活动或者证券市场的争议,对于组织可以通过投诉或者诉讼的方式解决争议。在投诉、控告、诉讼期间,有关机构应该继续执行国家证券委员会的行政决定,一旦解决方案作出,应该执行这些决定、规则和判决。

在收到书面控告后60天应当作出解决方案,特殊情况下,可以延长到90天。解决一次投诉的期限为30天,第二次投诉的期限为40天,特殊情况下,可以延长到60天。